项目管理工程硕士规划教材

工程项目管理信息化

骆汉宾　主　编
叶艳兵　钟波涛　周　迎　副主编
丁烈云　主　审

中国建筑工业出版社

图书在版编目(CIP)数据

工程项目管理信息化/骆汉宾主编. —北京：中国建筑工业出版社，2010.12

(项目管理工程硕士规划教材)

ISBN 978-7-112-12752-8

Ⅰ.①工… Ⅱ.①骆… Ⅲ.①信息技术-应用-基本建设项目-项目管理 Ⅳ.①F284-39

中国版本图书馆CIP数据核字(2010)第255282号

本书以工程项目为对象，系统地介绍了工程项目管理信息化的有关理论知识和实务。主要内容包括：建设工程管理信息化基本概念和内涵、建设工程管理信息化建设、建设工程管理信息系统开发、实施及其评价等。

本书可作为高等学校工程硕士课程教材，亦适合设置工程项目管理信息化课程的相关专业高校作为教材选用，还可供广大从事工程项目管理的技术人员参考。

* * *

责任编辑：张　晶　牛　松

责任设计：董建平

责任校对：张艳侠　王　颖

项目管理工程硕士规划教材

工程项目管理信息化

骆汉宾　主　编

叶艳兵　钟波涛　周　迎　副主编

丁烈云　主　审

*

中国建筑工业出版社出版、发行（北京西郊百万庄）

各地新华书店、建筑书店经销

北京天成排版公司制版

北京建筑工业印刷厂印刷

*

开本：787×1092毫米　1/16　印张：$12\frac{1}{2}$　字数：312千字

2011年2月第一版　2020年7月第四次印刷

定价：**27.00**元

ISBN 978-7-112-12752-8

(20022)

项目管理工程硕士规划教材编审委员会

序一

近年来，随着经济的快速发展和新型工业化进程的加快，我国各级各类建设项目迅速增加，建设项目资金投入不断增长，近几年我国年固定资产投资额已均在10万亿元以上。但在建设行业蓬勃发展的今天，由于种种原因，有些项目并不成功，在质量、成本或进度上不能完全实现建设目标，造成了一定的资源浪费和经济损失。据调查，造成项目失败的主要原因之一是管理工作跟不上形势要求，特别是项目管理工作不到位。为了提高管理水平，建设领域迫切需要大量既精通专业知识又具备管理能力的项目管理人才。因此，为建设行业培养一大批专业基础扎实、专业技能强、综合素质高、具备现代项目管理能力的复合型、创新型、开拓型人才是高等院校和企业培训部门所面临的艰巨且迫切的任务。

为满足社会对项目管理人才的需求，从2003年开始，我国相继有100多所高校开设了项目管理工程硕士专业学位教育。该项目主要培养对象是具有某一领域的工程技术背景且在实践中从事项目管理工作的工程人员，期望他们通过对项目管理知识的系统学习、结合自身的工作经验，针对工程项目管理中存在的重大问题、重点问题或热点问题作为自己的毕业设计进行研究，这不仅可以很好地提高学员的项目管理能力，也为有效解决工程项目实际中的问题奠定了基础，因此受到了社会的广泛欢迎。本专业学位教育的快速发展，为工程领域培养高层次项目管理人才拓宽了有效的途径。

项目管理工程硕士教育作为一个新兴的领域，开展的时间比较短，各方面经验不足，因此，到目前为止，国内还没有一套能很好满足教学需要的教材。大家知道，项目本身是一个内涵十分广泛的概念，不同类型的项目不仅技术背景截然不同，其管理的内外环境也有很大差异，因此试图满足所有类型项目管理教学需要的教材往往达不到预期效果。同时有些教材在编写的过程中忽视了工程硕士教育的工程背景及实践特征，常常重理论、轻实践，案例针对性差、内容更新缓慢，用于实际教学，效果往往不尽如人意。

鉴于此，中国建筑工业出版社在充分调研的基础上，组织了国内高校及企业界数十位从事项目管理教学、研究及实际工作的专家，历时近两年，编写了这套项目管理工程硕士规划教材。在教材规划及编写过程中，既强调了项目管理知识的系统性，又特别考虑了教材本身的建设工程背景。同时针对工程硕士教育的特点，教材在保持理论体系完整的同时，结合工程项目管理成功案例，增加国内外项目管理前沿发展信息、最新项目管理的思想与理念，着重加大实践及案例讨论的内容。相信这套教材的出版会为本领域的人才培养工作提供有力的支撑。

我国正处在加速实现信息化、工业化和城市化的进程之中，今后相当长一段时期内，国家的各项建设事业仍将维持高速发展。真诚希望这套规划教材的出版，能够为项目管理工程硕士培养质量的提高，为越来越多的创新型项目管理人才的培养，为国家和社会的进步与发展作出应有的贡献。

同时，真诚欢迎各位专家、领导和广大读者对这套教材提出修改补充与更新完善的意见。

李毅

2008.10.6.

序二

工程科学技术在推动人类文明的进步中一直起着发动机的作用，是经济发展和社会进步的强大动力。自20世纪下半叶以来，工程科技以前所未有的速度和规模迅速发展，其重要作用日益突显，并越来越受到人们的重视。

当前，我国正处于经济建设快速发展时期，全国各地都在进行类型多样的工程建设，特别是大量的重大工程的建设，标志着我国已经进入工程时代，更凸显了工程科学技术的重要地位和工程管理的巨大作用。

在这一大背景下，2007年4月6日，首届中国工程管理论坛在广州召开。这次论坛是由中国工程院发起和组织的第一次全国性工程管理论坛，是我国工程管理界的盛大聚会，吸引了20余位院士、350余名代表齐聚广州。论坛以“我国工程管理发展现状及关键问题”为主题，共同探讨了我国工程管理的现状、成就和未来，提高了工程管理的社会认知度和影响力，促进了我国工程管理学科的发展。

一次大会就像播种机，播撒下的种子会默默地发芽、成长，会取得令人意想不到的收获。让人欣慰的是，中国建筑工业出版社以这次会议为契机，组织部分与会专家和代表编写了一套培养“项目管理工程硕士”的教材。这套教材融会了项目管理领域学者们的最新研究和教学成果，它的出版为高水平工程项目管理人才的培养提供了有力保障；对项目管理模式在工程建设领域的普及会产生积极的推动作用。

在人类文明的进程中，在中国经济发展和社会进步的潮涌中，需要具有创新思想的人才，需要掌握工程科学技术和先进项目管理思想的人才。日月之行，若出其中；星汉灿烂，若出其里。愿志存高远的青年朋友们，沉志于心、博览群书、勇于实践，以真才实学报效国家和民族，不负时代的期望。

何继善识

2008.9.18.

序三

2007年年初，当中国建筑工业出版社提出要规划出版一套项目管理工程硕士教材而向我征求意见时，我当即表示支持，并借2007年4月参加“工程管理论坛”之际参加了出版社在广州组织召开的教材编写工作会议，会上确立了强化工程背景的编写特色，教材编写工作正式启动。如今，在10余所高校数十位专家及中国建筑工业出版社的共同努力下，“项目管理工程硕士规划教材”终于面世了，这套教材的出版，必将进一步丰富我国项目管理工程硕士的特色教育资源，对提高我国项目管理工程硕士教育质量也将起到积极的促进作用。

现代项目管理学科起源于20世纪50年代，我国的项目管理则源于华罗庚教授在1965年开始从事的统筹法和优选法的研究和推广工作，而具有里程碑意义的项目管理在我国工程中的应用则始于20世纪80年代的鲁布革水电站引水隧洞工程。国家有关部门1987年总结了“鲁布革经验”，在工程建设领域提出了“项目法”施工的改革思路，推动了建筑业生产方式的改革和建筑企业组织结构的调整。考虑到社会对项目管理人才培养的迫切需求，有关行业协会制定了项目经理职业培训和资格认证体制，开展了数十万项目经理的职业培训和资格认证，培养了一支职业化、专业化的现代项目经理队伍。但随着经济的发展和竞争的加剧，各行业领域越来越需要以项目为单元进行精细的管理，而项目管理的国际化、信息化和集成化趋势日益明显，对高层次项目管理人才的需求越来越大。在这种情况下，我国的项目管理工程硕士教育一经推出就受到广泛欢迎并得到了迅猛的发展。

我国的项目管理工程硕士教育于2003年启动，经过近几年的发展，目前具有项目管理工程硕士学位授予权的高校已达到103所，项目管理工程硕士的报名人数及招生人数自2005年起一直居40个工程硕士领域之首。为促进工程硕士教育与国际接轨，在全国项目管理领域工程硕士教育协作组的积极努力下，促成了项目管理工程硕士与国际两大权威专业团体（IPMA和PMI）的实质性合作。与项目管理工程硕士教育的快速发展相比，适用于项目管理工程硕士培养的教材尤其是具有鲜明工程背景的特色教材还十分匮乏，制约了项目管理工程硕士教育的发展和质量的提高。因此，“项目管理工程硕士规划教材”的出版，是非常必要和及时的。

这套教材在确定各分册内容时充分考虑了项目管理知识体系的完整性和相对独立性，各分册自成体系又相互依托，力求全面覆盖项目管理工程硕士的培养要求。在编写过程中始终强调理论联系实际，强调培养学生的实际操作能力和解决问题的能力，全面满足项目管理工程硕士教学的需要。

这套教材最大的特点是具有鲜明的工程背景，这与全国工程硕士专业学位教育指导委员会一贯倡导的工程硕士教育要强调工程特性的指导思想完全一致。出版社在作者遴选阶段、编写启动阶段及编写过程中，都很好地落实了这一思想，全套教材以土木工程、水利工程、交通工程、电力工程及石油石化工程等为背景，做到了管理科学体系和工程科学体系的紧密结合。另外值得一提的是，这套教材的编写秉承了中国建筑工业出版社50余年来的严谨作风，实行了教材主审制度，每个分册书稿完成后都有一名业内专家进行审阅，进一步保证了本套教材的工程性和权威性。

这套教材除适用于高等学校项目管理工程硕士教育外，也可供管理类及技术类相关专业工程硕士、硕士、博士及工程管理本科生使用，还可作为社会相关专业人员的参考资料。

我衷心祝贺本套教材的出版，也衷心希望我国的项目管理工程硕士教育事业能够健康持续地发展！

（王守清）
清华大学建设管理系　教授
全国项目管理领域工程硕士教育协作组　组长
PMI全球项目管理认证中心　理事
2008年7月16日

前言

Preface

工程项目建设是一项复杂的系统工程，参与部门多，持续时间长，随着全球经济一体化和科学技术的不断进步，对工程项目的标准越来越高，加之工程项目的建设规模日趋庞大、复杂，这使得工程项目的沟通协调工作变得非常困难，大大加强了项目管理的难度。工程项目建设实践与理论研究表明，提高项目参与各方信息交流和共享工作对工程项目成功非常重要。这迫切要求在工程项目管理过程中利用先进信息技术提高工程项目信息资源的利用和管理水平，实现工程项目管理信息化。

本书的核心内容是介绍如何在工程项目管理中实施信息化。在体系上注意理论与实践的结合，系统地介绍了工程项目管理信息化的有关知识和实务。全书共分 8 章，第 1 章是介绍工程项目管理基本理论，后续内容做一些基础准备；第 2 章介绍了工程项目管理信息化提出的背景，基本概念、作用和内涵；第 3 章着重讨论了工程项目管理信息资源，包括信息资源的分类、管理和利用、信息沟通等；第 4 章对工程项目管理信息化建设的几个重要方面作了简要介绍，主要包括工程项目管理信息化实施的基本准备工作，信息化的实施模式和发展趋势等，并着重介绍了工程项目信息化规划；第 5、6 章则主要对工程管理信息系统进行详尽论述，列举了当前建设工程管理信息系统的主要类型，包括单业务和综合业务应用系统、项目总控系统、项目信息门户以及面向整个工程行业应用的信息管理系统等；第 7 章是讨论工程项目管理信息系统开发和实施，并辅以实例进行阐述；第 8 章的内容是评价工程项目管理信息系统的开发与应用。

本书由华中科技大学骆汉宾教授主编，叶艳兵博士、钟波涛博士、周迎博士担任副主编。本书由丁烈云教授主审。马灵等参加了编写工作。由于工程项目管理信息化是一个新兴领域，理论与实践正在不断地发展和完善之中，加之编者水平有限，书中难免有错误和不足之处，恳请读者及同行批评指正。

本书在很多方面都得益于丁士昭教授和丁烈云教授的思想和观点，在此深表谢意！本书在编写过程中，也参考了有关作者的论著和研究成果，对此表示诚挚谢意。

目录
Contents

第1章 工程项目管理基本理论

1.1 工程项目管理含义及任务

1.1.1 工程项目的含义和特点

人类社会一直存在着各类有组织的活动，它们一般分为两种类型：一种是连续不断、周而复始的活动，可称其为“作业”（Operations），如一个正常的生产活动；另一种是非常规的、一次性的活动，可称其为“项目”（projects），通常项目有确定的目标和明确的约束条件，如工程项目有明确的时间、费用和质量目标等[1]。

关于项目，在工业生产中开发一种新产品；在学术研究中为解决某一问题进行的课题研究；在文化体育中，举办一届运动会，都是项目。在建设领域中，建造一栋大楼、一个工厂、一个体育场也都是项目。项目一般具有以下基本特点：目标性、唯一性、整体性、寿命周期性、相互依赖性、冲突性。

关于工程项目，一般而言，是指为特定目标而进行的投资建设活动。《辞海》（1999 年版）中“建设项目”的定义为：“在一定条件约束下，以形成固定资产为目标的一次性事业。一个建设项目必须在一个总体设计或初步设计范围内，由一个或若干个互有内在联系的单项工程所组成，经济上实行统一核算，行政上实行统一管理。”

工程项目有如下的一些特点[4]。

1. 建设周期长

工程项目一般需要较长时期的建设才能完工、运营，回收资金。

2. 整体性强

每一个工程项目都有独立的设计文件，在总体设计的范围内，各单项工程具有不可分割的联系，一些大的项目含有许多配套工程，缺一不可。

3. 受环境制约性强

工程项目建设的环境包括自然环境和社会环境。工程项目一般在露天作业，受水文、气象等因素影响较大；建设地点的选择受地形、地质等多种因素的影响；建设过程中所使用的建筑材料、施工机具等的价格会受到物价因素的影响，从而使控制投资成为一个大问题。

1.1.2 工程项目管理的含义和任务

管理是指组织中的如下活动或过程：通过信息获取、决策、计划、组织、领导、控制和创新等职能的发挥来分配、协调包括人力资源在内的一切可以调用的资源，以实现预期的目标[5]。

工程项目管理的核心是提高实施工作成效，尽管一般都认为人力本身因素是影响工程成效好坏的主要原因，事实上，无效的工程管理才是效力低下的首要原因，管理所带来的影响程度比不熟练的人力所带来的影响程度高。工程管理者可以通过规划、正确的决策、控制和利用资源，以及提供和反馈信息增加生产力，工程管理的重要作用是预见问题，并在问题发生前提出并实施解决方案。

工程项目管理就是针对项目的需求和期望而将理论知识、技能、工具和技巧应用到项目的活动中去。从整体上看，工程项目管理实质是对工程项目全寿命周期的管理。

1.2 工程项目各阶段的管理

1.2.1 工程项目的周期

美国项目管理协会(PMI)将项目全寿命周期划分为四个顺序的阶段：概念阶段、开发阶段、执行阶段以及终止阶段，且每个阶段所完成的任务以及取得的成果都是实实在在可以计算的可交付物[11]。也可以将项目的生命周期划分为六个阶段：项目策划、项目设计、项目采购、项目建造、项目运营及维护、项目报废。其中项目策划阶段包括从项目构思一直到项目立项的全部工作；项目设计阶段也包括了各种不同专业的设计，如：建筑设计、结构设计、管道设计、电力系统设计等。

综合起来，可以总结为：工程项目的项目周期是指从建设意图产生到项目废除的全过程，它包括项目的决策阶段、实施阶段和运营阶段，如图 1-1 所示。

决策阶段的主要任务是确定项目的目标，即确定项目建设的任务和确定项目建设的投资、质量和工期目标等。实施阶段的主要任务是完成建设任务并使项目建设的目标尽可能好地实现。运营阶段的主要任务是确保项目的运行或运营，使项目能保值和增值[1]。

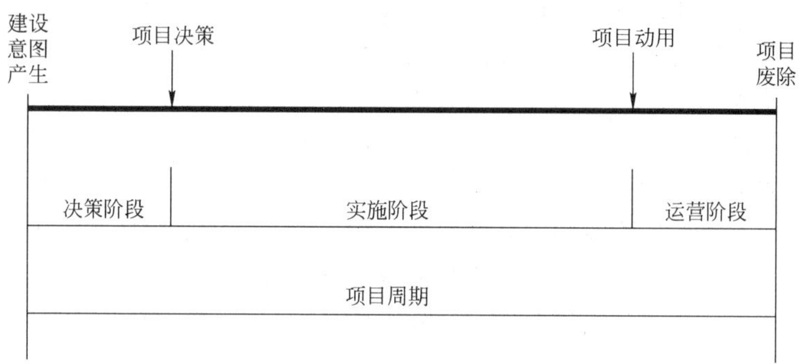

图 1-1 工程项目的项目周期

1.2.2 工程项目各阶段的管理

工程项目管理是对工程项目全寿命周期的管理，按项目的阶段划分，它主要包括：项目决策阶段的策划管理(或称开发管理，Development Management，简称DM)，项目实施阶段的建设管理(Project Management，简称 PM)，项目运营阶段的设施管理(Facility Management，简称 FM)[1]。

1. 工程项目策划管理

工程项目策划，是指从项目投资主体的利益出发，根据客观条件和投资项目的特点，在掌握信息的基础上，运用科学手段，按照一定程度和标准，对投资项目作出的选择或决定，即拟订具体的投资方案。工程项目策划(DM)具有先行性、不定性、预测性和决策性等特点。这些内容和特点，使工程项目策划成为管理项目中最困难也是最重要的一步，工程项目策划既取决于项目的内部环境和外部环境，还取决于项目策划者和项目决策者的思维能力。项目策划关系到项目成败，因此是最重要和困难的一步[15]。

工程项目策划阶段将对项目在技术、工程、经济和外部协作条件等进行全面的调查研究，根据项目建设的要求和可能条件，拟订出项目的发展框架及项目实施和项目经营的相关管理内容。

工程项目策划是项目实施的重要基础，项目策划工作的充分与否很大程度上影响了项目建设和项目经营的效果。因此，DM 对于投资商和经营商是非常有价值的。它是项目全寿命管理的一个重要部分。

2. 工程项目建设管理

项目建设管理的内涵是从实施开始至项目建设完成，通过项目策划和项目控制，使项目的费用目标、进度目标和质量目标得以实现[1]。

根据管理主体的不同，项目建设管理可以分为：业主方的项目建设管理、设计方的项目建设管理、施工方的项目建设管理、供货方的项目建设管理等。

业主方的项目建设管理工作涉及项目实施阶段的全过程，即在设计前的准备阶段、设计阶段、施工阶段、运营前准备阶段和保修阶段分别进行如下工作：安全管理、投资控制、进度控制、质量控制、合同管理、信息管理。

设计方的项目建设管理工作主要在设计阶段进行，但它也涉及设计前的准备阶段、施工阶段、运营前准备阶段和保修期。其主要任务包括：与设计工作有关的安全管理、设计成本控制和与设计工作有关的工作造价控制、设计进度控制、设计质量控制、设计合同管理、设计信息管理、与设计工作有关的组织和协调。

施工方的项目建设管理工作主要在施工阶段进行，但它也涉及设计准备阶段、设计阶段、运营前准备阶段和保修期。在工程实践中，设计阶段和施工阶段往往是交叉的，因此施工方的项目管理工作也涉及设计阶段。其主要任务包括：施工安全管理、施工成本控制、施工进度控制、施工质量控制、施工合同管理、施工信息管理、与施工方有关的组织与协调。

供货方的项目管理工作主要也在施工阶段进行，但它也涉及设计准备阶段、设计阶段、运营前准备阶段和保修期。其主要任务包括：供货的安全管理、供货方的成本控制、供货的进度控制、供货的质量控制、供货合同管理、供货信息管理、与供货有关的组织与协调。

3. 工程项目设施管理

工程项目运营期的设施管理是以下一个或几个概念的集合：①设施管理是一种技术功能，维持实物设施的实际效用以确保它支持组织的核心活动(业务维护)；②设施管理是一种经济功能，通过控制成本确保高效率地利用实物资源(财务控制)；③设施管理是一种战略性的职能，通过物质基础设施资源的前期规划以支持组织机构的发展和减少风险(变更管理)；④设施管理是一种社会功能，确保实物基础设施的工作符合组织中用户的需要(用户界面)；⑤设施管理是一种服务功能，提供非核心支持服务(支持服务)；⑥设施管理是一种专业责任功能，对工作场所的人有社会责任(宣传)[19]。

John Hinks 和 Peter Mcnay 认为设施管理就是维修管理、空间管理和设备标准、改建工程管理、融资管理、服务经营等[20]。在后来的研究中，设施管理又包含了对人、生产过程、环境、健康和安全等“软件”的涉及。综合起来讲，设施管理是一种包含多种学科，综合人、位置、过程及技术以确保建筑物环境功能的专业活动。它以保持业务空间高品质的工作、生活质量和提高空间投资效益为目的，以最新的技术对空间环境进行规划、整合和维护管理工作，满足人们的工作、生活需要。

国际设施管理协会(IFMA)提出设施管理的业务主要包括以下 8 个方面：年度及长期规划、财务与预算管理、公司不动产管理、室内空间规划及空间管理、建筑及工程、新的建筑及修复、保养及运作、保安电信及行政服务。主要应用于公用设施，如医院、学校、体育场馆、博物馆、会展中心、机场、火车站和公园等，以及工业设施，如工厂、工业园区、科技园区和物流港等。此外，也有一些学者对设施管理的范围进行研究，提出了更为具体的设施管理范围。比较典型的有 Quah 给出的设施管理范围[21]，如图 1-2 所示。

从以上对设施管理范围、内容及其涉及的主要问题的讨论中可以看出，有效的设施管理不仅仅依赖于业务体系，更有赖于这个领域中工作人员的专业水平和管理能力。

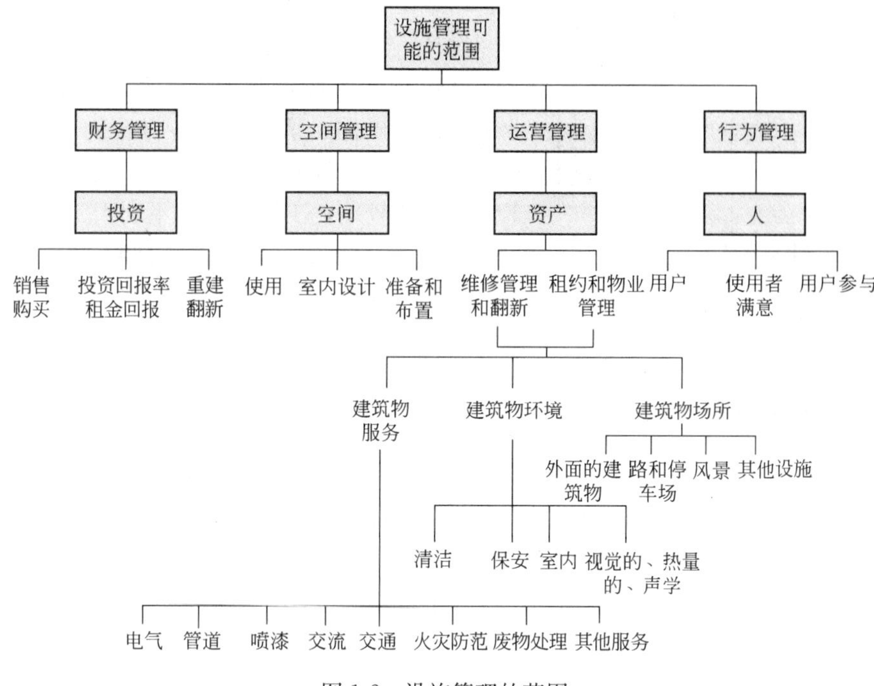

图 1-2　设施管理的范围

1.3 工程项目管理的模式

工程项目管理模式，是指将工程项目对象作为一个系统，通过一定的组织和管理方式，使系统能够正常运行，并确保其目标得以实现。常见的工程项目管理模式主要有[24]：

(1) 设计—招标—建造(DBB)模式；

(2) 建筑管理(CM)模式，根据实际情况又可分为代理型CM和风险型CM；

(3) 设计—采购—施工(EPC)模式；

(4) 设计—管理(DM)模式；

(5) 项目管理(PM)模式；

(6) 项目管理承包(PMC)模式；

(7) 建造—运营—移交(BOT)模式等。

1.3.1 设计—招标—建造(DBB)模式

设计—招标—建造(Design-Bid-Build，即DBB)模式(图1-3)，是一种比较通用的模式。这种模式最突出的特点是要求工程项目的实施必须按设计—招标—建造的顺序方式进行，只有一个阶段结束后另一个阶段才能进行。在DBB模式中，参与项目的主要三方是业主(Owner)、工程师(Engineer)和承包商(Contractor)。业主分别与工程师和承包商签订合同，形成正式的合同关系。在这种模式中，业主首先聘用设

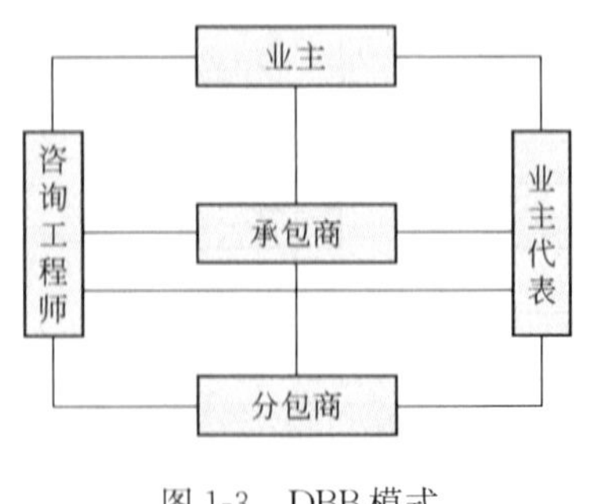

图 1-3　DBB 模式

计公司或工程咨询公司工程师为他完成项目的规划和设计；然后与承包商签订施工承包合同。

DBB 模式的优点是参与工程项目的三方即业主、设计机构、承包商在各自合同的约定下，各自行使自己的权利和履行义务。缺点是设计施工方案可能较差；工期较长，不利于工程事故的责任划分等。此外，这种方式把对方互视为对手，大量时间都用在研究合同条款上，缺少预测问题和解决争论的高效机制和方法。

1.3.2　代理型 CM 模式

代理型 CM(Construction Manager，即 CM)模式是业主委托一个称为建设经理的人来负责整个工程项目的管理，包括可行性研究、设计、采购、施工、竣工试运行等工作，但不承包工程费用。采用代理型 CM 模式(图 1-4)进行项目管理，关键在于选择建设经理。CM 经理的工作是负责协调设计和施工之间及不同承包商之间的关系。其优点：招标前可确定完整的工作范围和项目原则，完善的管理与技术支持；缩短工期，节省投资。缺点是：CM 经理不对进度和成本作出保证，可能索赔与变更的费用较高，业主风险较大。

1.3.3　风险型 CM 模式

风险型 CM 模式(图 1-5)中，CM 经理担任类似总承包商角色，但又不是总承包商，工程承包费用由业主直接支付分包商。业主要求 CM 经理提出保证最大工程费用(*GMP*)，*GMP* 包括工程的预算总成本和 CM 经理的酬金，CM 承包商不直接从事设计和施工，主要从事项目管理工作。其优点是：可提前开工提前竣工，业主任务较轻，风险较小。缺点是：总成本中包含设计和投标的不确定因素；不易选择风险型 CM 公司。

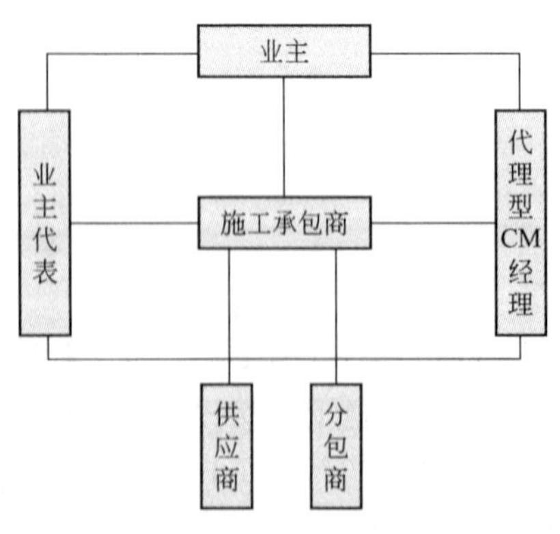

图 1-4　代理型 CM 模式

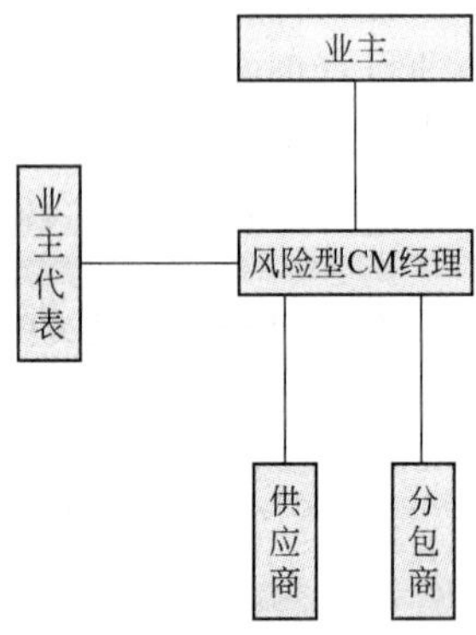

图 1-5　风险型 CM 模式

1.3.4 设计—采购—施工(EPC)模式

设计—采购—建设(Engineering-Procurement-Construction，EPC)模式是将设计与施工委托给一家公司来完成的项目实施方式，这种方式在招标与订立合同时以总价合同为基础，设计、建造总承包商对整个项目的总成本负责(图 1-6)。

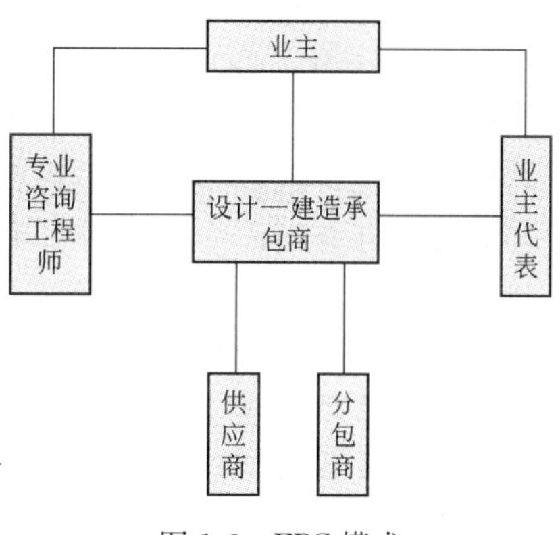

图 1-6 EPC 模式

这种模式的主要特点是业主把工程的设计、采购、施工等工作全部托付给工程总承包商负责组织实施，业主只负责整体性的、原则性的目标管理和控制。业主可以自行组建管理机构，也可以委托专业的项目管理公司代表业主对工程进行目标管理和控制。这种模式的缺点：业主不能对工程进行全程工作控制；总承包商对整个项目的成本工期和质量负责，加大了总承包商的风险。

当项目较复杂时，要求设计、建造承包商有相当的组织协调能力。当业主技术、管理能力较弱，要回避较多的合同签订量和繁琐的合同管理时，可以考虑这种模式。

1.3.5 设计—管理(DM)模式

设计—管理模式(Design-Management)类似于 CM 模式，但它比 CM 模式更为复杂。它也有两种形式。一种形式(图 1-7)是业主与设计—管理公司和承包商分别签订合同，由设计一管理公司负责设计并对项目实施进行管理。另一种形式(图 1-8)是业主只与设计—管理公司签订合同，由该公司分别与各个单独的承包商和供应商签订分包合同。由于要管理好众多的分包商和供应商，这对设计—管理公司的项目管理能力提出了更高的要求。

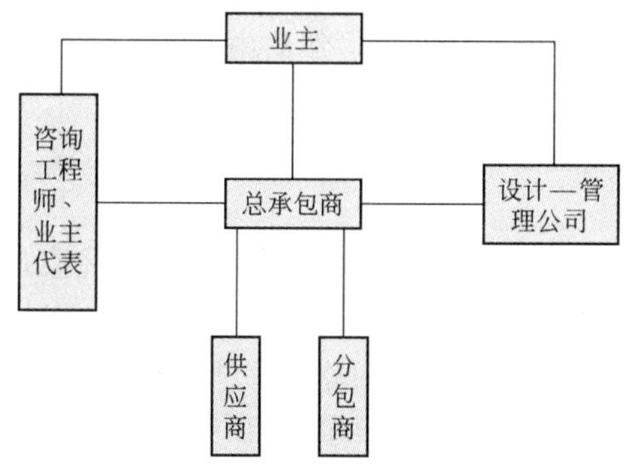

图 1-7 DM 模式(形式一)

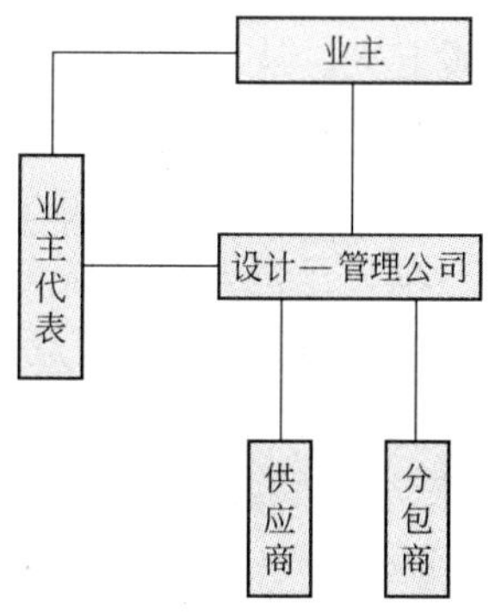

图 1-8 DM 模式(形式二)

1.3.6 工程项目管理服务(PM)方式

PM(Project Management)即项目管理模式，这种模式是应用比较成熟的一种模式。这种模式通常是指业主委托专业工程师为其提供全过程项目管理服务。业主首先委托专业工程师完成项目前期工作，如可行性研究，待项目评估立项后再委托设计单位进行设计，在设计阶段进行施工招标文件的准备，并通过招标把工程授予报价合理且最具备资质的承包商，项目实施阶段有关管理工作也由业主授权工程师进行。也就是说业主要分别与专业工程师和承包商签订合同，专业工程师和承包商没有合同关系，但承担业主委托的管理和协调工作。这种项目管理模式在国际上也被称为传统(Traditional)模式，而且随着项目管理模式的快速发展，PM 模式的内涵也不断扩大，我国的工程建设监理实际上也是一种 PM 模式，只是与通用的 PM 模式相比，我国的工程建设监理大多只提供施工阶段的监理作用，不承担项目前期策划工作。

1.3.7 项目管理承包(PMC)模式

PMC(Project Management Contract)模式指项目管理承包商(Contractor)代表业主对工程项目进行全过程、全方位的项目管理，包括进行工程的整体规划、项目定义、工程招标、选择 EPC 承包商，并对设计、采购、施工过程进行全面管理。项目管理承包商除了全过程、全方位的项目管理外，一般也承担部分的具体工作(例如：初步设计等)。PMC 是业主机构的延伸，从定义阶段到运营全过程的总体规划和计划的执行，对业主负责，与业主的目标和利益保持一致(图 1-9)。

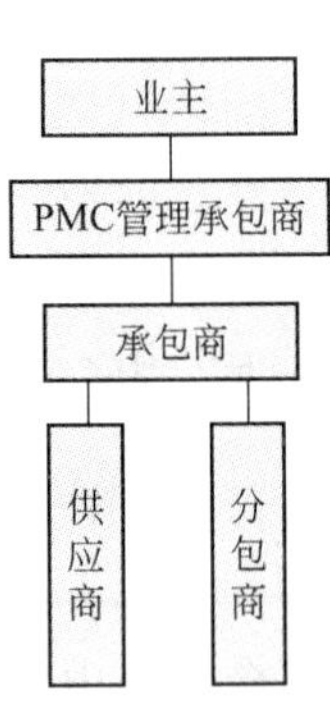

图 1-9 PMC 模式

1.3.8 建造—运营—移交(BOT)方式

建造—运营—移交(Build-Operate-Transfer，即 BOT)模式是指以投资人为项目的发起人，从政府获得某项目基础设施的建设特许权，然后由其独立地联合他方组建项目公司，负责项目的融资、设计、建造和经营。其基本运作程序是：项目确定—项目招标—项目发起人组织投标—成立项目公司，签署各种合同和协议—项目建设—项目经营—项目移交(图 1-10[38])。

BOT 模式的最大优点是由于获得政府许可和支持，有时可得到优惠政策，拓宽了融资渠道。此外，BOT 项目若由境外的公司来承包，这会给项目所在国带来先进的技术和管理经验，促进了国际经济的融合。BOT 模式的缺点是项目发起人必须具备很强的经济实力(大财团)，资格预审及招投标程序复杂。

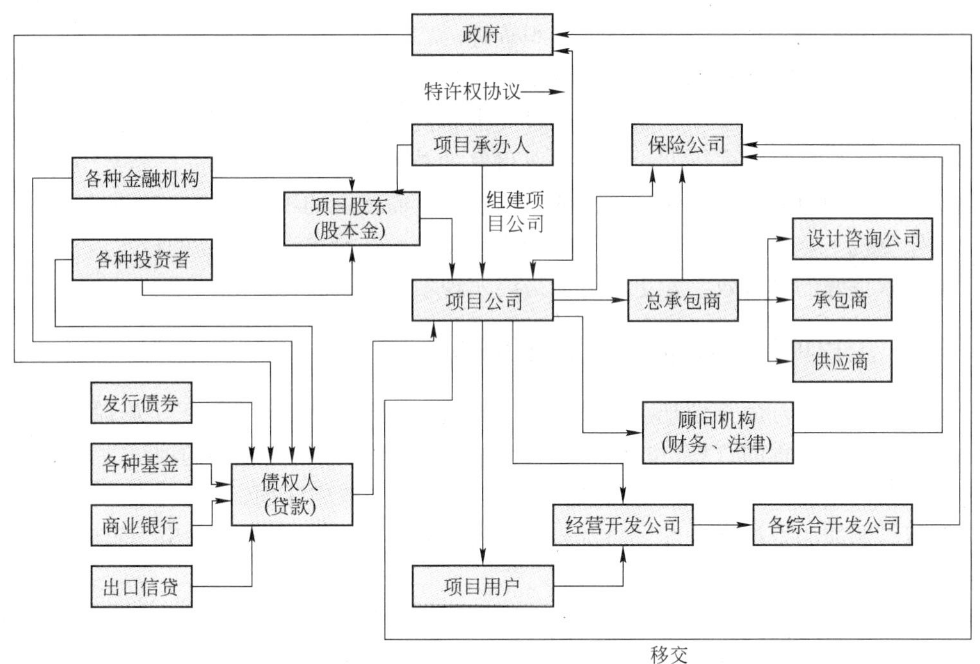

图 1-10 BOT 模式

1.4 工程项目全寿命周期管理

1.4.1 传统工程项目管理的弊端

全球竞争的现实，迫切要求为客户提供更好的产品和服务。在竞争中脱颖而出的项目，不仅需要良好的前期评价，而且还需要基于项目生命周期持续完成可行性分析定义，这是对项目经理的一个重要的挑战。传统上，项目管理(PM)，是直接对工程过程中时间、成本和质量方面的管理，但很少把工程管理和工程根本目标相联系起来。传统工程项目管理的弊端体现在以下几个方面：

(1) 传统建设项目管理的大量工作集中在项目的设计阶段和施工阶段，而较少注意到项目的全过程。

设计和施工只是项目管理全过程中的一部分工作，对项目来说最终是为了使用，所以，在决策阶段、实施阶段就应充分考虑运营阶段(设施管理阶段)的情况是非常有必要的。

(2) 传统的项目管理，对项目建设过程的管理与项目使用过程的管理是分开的。即项目的建设阶段与项目运营阶段(设施管理)阶段脱节。

从系统论的观点出发，项目的建设阶段和运营阶段是项目管理这个大系统中的两个子系统；两个子系统之间存在着相互依存、相互促进的内在联系。

(3) 传统的项目管理，在项目的技术、经济、组织三者关系方面，侧重项目的技术管理和经济管理，忽视项目的组织管理。

项目管理最终取得两个成果：技术成果与经济成果。即一方面要求项目良好的技术状态；另一方面要求控制项目建设支出和使用支出。由于参与项目建设和使用的单位众多，项目寿命周期长，要想取得好的技术成果与经济成果是非常困难的。必须有良好的组织管理，保证信息的流通顺畅，而传统的项目管理，对项目组织管理工作重视不够，即使有先进的技术和施工设备，还是难以创造高的技术成果，也就难以取得好的经济效益，更不可能最终实现项目的总目标。

1.4.2 工程项目全寿命周期管理的概念

工程项目全寿命管理把工程项目管理的范围从传统的仅局限于实施阶段的管理，扩展到全过程的管理(包括项目前期的策划管理，项目实施期的项目建设管理，项目运营使用期的设施管理)。它通过信息获取、决策、计划、组织、领导、控制和创新等职能的发挥来分配、协调包括人力资源在内的一切可以调用的资源，以实现工程项目系统目标。

1.4.3 工程项目全寿命管理的方法

工程项目全寿命管理的主要方法是集成化管理。集成化管理是指为确保项目各项工作能够有机地协调和配合所开展的综合性和全局性的项目管理工作和过程。它是将项目管理的各方面整合在一起的活动，其核心是在多个相互冲突的目标和方案中作出权衡，以实现项目总目标和要求，从本质上就是从全局的观点出发，以项目整体利益最大化作为目标。

如前所述，工程项目决策阶段的开发管理、实施阶段的项目建设管理和运营阶段的设施管理都服务于同一个工程，但按传统的管理模式它们被人为分割成项目独立、各成系统和互不沟通的管理系统，并且由三个不同的组织实施。实际上，这三项管理之间具有内部联系，如项目建设管理的核心任务是项目的目标控制，而项目目标来源于开发管理确定的项目定义；设施管理的一个重要依据是土建承包合同、设备采购合同及合同执行过程中的有关文档，而这些原始资料都由项目管理方保存。将这三项管理经下述诸方面的统一化，就有可能将它们集成为全寿命集成化的管理系统：(1)建立这三项管理共同的(统一的)目标系统；(2)为这三项管理建立统一领导下的组织系统；(3)确定三项管理统一的管理思想；(4)建立为这三项管理服务的共同的(统一的)管理语言；(5)建立这三项管理共同遵守的管理规则；(6)建立为这三项管理服务的共同的(统一的)信息处理系统。

由于工程项目的寿命周期很长(一般工程为50～100年)，某个管理者通常是无法全过程参与一个工程项目的全寿命期管理，这就要求对工程实行制度化、结构化管理，实施不以管理者的变化而变化的管理方式。要实行工程项目全寿命管理，最好的手段和方式就是采用信息化管理方式。工程项目全寿命信息管理系统的核心工作任务是进行项目建设和使用过程的管理(Process Mangement)，以及项目建设和使用过程的界面管理(Interface Management)。

工程项目全寿命管理涉及的信息处理包括：(1)项目决策过程的信息处理；(2)项目设计过程的信息处理；(3)项目采购过程的信息处理；(4)项目施工过程的信息处理；(5)项目运行(运营)过程的信息处理；(6)项目综合信息处理。

第2章 工程项目管理信息化概述

2.1 工程项目管理信息化提出的背景

工程项目管理信息化，是工程项目管理发展的重要趋势，工程项目管理信息化的提出具有如下背景：

1. 满足工程项目管理实践需要

20 世纪 80 年代以来，工程项目规模不断扩大，参与方越来越多，项目的科技含量也越来越高，且设计、建造、运营业务逐渐相结合，产生工程项目全过程、全方位管理的要求。工程项目管理模式和理念也不断发展，呈现出网络化、集成化、虚拟化的趋势。信息技术的迅猛发展，支持和强化了这些变化趋势，给工程项目管理领域带来了根本性的变化。这些变化对工程项目管理提出了更高的要求：其一，对信息的准确性、及时性、针对性提出了更高的要求，项目信息的收集、传递、存储、处理、运用等工作需要全面实现自动化管理；其二，需要信息在工程全生命周期的不同阶段，业主、设计方、承包方、项目管理方等不同参与方，以及参与方的不同部门之间实现无障碍的沟通和交流，即打破“信息孤岛”(Islands of Information)现象。信息孤岛是指：各种工程信息(如质量信息、进度信息等)无法在参与方之间，以及内部各部门间顺畅地流动的状况；其三，工程项目的参与各方以及各部门对项目信息都有各自的需求，要求提高项目信息的有效性，充分满足各自的个性化需求。

2. 信息技术的快速发展

信息技术迅猛发展，各行各业都在通过信息化提升行业竞争力。信息技术成为推动工程项目管理信息化不断发展的又一动力。与工程项目管理信息化相关的信息技术，包括计算机技术、网络技术、网格计算技术、数据管理技术、知识管理技术、3S(遥感技术 Remote Sensing，RS；地理信息系统 Geography Information Systems，GIS；全球定位系统 Global Positioning Systems，GPS)技术、管理信息系统、决策支持系统、虚拟现实技术等。

我国政府提出了"以信息化带动工业化，发挥后发优势，实现社会生产力的跨越式发展"的战略目标。1996 年，在建设部颁布的《建筑技术政策纲要(1996～2010)》中，提出大力推广应用计算机技术。

在工程项目管理领域的巨大需求和信息技术快速发展的双重动力下，应用信息技术提高建设工程领域生产效率，提升行业管理和项目管理的水平和能力，成为 21 世纪工程项目管理领域发展的重要课题，建设领域的信息化也提上了重要日程。

2.2 工程项目管理信息化的概念与内涵

2.2.1 工程项目管理信息化概念

从广义上讲，信息化是全面利用信息技术，充分开发信息资源，提高各部门、各行业效率和效能的活动过程和结果。工程项目管理领域的信息化则是信息技术在工程项目管理中的应用。

工程项目管理信息化，顾名思义就是要将信息技术渗透到项目管理业务活动中，提高工程项目管理的绩效，其属于建设领域信息化的范畴，和建设领域其他业务信息化紧密相关。工程项目管理信息化顺应当前工程项目规模日益扩大、参与主体越来越多、技术日益复杂，对工程质量、工期、费用、安全等的控制要求越来越高的趋势，其应用对象可以是项目决策阶段的宏观管理，也可以是项目实施阶段的微观管理等。

作为较早在工程项目管理领域推进信息化的国家，日本从 1995 年就开始大力推进的建设领域的 CALS/EC(Continuous Acquisition and Lifecycle Support/Electronic Commerce)，其核心内涵是：以项目的全生命周期为对象，全部信息实现电子化；项目的相关各方利用网络进行信息的提交和接收；所有电子化信息均存储在数据库中便于共享和利用。它的最终目的是：降低成本，提高质量，提高效率，并最终增强行业的竞争力。在 2004 年，日本宣称其国家重点项目已经实现信息化，并计划 2010 年在全部公共项目建设中实现信息化。

工程项目管理信息化究竟是一个什么样的工作呢？这里以一个典型案例来说明。项目的参与方包括建设方、设计方、三个承包商和四个混凝土供应商，参与各方综合使用图形软件、网络计划软件以及他们自己开发的工地管理软件等，并通过互联网与一个中央服务器相连，为项目提交的全部数据均存储在该服务器中，参与各方可以根据自己的权限从该服务器访问相关的数据。在现场安装摄像机，使有关参与方能够方便、实时地看到现场情况，并可在互联网上对摄像机进行遥控，包括调节对准目标，进行放大、缩小等。例如，应用安装在高处的网络摄像机，在计算机上通过调节，可以仔细观察混凝土浇筑口，并且可以由此实现远程专家咨询、遥控指挥和进行实时监控等。在混凝土供应系统中增加数据服务器功能，使得有关参与方可以在互联网上方便、实时地查看混凝土的质量参数，进行混凝土质量趋势的显示和分析等。项目信息的提交、相关信息的调阅、有关各方的工作协调，包括全部施工图的获取、网络进度计划的协调、施工证明材料的汇报等，都在互联网上得以实现。通过工程项目管理信息化，所有参与方使用互联网把需要向其他方传递的信息，及时上载到同一个数据库中，使得其他参与方能够方便、及时地共享这些信息(图 2-1)。

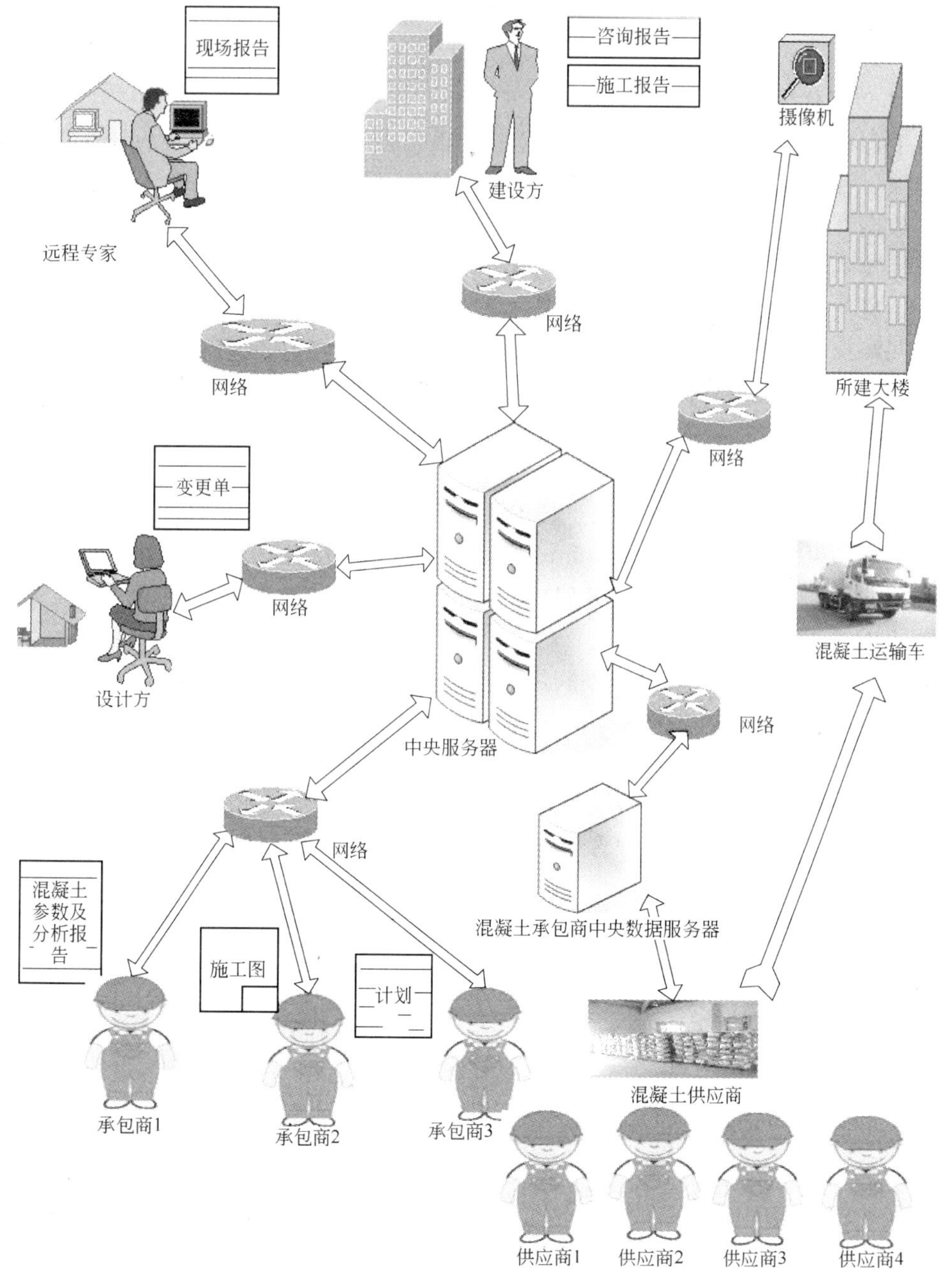

图 2-1　工程项目信息化

2.2.2 工程项目管理信息化内涵

工程项目管理信息化包括对工程信息资源的开发和利用，以及信息技术在建设工程管理中的开发和应用。一方面，应在工程项目决策阶段的开发管理、实施阶段的项目管理和使用阶段的设施管理中开发和应用信息技术；另一方面，需要注重这些阶段内信息资源的生产、收集、处理、存储、检索和应用，保证在适当的时候、适当的地点，将信息资源以适当的方式送给适当的人员。因此建设工程管理信息化具有丰富的内涵。

1. 以现代信息技术为基础

工程项目管理信息化就是信息技术在建设工程管理活动中的广泛应用过程。与工程项目管理信息化相关的信息技术，包括计算机技术、网络技术、网格计算技术、数据管理技术、知识管理技术、3S 技术、管理信息系统、决策支持系统、虚拟现实技术、信息化标准等。

信息技术的发展推动着工程管理信息化不断发展，从最初的数据库技术，到当前的网络技术、视频技术，极大地方便了建设工程的信息化管理。譬如视频技术和网络技术的发展使得我们能够在施工现场安装很多监控摄像头，坐在办公室里随时监控现场的施工情况，杜绝不规范和不安全的施工过程，为工程质量和安全管理提供了有力的保障。

最直观的印象就是伴随着信息技术的革命性进步，工程项目管理信息系统的建设也不断的更新换代。当前随着 Internet 和 Intranet 技术的出现，工程信息系统的开发又开始大规模的转移到 B/S 架构的应用服务模式，同时系统的数据集成性和功能集成性才真正实现。

2. 以工程项目信息资源开发利用为核心

工程项目的决策、实施和运营过程，不但是物质生产过程，也是信息的生产、处理、传递及应用过程。从信息资源管理的角度，可以把纷繁复杂的工程项目建设过程归纳为两个主要过程，一是信息过程，二是物质过程，如图 2-2 所示。开发和应用这些信息资源是建设工程管理信息化的出发点，在整个工程管理信息化体系中处于核心地位。

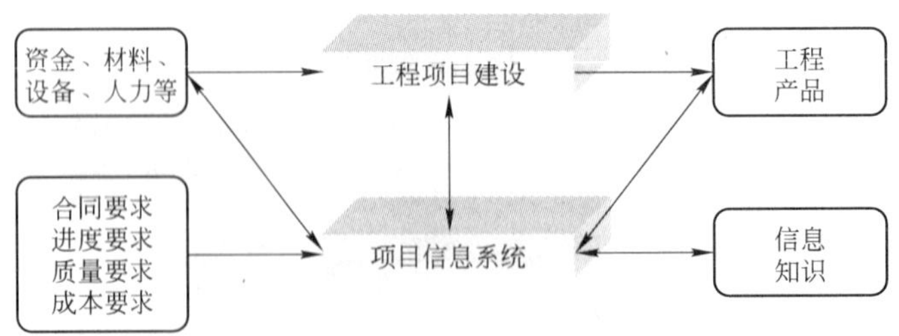

图 2-2 工程项目建设的信息过程与物质过程

工程项目管理对外涉及业主、监理、设计、地方政府、上级管理机构等参与方，对内涉及合同管理、现场施工管理、财务管理、概预算管理、材料设备管理等多个部门。不同参与方和不同部门在项目实施过程中有着不同的管理职责，项目管理过程就是信息在各参与方之间以及不同部门之间流动和传递的过程。项目参与者的管理职责和内容以“数据管理”为依据，以数据之间的逻辑关系和制衡条件为中心参与项目的全过程管理。因此，开发和应用这些信息资源是工程项目管理信息化的出发点，在整个工程项目管理信息化体系中处于核心地位。

3. 以管理理念的信息化为先导

工程项目管理的信息化，首先应该是管理理念的信息化，它以现代建设工程管理理论、管理模式的发展和完善为内在推动力。应该重视建设工程理论对信息化的支撑和渗透作用，缺乏现代建设工程管理理论，管理的信息化只能是原有手工工作流程的模拟，其作用是十分有限的。因此，建设工程管理信息化应该包括工程管理理念的信息化、与管理理念相适应的织织结构和决策的信息化。

譬如，工程项目集成化的管理理念必然要求将以前分布在各个部门的如质量管理系统、进度控制系统等集成为一个统一的工程管理信息平台。同时管理理念的变化会导致管理组织和管理流程的变化，引起信息系统的变化。

以某工程局为例，企业处于改制转型期，很注重企业的管理创新，积极整合各部门的管理职能，将以前几个业务部门的任务归并为一个业务部门，这时，先前运行很好的信息系统也需要随之更新。很多企业在建设工程管理信息化过程中，在没有搞清楚自己的管理流程时就急切希望上马信息管理系统，最终导致系统不能很好地支持管理流程，而被搁置一边；还有很多企业管理理念不成熟，管理流程总是在变动，使得信息系统需要不断地更新，造成很大的不确定性。

4. 由工程项目参与各方共同参与，覆盖建设全过程、全方位的系统工程

建设工程管理信息化涵盖了工程全生命周期各阶段，包括工程决策过程、实施过程、运行过程的管理信息化；而且还涵盖工程管理活动的各个方面，涉及工程信息资源的开发利用，以及在此基础上的工程管理流程的重组、项目组织结构的重新设计等多个方面。同时，工程管理信息化应该是工程建设各方(投资方、管理方、实施方)均实现信息化，只有这样才能更大范围发挥信息化的效益。因此，工程项目管理信息化是一项系统工程。

5. 是一个持续改进的过程

实现上述目标，工程项目管理信息化不可能一蹴而就，它随着工程项目管理理念和信息技术的发展而持续改进，并与工程项目管理理念和管理模式的变化相互影响，形成良性循环。信息化除有计算机、通信和联网等硬软件设备外，其关键是对信息的持续不断的收集、正确的加工整理及提供科学的综合应用；同时硬软件设备也要不断地更新或增加。建设工程管理信息化是一个过程，需要对信息持续不断的收集、加工和应用，如果哪一天停止了，信息系统就失去了相应的价值；同时，信息化还需要适应管理理念和管理流程的不断变化，并随着信息技术的发展而不断发展。

特别是在企业转型期或者业务扩展期，信息化需要不断的跟上工程管理业务流程的发展，适应管理理念和发展战略的需要。以某核电集团工程项目管理的信息化历程来具体说明信息化的这一内涵。该核电集团的信息化工作从20世纪80年代工程开工就开始了，那时，国内信息技术刚开始应用于工程管理领域，出现了一些小型的数据库信息系统，为了提高核电工程管理绩效，各个部门都前后建立了信息系统用于工程各部门的管理，譬如工程部行政合同分部拥有了合同管理信息系统，对合同信息进行存储、检索查看等功能。到了20世纪90年代，各类信息系统在各部门和管理领域都已经建立起来，并积累了大量的数据，但是这些信息系统的应用范围都很狭窄，应用水平普遍不高。为了高效的利用这些数据，该核电集团将各部门的信息系统进行集成，并成立集团信息技术中心，统一负责全集团范围内的信息化建设。该核电工程项目管理的信息化持续了几十年，系统也随着管理理念和管理流程的推动而不断的演化升级。

6. 最终目标是提高管理的绩效，使工程增值

工程项目管理信息化以管理数据的信息化实现精确管理，以流程的信息化实现规范的业务处理，以协同决策的信息化改善组织运营，从而提高工程管理的效率和有效性，使得工程增值，并最终使工程项目管理信息化的实施主体受益。只有这样实施主体才有动力去推动信息化进程，建设工程管理信息化才能够持续进行。

2.3 工程项目管理信息化的意义

目前，工程项目管理信息化工作在国内已陆续展开，一批各有特点的信息系统开始在具有代表性的工程项目中使用，这些系统的使用在优化工作流程、改善项目管理状况、提高项目管理水平、监控工程成本等方面发挥了重要作用。

工程项目管理信息化的意义体现在以下方面：

1. 提高工程项目管理效率

工程项目管理信息化的实施能有效地降低劳动强度和差错率，通过计算机处理和网络的传输使得办公的效率大大加强，而且，计算机常常能够完成许多人力所不能完成的工作，比如数据的统计、分析、报表的生成等，使得工程管理中的业务能力得以拓展。为项目参与人提供完整、准确的历史信息，方便浏览并支持这些信息在计算机上的粘贴和拷贝，使部位不同而内容上基本一致的项目管理工作的效率得到了极大提高，减少了传统管理模式下大量的重复抄录工作。再者，它适应工程项目管理对信息量急剧增长的需要，允许将每天的各种项目管理活动信息数据进行实时采集，并对各管理环节进行及时便利的督促与检查，实行规范化管理，从而促进了各项目管理工作质量的提高。借助信息化工具对工程项目的信息流、物流、资金流进行管理，可以及时准确地提供各种数据，基本杜绝手工和人为因素造成的错误，保证流经多个部门信息的一致性，避免了由于口径不一致或者版本不一致造成的混乱。

通过网络进行各种文件、资料的传送和查询，节约了沟通的成本，提高了工作效率。利用计算机准确、及时地完成工程项目管理所需信息的处理，比如进度控制下多阶网络的分析和计算。方便进行数据统计分析，迅速生成大量的统计报表。利用网上招标系统降低采购成本，通过财务管理系统加强投资和成本监控，实现快速工程决算。国际工程项目实践表明，采用工程项目管理信息系统作为管理手段，能够极大提高信息处理的效率，降低管理成本。

2. 辅助科学决策

信息化系统确保了工程管理过程中信息的共享性、准确性、实时性、唯一性和便捷性，大大提高管理工作效率和领导决策的科学性。工程项目管理信息化减少了管理层次，使得决策层与执行层能够直接沟通、缩短了管理流程、加快了信息传递。项目管理者可以通过项目数据库方便快捷地获得需要的数据，通过数据分析，减少了决策过程中的不确定性和主观性，增强决策的理性、科学性和实施者的快速反应能力。

工程项目管理信息以系统化、结构化的方式存储起来，便于施工后的分析和数据复用。譬如在工程质量管理信息化中，质量控制系统记录工程项目相关的各种质量信息。施工方需要的信息包括：各种行政通知、文件、新颁布的法规、政令等，以便及时贯彻上级精神，调整相应的管理制度和规范；质量事故通报信息，质量事故发生部位、类型、原因统计信息，以便从事故的教训中得到可借鉴的经验，同时对事故多发点提高警惕，并及时将这些部位设定为质量控制点，保证质量控制点的动态设置，做好有效的预防措施。监理单位需要提取的信息包括：新颁布的政令、法规、通知等，便于协助施工单位对施工方案、技术要求、管理措施的调整；质量事故通报信息，质量事故发生部位、类型、原因统计信息，便于协助施工单位做好有效的预防。同时，这些完整的质量控制信息在工程竣工后通过网络直接提交给质量监督管理部门，质监部门再对多个工程项目质量控制信息进行分析，得出质量事故发生频率、伤亡程度、发生区域分布等信息，便于行政部门把握区域内质量安全的走势，有针对性地制定维持和改善质量状况的政策和措施；新工艺、新材料的应用信息，有利于政府对新技术的大力推广，提升行业的技术水平；一定时期内质量验收合格率、优良率统计信息，也将为把握质量发展的整体趋势提供支持。

3. 优化管理流程、提高管理水平

工程项目管理信息化实践表明，采用工程项目信息系统作为管理的基本手段，不仅增强工程管理工作的效率和目标控制工作的有效性，还在一定程度上促进了工程管理变革，包括工程管理手段的变革、工程管理组织的变革、工程管理思想方法的变革、新的工程管理理论的产生。

工程项目管理信息化的建设与实施一方面是信息技术、计算机技术等的体现，另一方面还承载着管理模式，系统中信息的流转、处理以及表现都体现了一定的管理模式，因此，信息化能够使得管理流程得到一定程度的优化，而信息系统的建设与实施促使参与各方都能在这个平台上进行业务处理，从而使管理模式得以规范。

信息化利用成熟系统所蕴含的先进管理理念，进行工程管理业务流程的梳理和改革，通过信息化手段规范制度，固化先进的管理理念，将有效地促进工程组织管理的优化，提升管理水平。在某水利工程项目管理信息化时，业主不希望该工程的管理信息系统单单是一个从工程管理的实施层、中间管理层到决策层以及对外联系的高效率信息系统，还希望通过引进先进管理经验形成对该工程各方面高效统一、规范协调的管理和控制体系。在该工程建设信息化管理之前，各部门为了内部运转方便，各自建立一套编码制度，导致一个合同可能会有六个编码，同时很多的合同审批变更程序不规范。在完成该工程建设管理系统后，所有的合同都只能有一个编号，方便跟踪，同时，通过确立只有合同编码的合同才能付款的原则，杜绝了一大部分合同审批更改程序不合理的情况。又如，在工程管理的业主物资计划中，各个承包商提交的物资需求计划报表风格各异，申报物资时可能会出现一些非标准型号或者无详细规格的情况，这种不规范的申请有时会给计划审批人员带来一定的困惑，从而影响到计划制定的进度。通过信息系统的实施，统一需求计划报表的风格，用信息化的纽带为业主和承包商提供更快捷更准确的沟通途径。该工程项目从1994年开始不遗余力地推进管理信息化建设，通过信息化建设不断地促进管理创新，坚持信息化建设和加强机构科学管理相结合，促进企业管理的标准化、流程化和集约化，实现从传统管理到现代管理的转变。

4. 提高工程项目参与各方的协同能力

工程项目管理涉及众多参与方，各方的协调显得格外重要，信息化使得各方通过统一的信息平台进行工程管理成为可能，在统一的信息平台支撑下，协同管理项目，提高了彼此协作能力。例如，它在信息共享的环境下，通过自动地完成某些常规的信息通知，减少了项目参与人之间需要人为信息交流的次数，并保证了信息的传递变得迅捷、及时和通畅。以某地铁工程建设管理中的质量协同监控流程为例，其流程如图 2-3 所示。

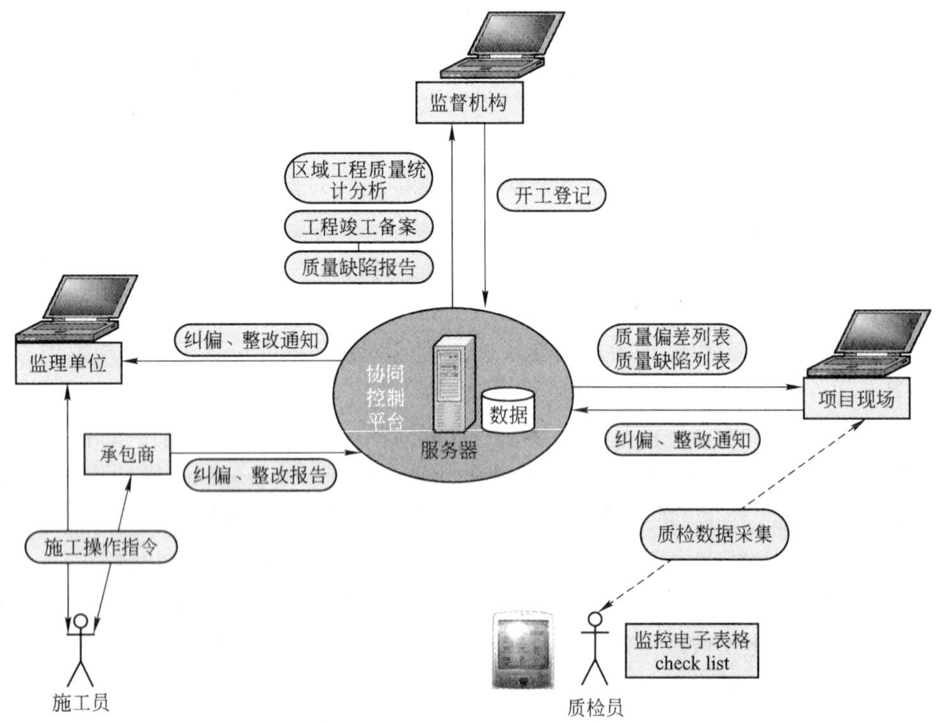

图 2-3 工程质量协同监控

以施工现场质量监测监控流程为例，施工现场质检人员采集各种质量监测数据，填入监控电子表格；或者检测数据通过检测数据接口，自动转为要求的数据格式并记录于监控电子表格中对应的位置。模板数据填写区即刻调用内嵌的标准要求值，将检测到的质检数据与标准要求值进行比较，给出质量检测数据相对于标准要求值的偏差，并根据偏差的程度，分别利用不同的警示符号(三角、圆圈等)加以提示；同时输出质量偏差列表；超出一定偏差容忍范围的，被视为质量缺陷，列出质量缺陷列表，并立即发送给相应的施工方，提示其采取质量纠偏和处理措施，弥补缺陷；与此同时，这些检测数据瞬间传送到相应的承包商和监理的工作平台，以便业主对工程质量进行总体监控。进一步，在工程完工后，所有的质量监测数据，自动备案到质量监督部门的系统，实现质量数据的远程电子备案。

此外，工程项目管理信息化系统能够减少管理层次、缩短管理链条、精简人员，使得决策层与执行层能够直接沟通、缩短管理流程、加快信息传递，提高参与各方及时协同能力。

在“物联网”时代，钢筋混凝土、电缆将与芯片、宽带整合为统一的基础设施，在此意义上，工程项目管理信息化将进入一个新发展时期。

复习思考题

1. 谈谈你对工程项目管理理念发展的认识。
2. 工程项目管理信息化的意义和内涵。

第3章 工程项目管理信息资源

3.1 工程项目管理中的信息资源

工程项目管理信息资源是工程建设与管理过程中所涉及的一切文件、资料、图表和工程数据等信息的总称。其内涵是建设管理活动过程中所产生、获取、处理、存储、传输和使用的一切信息资源，贯穿于工程项目管理的全过程。

一般认为，数据是反映客观事物属性的记录，它是离散的、互不关联的客观事实，是信息的具体表现形式，任何事物的属性都是通过数据来表示的，数据经过处理之后，成为信息；信息是客观事物属性的反映，是经过加工整理并对人类客观行为产生影响的数据表现形式，是对数据的解释，具有主观性；知识是通过信息使用归纳、演绎的方法得到，表现信息和信息间的关系，是规律性的总结。知识位于数据与信息之上，因为它更接近行动，与决策相关。

3.1.1 工程项目管理信息资源的分类

信息的分类是信息管理的基础和前提。根据工程项目管理的需求，可以从不同的角度对信息进行分类，如图 3-1 所示。

1. 按照工程项目信息的形式划分

按照信息的表现形式，工程项目信息主要包括文字、图纸、图片、影音等类型。传统的工程项目管理中，文字、图纸信息占了很大部分。随着信息存储形式的多样化和信息交流工具的发展，图片、照片、图像和声音等多媒体信息开始发挥重要作用。文字类的信息，指项目的可研报告、投资评估报告等；图表类信息，指项目设计图纸、相关图表等；影音资料类信息，指视频信息等。

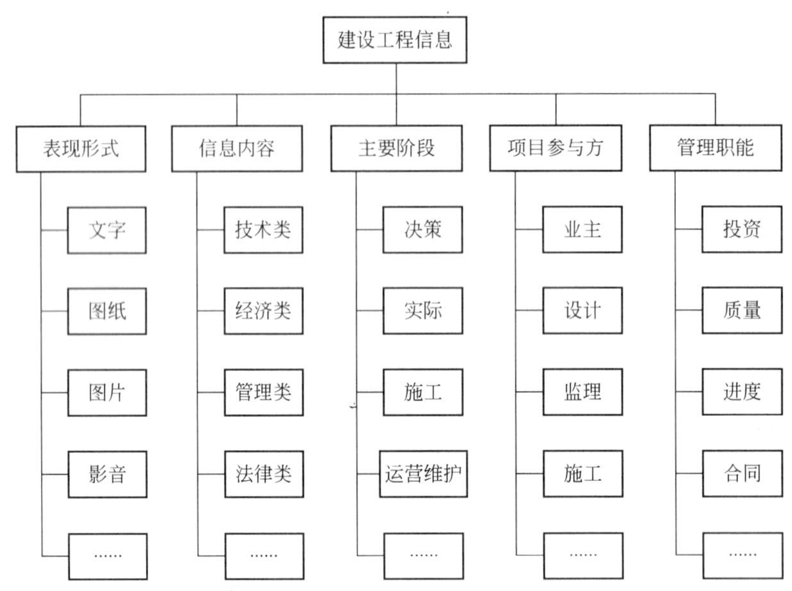

图 3-1 工程项目信息分类

2. 按照工程项目信息的内容划分

按照信息的内容，工程项目信息具体包括项目的组织类信息，如项目参与方的组织信息、建筑业相关的机构组织信息和专家信息等；管理类信息，如与投资控制、进度控制、质量控制、合同管理和信息管理有关的信息等；经济类信息，如建设物资的市场信息、项目融资的信息等；技术类信息，如与设计、施工过程和物资采购有关的技术信息等；也包括法规类信息等。

3. 按照工程参与方的需求划分

按照项目参与各方的需求，工程项目信息包括业主单位的信息、勘察设计单位的信息、监理单位的信息、施工单位的信息、设施管理单位的信息等。业主单位对项目信息的需求贯穿项目全寿命期中，如在决策阶段掌握的市场信息；规划设计阶段的勘查设计文件资料；施工阶段的监理单位监理月报，施工单位施工档案等；项目运营维护阶段的使用状况和工程维修信息等。勘察设计单位对项目信息的需求包括勘察任务书和勘察合同，业主单位对勘察任务的具体要求；设计单位的项目信息包括设计任务书、项目前期相关资料、项目基础资料和技术文件、设计合同，业主单位对设计任务的要求等。监理单位信息需求包括监理委托合同、工程承包合同以及与项目开展有关的所有资料，如监理日志、整改通知单等。施工单位信息需求包括施工招标文件、工程承包合同、设计文件以及与项目施工有关的所有技术基础资料等。设施管理单位的信息需求主要包括项目接管验收资料、客户档案等，在进行日常的物业管理阶段，设施管理公司的信息包括日常管理文件、工程使用维修状况等技术文件等。

4. 按照工程项目管理的任务和职能划分

按工程项目管理的任务和职能划分，包括投资控制信息、进度控制信息、质量控制信息、合同管理信息等。投资控制信息，如各种投资估算指标、概预算定额、设计概预算、合同价款、工程进度款支付、竣工结算与决算、投资控制的风险分析等。质量控制信息，如相关的质量标准和规范、质量计划、质量控制工作流程、质量控制工作制度、质量控制的风险分析、质量抽样检查结果、工程质量备案、质量事故等。进度控制信息，如项目总进度计划、进度目标分解结果、里程碑事件、进度控制工作流程、形象进度、进度控制的风险分析、施工进度记录等。合同管理信息，如国家有关法律规定、工程项目招投标文件、工程建设监理合同、工程项目勘察设计合同、土木工程施工合同条件、合同变更协议、合同支付信息等。风险管理信息，项目投资风险预测、项目敏感性分析、项目实施风险控制管理等。环境管理信息，如项目环境目标的策划、环境目标实现措施等。行政事务管理信息，如上级主管部门、设计单位、承包商、业主间的来函文件，有关技术资料等。

5. 按照工程实施过程中主要环节划分

按工程实施过程中主要环节，工程项目管理信息可以分为决策阶段的信息、实施阶段的信息、运营阶段的信息。

(1) 决策阶段

如批准的项目建议书、可行性研究报告及设计任务书；批准的建设选址报告、城市规划部门的批文、土地使用要求、环保要求；工程地质和水文地质勘察报告、区域图、地形测量图；地质气象等自然条件资料；设备条件；规定的设计标准；国家或地方的监理法规或规定；国家或地方有关的技术经济指标和定额等。

(2) 实施阶段

工程的实施阶段又可分为规划设计阶段和施工阶段两个时期。

1）规划设计阶段

该阶段主要是形成项目建设技术性解决方案，该阶段需要更多的抽象和模拟信息。设计工作是多专业共同的工作，设计过程是不断修改、变更和完善的动态过程，因此变更管理、版本控制、并行控制和信息跟踪是设计信息管理的重要内容。设计阶段的成果是可接受工程项目产品模型的一系列规格说明书和描述。

规划设计阶段的信息包括一系列设计文件：

① 初步设计文件，包括如建设项目的规模、总体规划布置；主要建筑物的位置、结构形式和设计尺寸；各种建筑物的材料用量；主要设备清单；主要技术经济指标；建设工期；总概算等。

② 技术设计，与初步设计文件相比，提供了更确切的数据资料，如对建筑物的结构形式和尺寸等进行修正，并编制了修正后的总概算。主要包括如工艺流程、建筑结构、设备选型及数量确定等。

③ 施工图设计文件，完整地表现建筑物外形、内部空间分割、结构体系、构造状况以及建筑群的组成和周围环境的配合，具有详细的构造尺寸。它通过图纸反映出大量的信息，如施工总平面图、建筑物的施工平面图和剖面图、设备安装详图、各种专业工程的施工图，以及各种设备和材料的明细表等。此外，还有根据施工图设计所作的施工图预算。

2）施工阶段

该阶段主要包含如下信息

① 施工招投标阶段信息：如投标邀请书、投标须知、合同双方签署的合同协议书、履约保函、合同条款、投标书及其附件、工程报价表及其附件、技术规范、招标图纸、发包单位在招标期内发出的所有补充通知、投标单位在投标期内补充的所有书面文件、投标单位在投标时随同投标书一起递送的资料与附图、发包单位发出的中标通知书、合同双方在洽商合同时共同签字的补充文件等。此外还有上级有关部门关于建设项目的批文和有关批示，有关征用土地、迁建赔偿等协议文件。

② 工程建设施工信息：包括各种施工技术操作规程，各种施工组织设计及施工技术方案，各种施工技术表单及报告，各种施工技术记录和日志，各种施工测量、放线、检测记录，各种工序施工验收单，各种隐蔽工程验收报告，各种施工技术测试报告等。

③ 工程建设竣工信息：包括竣工验收有关的各种信息资料，其中一部分是在整个施工过程中长期积累形成的，另一部分是在竣工验收期间，根据积累的资料整理分析得到的。

(3) 运营阶段

该阶段包括设施空间管理、设备运行和建筑物的维护等信息。设施空间管理强调空间的分配、利用和管理，需求的信息主要包括楼层布局、设备布局和空间房间信息等。设备运行需要的信息包括设备参数、运行计划、周围环境信息和气候条件等，以使设备能尽可能地保值增值。建筑维护需要的信息包括建筑物的体量和外观尺寸、材料性能和维护计划等。

3.1.2 工程项目信息的特点及其给管理信息化带来的挑战

工程项目信息是在不同的时空（建设的阶段、建设的实体位置）形成的，与工程项目管理活动密切相关，开发利用好工程项目信息资源，就需要对工程项目信息有明确的认识。除了具有信息资源的非消耗性、共享性等一般特性外，工程项目信息还具有如下特点：

1. 数量庞大、类型多样

工程项目管理信息数量庞大、类型多样，并随着工程建设的推进，呈现加速递增的趋势。据统计，一个大型工程在项目实施全过程中产生的文档纸张可以以吨计。在某奥运场馆的建设中，仅仅合同文档就达到 4000 多份，如此众多的文档用手工管理，困难可想而知。而且，这些信息来自于工程的各个参与方，为不同的参与主体所拥有，并分散存储在不同的位置，导致常常会出现“信息孤岛”现象。因此，对工程信息的电子化、数字化管理有迫切需要。

工程项目管理的信息类别多样，并服务于多样化的项目目标。与成本相关的项目信息服务于成本的管理控制，与质量相关的信息服务于项目的质量管理控制。但工程项目不同类别的信息不是绝对分离的，一种类别的信息往往会转化成或衍生出另一类别的项目信息。如根据结构设计方案编制项目的预算，或进行项目的施工方案设计等。

信息的多样性要求对信息进行分门别类的管理，这涉及信息的分类编码问题。

2. 来源广泛、存储分散

工程项目信息来自业主(建设单位)、设计单位、施工承包单位、材料供应单位、监理组织以及内部各个部门；来自建设全过程的各个阶段中的各个环节，乃至各个专业；来自质量控制、投资控制、进度控制、合同管理等各个专业方面。

由于大量的工程信息分别为不同参与方所拥有，分散存储在信息提供者自己的信息系统中，而信息的发生、加工及其应用往往也存在时空上的不一致性。如何有效激励信息所有者愿意提供和共享信息、如何利用信息技术对存储在不同位置的工程信息进行集成化管理都需要整体考虑。

3. 信息的时效性强

工程项目信息资源的时效性很强，有一个完整的信息生命周期，绝大多数信息只在工程建设的某一阶段起主要作用。以工程设计图纸为例，在不同的阶段时刻，由于工程设计的变更，便存在适用于不同时刻的不同版本的多份设计图纸。又如在地铁工程建设中，需要及时监测地表沉降，并通过分析软件进行信息分析，不能及时将这些信息处理，就会发生地表沉降超过警戒值而没有报警，错失采取措施的机会，给工程造成更大的风险。

信息的时效性要求我们必须及时进行数据收集、加工、传递，实时动态更新信息，剔除陈旧信息、及时汇总分析新信息。

4. 信息之间关联复杂

工程项目信息之间存在复杂的关联性，大多数的信息都是从别的信息提取和派生出来的，一种信息的变化会引起相关信息的变化，如设计信息的变更会引起施工进度信息、造价信息和合同信息的变化。

工程信息的复杂关联，要求实施主体在工程信息的处理方面要有协同性。

5. 信息的创建和管理复杂，应用环境差异性大

在一个工程项目中，业主方、设计方、承包商、材料供应商等参与方创建和管理自身需要的信息。各个团队又各自拥有专业工程师，如质量控制工程师、投资控制工程师、进度控制工程师等，他们根据需要也对不同的信息进行创建和管理。同时，不同的工程参与方对工程信息有不同的应用要求，同一信息也有着不同层次的信息处理和应用的要求。需要考虑针对不同的使用主体、不同层面、不同的用途，对工程信息进行组织和管理。

3.2 工程项目管理信息资源的管理和利用

工程项目信息管理贯穿工程项目全过程，衔接工程项目各个阶段、各个参建方的各个方面。对信息资源的开发利用，涉及信息的收集、加工、整理、检索、分发和存储等环节。良好的工程信息管理，将使工程项目信息的收集、加工、传递和反馈形成一个连续的闭合环路，并呈螺旋式上升，不断推动信息资源更好的开发利用。

3.2.1 工程项目信息的收集

工程项目的各种信息来自于工程，在项目实施的全过程中不断产生，信息的收集工作不能忽视工程项目的任何一个阶段，不能遗漏任何一个方面或者任何一类信息。以建筑工程质量监管为例，信息覆盖到工程建设的各个阶段，涉及施工单位、监理单位、建设单位、监督机构等各参与方需要的信息，内容涉及施工动态管理、施工技术管理、施工工序管理等多方面，具体包括工程管理资料、工程技术资料、工程物资资料、工程测量记录、工程记录、工程试验记录、工程验收资料 7 大类信息，超过 300 多类控制点的数据。

工程项目信息的收集需要面向工程的不同阶段，面向不同的参与方。参与各方对数据和信息的收集要求是不同的，有不同的来源、不同的深度、不同的处理方法，但要求各方相同的数据和信息应该规范。其参与各方在不同时期阶段对数据和信息的收集也是不同的，侧重点有不同，但也要规范信息行为；工程项目的不同阶段，如项目决策阶段、项目实施阶段和运营阶段等，决定了不同的信息内容。如图 3-2 所示，在工程施工阶段，工程质量控制中，不同的参与方需要的信息不同。

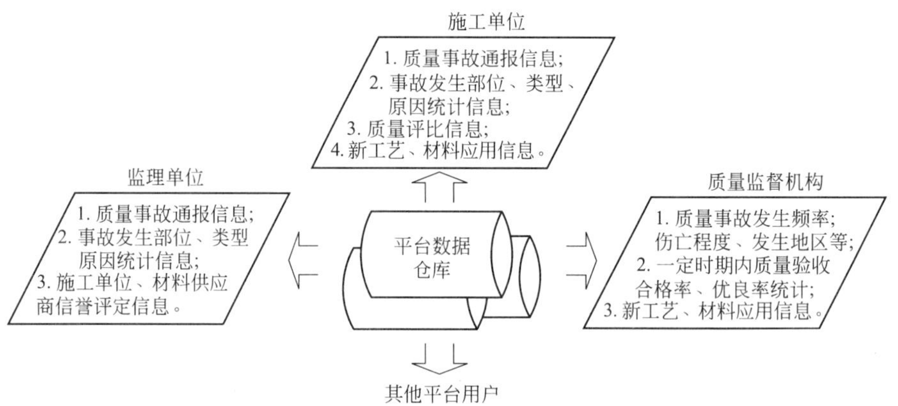

图 3-2 不同参与方对工程质量控制信息的需求

信息收集的手段很多，除了人工数据填写外，还可以使用各种数据采集装置。譬如为了保证施工安全可以安装视频摄像头，它将会从施工现场传回视频信息；在工程质量监管中，可以使用如钢筋定位仪、钢筋笼长度测试仪、超声检测仪以及无线数据传输仪等工程质量检测及数据远程传输设备等；在基坑开挖过程中可以利用各种检测仪器检测周边建筑物和管道沉降数据。工程相关质量数据通过上述仪器测量后直接传输至数据管理平台中，增强数据上报和分析的及时性，减少了人工数据填写的差错率，避免人工填报过程中对数据进行改动而造成的数据的不真实，可以最大限度地保证工程数据的客观性、真实性。

信息收集不论采取什么方法、手段、工具，整个收集过程需要参与各方的共同努力。工程项目的信息大量地产生于设计、施工、安装、材料供应、咨询和项目管理过程等方面，没有这些方面的配合和共同参与，很难保证收集信息的准确性和完整性。

3.2.2 工程信息的加工整理

信息的加工整理主要是把工程得到的数据信息进行鉴别、选择、核对、合并、排序、更新、计算、汇总、转储，生成不同形式的报告，提供给不同需求的各类管理人员使用。

工程现场数据需要进行加工，才能使之更好地服务于工程管理过程。譬如在地铁工程的基坑开挖过程中，从各监测点收集上来的地表水位沉降数据和周围地表沉降信息，需要进一步的利用各种手段处理，才能得出有意义的管理信息，如在多大程度上的下降是允许的，在多大程度范围需要报警。

工程信息的加工整理需要面向不同的参与方，按照不同的需求、不同的使用角度，以不同的加工方法分层进行加工。施工方需要的信息包括：各种行政通知、文件、新颁布的法规、政令等，以便及时贯彻上级精神，调整相应的管理制度和规范；质量事故通报信息，质量事故发生部位、类型、原因统计信息，以便从事故的教训中得到可借鉴的经验，同时对事故多发点提高警惕，做好有效的预防措施；质量评比信息，便于施工方关注其在质量评比活动中的动态，充分的了解该企业在行业中的水平和地位，为下一阶段的发展目标和战略制定措施；新工艺、材料的应用信息，便于企业对新技术市场及时跟进，增强企业的适应性和竞争力。监理单位需要提取的信息包括：新颁布的政令、法规、通知等，便于协助施工单位对施工方案、技术要求、管理措施的调整；质量事故通报信息，质量事故发生部位、类型、原因统计信息，便于协助施工单位做好有效的预防。质量监督机构需要的信息包括：质量事故发生频率、伤亡程度、发生区域分布等信息，便于行政部门把握区域内质量安全的走势，有针对性地制定维持和改善质量状况的政策和措施；新工艺、材料的应用信息，有利于政府对新技术的大力推广，提升行业的技术水平；而一定时期内质量验收合格率、优良率统计信息，也可服务于把握工程质量发展的整体趋势。

工程信息本身是有关联的，参与各方的信息也是相关联的，共同为工程项目的成功服务。因此，信息的加工整理的一个重要方面就是将来自工程的各个参与方，为不同的参与主体所拥有，并将分散存储在不同的位置的工程信息整合起来，使之从零散的、割裂的、仅仅反映某一方面的信息变成统一的、集成的、综合的信息，以反映工程项目的整体管理状态。

工程项目信息本身是分层次的，作用范围也不同。譬如在工程质量监督过程中，有单体工程整体质量，有综合工程整体质量，有区域工程整体质量。对于单项工程，又可以按照单位工程、分部工程、分项工程进行分层次划分。因此，信息的加工整理需要按照不同的层次，采取不同的手段进行。譬如通过对某市工程质量监督站的工程备案数据进行综合分析，同时还可以得到整个该市以及各区域工程整体质量状况，形成质量监管分析，并可发布城市工程项目质量指数，动态反映城市尺度下多区域工程项目质量水平变化程度的差异和各区域工程项目质量水平的变化轨迹和发展态势，宏观上为政府建设行政主管部门的质量监督管理工作提供决策依据，微观上引导建设施工企业的健康发展。

工程信息的加工整理的更高要求，就是能够形成工程项目管理的新知识。譬如在工程质量监管中，通过调查分析某市工程质量的历史统计数据，并访谈先进企业相关专家，可以提炼出本地区工程质量重点监控对象、关键部位或薄弱环节，进一步设置符合本地区的工程质量控制点，从而形成质量控制的新知识。组合这些质量控制点形成具有地区工程质量控制特点的质量控制数据模板，以质量控制数据模板为载体，制定相应的工程质量控制表格提供给工程参与各方使用，就可以实现知识的重新利用。

3.2.3 工程项目信息的分发与检索

工程项目信息具有很强的时效性，在通过对收集的数据进行分类加工处理产生信息后，要及时提供给需要使用的部门。必须指出：绝大多数信息只在工程建设的某一阶段起主要作用。且有些信息如不能及时处理这些信息，就可能错失机会，并增大工程项目的安全风险。

信息的分发要根据需要来进行，信息的检索则要建立必要的分组管理制度，确定信息使用权限。实现信息分发、检索的关键是要决定分发和检索的原则。

3.2.4 工程项目信息的存储

信息的存储一般需要建立统一的数据库，各类数据以文件的形式组织在一起，组织的方式要考虑规范化。根据工程项目实际情况，可以按照下列方式组织：按照工程类别进行组织，同一工程按照投资、进度、质量、合同的角度组织，各类信息进一步按照具体情况细化；统一存储方式，在国家技术标准有统一的代码时尽量采用统一代码；有条件时可以通过网络数据库形式存储数据，达到建设各方数据共享，减少数据冗余，保证数据的唯一性。

工程信息的存储既是工程信息加工处理的基础，也是工程信息分发、检索的支撑。对于一个组织而言，信息的价值在于将其转化为知识。工程信息的存储，除了信息的保存之外，更进一步地是对知识的保留。对工程信息的加工整理能够形成很多宝贵的知识，对这些知识的保留、分享和复用是工程信息存储的更高要求。在竞争日益激烈的现代社会，知识管理越来越显示其重要性，知识管理已经渗透到包括建筑业在内的各行各业。很多工程实施主体通过知识管理获益，如设计单位、施工企业和工程咨询企业等，这些企业利用已有的工程数据、信息和知识，在策划、设计、投标、施工方案的制订和计划编制等方面显示出很强的竞争力。在我国，工程项目的参与员工流动性大，工程项目实施经验流失严重，通过知识的存储和管理保留积累下来的知识，甚至可以形成企业级、行业级知识共享平台，以供在企业内部、行业内部、团队内部共享和传递。

3.3 工程项目管理中的信息沟通

信息沟通就是交换和共享数据、信息和知识的过程，是指工程项目参与各方在项目全过程中，运用信息和通信技术及其他合适的手段，相互传递、交流和共享项目信息与知识的行为及过程。许多国外的研究在分析未来工程建设项目信息管理发展趋势时，都把信息沟通置于非常重要的地位。工程项目信息沟通的要点包括：

(1) 沟通者，包括工程参建各方；

(2) 沟通过程，贯穿工程项目全过程；

(3) 沟通手段，主要基于计算机网络的现代信息沟通技术，但也不排除面对面的沟通及其他传统的沟通方式；

(4) 沟通内容，包括与项目建设有关的所有知识和信息，特别是需要在参建各方之间共享的核心知识和信息。

信息沟通的重要目的是在项目参与各方之间共享项目信息和知识，良好的信息沟通是努力做到在恰当的时间、恰当的地点，为恰当的人及时地提供恰当的项目信息和知识。工程项目参与各方之间的信息沟通将形成工程信息流。

3.3.1 工程项目管理信息流

信息流是指信息供给方与需求方进行信息的交换和交流，包括信息的生产、加工、存储和传递等过程。

从总体上可以将整个工程项目建设划分为信息处理过程(Information Process)和建设生产过程(Construction Process)，而后者直接受到前者的支持。工程项目的实施除了显而易见的物质流之外，还有潜在但又十分重要的信息流，物质流在生产工程产品的过程中无时无刻离不开信息流的支持与驱动。从某种意义上说，工程项目的整个建设过程就是项目信息的流动与交换过程[10]。

1. 工程项目管理组织内部的信息流动

从组织结构的角度上看，在工程项目管理组织内部存在三种信息流：

(1) 自上而下的信息流

所谓自上而下的信息流，是指从项目决策层开始，流向中层项目管理人员及基层项目管理人员的信息。即信息源在上，信息接受者是其下属。这类信息主要包括建设项目管理目标和任务，项目管理工作制度、指令、办法及规定，业务指导意见等。

(2) 自下而上的信息流

所谓自下而上的信息流，是指从基层项目管理人员开始，流向中层项目管理人员及项目决策层的信息。即信息源在下，信息接受者是其上级。这类信息主要是指建设项目实施情况和项目管理工作目标的完成情况，包括工程进度、费用支出、质量、安全及项目管理人员的工作情况等。此外，还包括上级部门及有关领导所关注的意见和建议等。

(3) 横向间的信息流

横向流动的信息是指在建设项目管理工作中，同一层次的职能部门或工作人员之间相互提供和接受的信息。这类信息一般是由于分工不同而产生的。为了共同的目标，各部门之间需要相互协作、互通有无或相互补充。此外，在紧急、特殊情况下，为了节省信息流动时间，有时也需要各部门之间横向提供信息[1]。

2. 工程项目参与各方间的信息流动

除了工程项目管理方内部的信息沟通之外，工程项目管理方组织和它的外部环境之间也有着频繁的信息往来。例如，业主方的指令通过工程项目管理方，再传达到施工方、供货方等；施工方的施工签证先经过工程项目管理方审批后，再传递至业主方等；工程项目管理方通过协调会议等方式，组织各施工分包单位、材料供应单位、设备供应单位、设计单位之间横向的信息交流。如图 3-3 所示为项目主要参与方间的信息流结构。此外，政府有关部门虽然不是项目的直接参与方，但与企业之间也存在信息的流动和共享；社会公众同样对可共享信息有需求。上述各种信息流都应当畅通无阻，以保证工程项目管理工作的顺利实施。

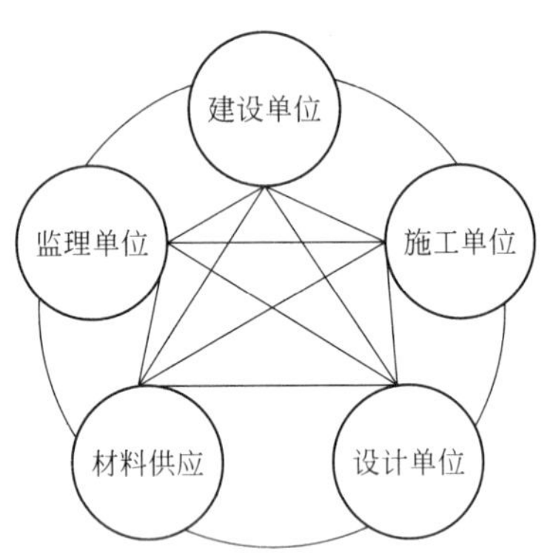

图 3-3　工程参与各方间的信息流

3. 工程建设各阶段的信息流动

工程项目的建设过程总是伴随着物质流和信息流的同时产生，两者相互支持驱动，因此，工程项目的建设过程也是信息的流动与交换过程。

从全寿命周期的角度来分析，工程项目在某一阶段产生的一些信息不会立刻消失或失效，往往会继续进入下一个阶段使用、更改。如工程项目前期策划阶段的策划书文件等，在项目建设完毕后的营销、运营阶段无疑仍要使用。在信息的产生、转化、消亡的过程中，在项目建设的不同阶段均存在着信息的流动过程。

3.3.2　工程管理信息沟通现状分析

信息是建设生产的依据，是决策的基础，是组织之间联系的主要内容，是工作过程之间逻辑关系的桥梁。工程建设的生产活动及过程是严重地依赖相关信息的，理想的集成化工程建设生产过程不但需要过程与过程之间的直接信息传递，而且需要参建各单位之间的直接信息沟通。但传统的工程建设模式中，层级式的纵向组织、设计与施工分离的生产过程，以及落后的信息处理和传递手段等客观上造成了过程与过程之间信息传递的屏障、单位与单位之间信息沟通的隔墙，从项目管理的角度，传统工程建设组织中存在的信息沟通障碍及主要问题有：

1. 大量信息碎片

在关于建筑业的研究报告中经常可以看到“Fragmentation”一词的出现。任何一个建设项目都是由包括设计师、工程师、估价师、总承包方、分包商、供应商以及业主在内的各方，利用他们各自不同的经验、知识和技术完成的。参与工程项目建设过程的各方是具有不同的目标、管理形式和运作过程的独立组织，这种特征被称为碎片性质。“碎片”导致了建筑业生产率不高，并限制了建筑行业的持续发展[43]。

建筑业中的“碎片”现象主要表现在四个方面[44]：高度的专业化分工所导致的“专业碎片”；不同组织所形成的“组织碎片”；建筑产品生命周期中的“过程碎片”以及各种计算机应用软件的使用而产生的“信息碎片”。

这些“碎片”影响了建筑业整体水平的提高，为业主增加了大量的组织协调工作和管理成本。同时，由于各参与单位仅强调个人利益的最大化，忽视了整个工程项目的总体目标，使得各主体不能在连续、有效的工作环境中工作，大量项目信息仅集中在少量信息生产者手中，不能充分被其他项目组成员利用。由于项目信息传递缓慢，更新不及时，信息失真等现象的存在，降低了工程质量，增加了建设费用和周期，并带来了不必要的索赔等[42][45][46][47]。

解决以上问题，需要以合作的态度建设项目和建立良好的信息沟通机制。打破原有的组织上的各自为政，建立一个平等、有效的沟通平台，消除建设过程中的各种“碎片”。

2. 落后的信息沟通方式

项目中的信息沟通是协作与信任的前提和基础，对项目的进展产生重要的影响。对于工程的项目管理而言，数据和信息的共享与交换是至关重要的。项目管理协会(PMI)的“项目管理知识体系”(PMI2004)更是把信息交换的管理作为项目管理知识体系的一个重要组成部分[51]。

据有关资料显示，工程项目实施过程中存在的诸多问题，其中三分之二与信息沟通有关：工程项目10%～33%的费用增加与信息沟通存在的问题有关；在大型工程项目中，信息沟通问题导致工程变更和工程实施的错误约占工程总成本的3%～5%。传统的项目信息沟通方式是点对点式，而信息在传递过程中也会造成大量流失[51]，具体如图3-4所示。

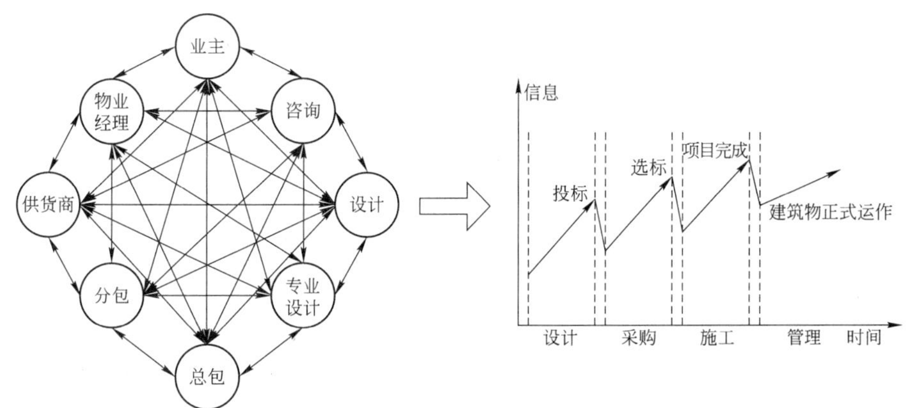

图3-4　传统信息沟通方式导致的信息在项目生命周期中的流失

造成信息流失的原因包括：

1）落后的信息沟通手段：纸质文档的信息表达方式，造成了信息延时、信息利用率低、信息难以保存等问题，并由此带来了人工费、材料费等信息沟通费用的增加。

2）不畅通的纵向信息沟通方式：在项目管理过程中，业主方的意图通常由监理方传达和执行；而他所接收的施工现场信息也是经过多次处理的。在这个过程中，容易产生信息丢失和扭曲，损失信息的价值。美国 Bricsnet. com 公司统计数据表明，工程竣工时业主仅可以拥有不足 65%的项目信息。

3）过于专业的信息表达：项目现场产生的数据一般是由各专业工程师根据自己的工作习惯记录的，是基于各专业基础知识之上的。因此，这些原始数据是零散、无序而独立的，不便于传递、交流和利用。项目决策者很难从这些珍贵的原始数据中得到自己想要的信息，最后产生的结果就是数据太多，信息太少。

4）参与主体各自为政：随着建设项目的规模不断增长，工程建设领域的分工越来越精细，涉及的参与主体也越来越多。然而在项目管理过程中，各参与主体管理各自为政，缺乏有效的信息交流，因此产生了“信息孤岛”。

在传统工程建设模式中普遍存在的这些信息沟通障碍及问题，不但进一步加剧已经严重支离破碎的工程建设生产过程，而且还造成了工程建设过程中的信息孤岛现象及孤立生产状态，严重地破坏了组织的有效性。大大地降低了组织的工作效率，而且是造成工程建设过程中的变更、返工、拖延、浪费、争议、索赔甚至诉讼等问题的重要原因，其最终后果必然是导致工程建设成本增加，工期拖延，质量下降，甚至可能会由此造成整个工程项目建设的失败。

根据普华永道的调查报告，采用信息技术对项目进行集成管理可在下列方面得到改善，如表 3-1 所示[52]。

项目信息门户技术改善项目管理 **表 3-1**

项目管理内容	改善方式
交流时间	沟通交流时间节省 30%～60%
项目周期	项目整体周期缩短 5%
	平均工作流程缩短 30%～60%
资源管理	行政人员时间节省 20%～50%
	打印、邮寄、差旅成本节省 20%～30%
	信息搜索时间节省 50%
财务/现金流	增加 5%的收入，减少 5%的成本
责任和档案	增加项目透明度和责任感
	完整的项目档案和项目历史

3.3.3 工程项目管理信息沟通的发展

随着现代信息和通信技术的发展，产生如视频会议、远程在线讨论组等，沟通技术使本地沟通和分布沟通的界限不再明显。在虚拟建设模式中，分处异地的参建各方可以利用功能丰富的现代信息和通信技术实现“遥控式”和“异处本地化”沟通，使传统的时空距离在沟通中不再成为障碍。

按照建设项目信息沟通方式不同，可以将信息沟通分为人与人、人与计算机、计算机与计算机之间的沟通。在传统建设模式中，信息沟通主要是人与人之间的沟通，包括面对面的会议、电话交谈等。近年来，随着计算机辅助工程设计及项目管理软件的广泛应用，人与计算机之间的沟通有了很大的增长。目前，计算机与计算机之间的沟通(包括简单的信息传递或信息集成)仍然相当有限，但随着现代通信技术和信息建模技术的迅猛发展，这种状况可望大大改观。

未来工程项目的信息管理和沟通具有以下特征：

(1) 在工程项目各组成部分之间、各实施阶段、参建各方都能随时随地获得所需要的各种项目信息；

(2) 用虚拟现实的、仿真的工程项目模型指导工程项目的决策、设计与施工全过程；

(3) 减少距离的影响，使项目团队成员相互沟通时有同处一地的感觉。

3.4 工程项目信息编码与标准化

3.4.1 工程项目信息编码

1. 工程项目信息编码的概念

在现代社会中，信息分类编码是提高劳动生产率和科学管理水平的重要方法。美国新兴管理学的开创者莫里 L·库克(Morris L·Cooker)说：“只有当我们学会了分类和编码，做好简化和标准化工作，才会出现任何真正的科学的管理。”

现代工程项目规模庞大，项目参与者众多，在工程项目决策和实施过程中产生的信息量大，形式多样，信息传递界面多。一个工程项目有不同类型和不同用途的信息，为了有组织地存储信息、方便信息的检索和信息的加工整理，必须对工程项目管理信息进行分类编码。

信息分类编码是指对已经分类的信息赋予计算机或人能识别的符号或代码(信息的分类是信息编码的基础和前提，3.1节已经介绍)。信息的分类、编码，排列组合，赋予的代码或符号均有实用价值，其目的在于为计算机中的数据与实际处理的信息之间建立联系，方便工程管理过程中信息的存储、检索、交换、传递和使用，因此，信息分类与编码得当与否会直接影响信息的传递速度和自动化信息管理的运转效率。

2. 工程项目信息编码的基本原则

(1) 唯一性原则。必须保证一个编码对象仅赋予一个编码，一个编码只反映一个编码对象，即“一物一码”原则。如果两种不同业务对象的编码一样，系统可能会将两个不同业务对象的信息资料混在一起，容易造成信息混乱，失去应有的管理价值。

（2）标准化原则。信息编码应尽可能采用已颁布的国际、国内有关标准，统一编码形式，对没有国标或行业标准的，应尽可能根据企业标准进行信息编码，但必须与相关的国标和行业标准兼容。

（3）简短性原则。信息编码应服从全局、注意实用，在考虑发展扩充的前提下尽量压缩编码位数，以减少差错率和数据处理，节省存储空间和传送时间。

（4）分类性原则。应根据不同行业、不同组织实际情况，对系统的编码进行分类整理，以工程项目全部相关信息为分类编码对象，根据相互依存、相互制约和相互补充的内在联系，建立工程项目信息分类编码体系结构。

（5）柔性原则。编码系统在描述不同类别事物时，在编码位数和码位顺序上要具有弹性，各码段与信息特征之间形成内在的逻辑对应关系。

（6）稳定性原则。编码不宜频繁变动，编码时要考虑其变化的可能性，尽可能保持编码系统的相对稳定。

（7）可扩展性原则。编码要考虑可扩展性，防止因数据扩充而重构编码结构。

（8）识别性原则。编码应尽可能反映编码对象的特点，以助于记忆并便于人们了解和使用。

3. 工程项目信息分类编码内容体系

根据工程项目管理的职能和业务需求，工程项目信息分类编码内容体系一般如表 3-2 所示。

工程项目信息分类编码内容体系　　　表 3-2

序号	信息分类编码体系	主要内容
1	与工程项目产品相关的信息编码体系	工程分解体系编码、材料编码等
2	与项目组织和人员相关的信息编码体系	人员编码、部门编码、岗位编码、供应商编码、客户编码等
3	与项目管理活动相关的信息编码体系	文档标准编码、变更申请等各种工作联系单编码等
4	与项目资源相关的信息编码体系	设备编码、库房编码等

4. 工程项目信息分类编码策略与方法

常用的信息编码有两类，一类是有意义的代码，即赋予代码一定的实际意义，便于分类处理；一类是无意义的代码，仅仅是赋予信息元素唯一的代号，便于对信息的操作。常用的代码类型有：

（1）顺序码，即按信息元素的顺序依次编码；

（2）区间码，即用一代码区间代表某一信息组；

（3）记忆码，即能帮助联想记忆的代码。

工程项目信息分类编码策略和方法的选择一般与信息编码对象的复杂性以及应用需求有关，工程项目信息分解编码策略和方法的选择如表 3-3 所示。

工程项目信息分类编码策略和方法的选择 表3-3

信息对象分类	信息对象特点	编码策略方法
基本信息对象	广泛地应用于围绕产品全生命周期的各个业务过程之中，构成了项目全域数据模型中作为“主键”的信息集合	一般依照国家、行业和地方标准，统一设一个编码库对这类对象进行管理。采用的编码形式主要包括顺序码和区间码等
简单信息对象	通过自身包含属性特征就能对其进行分类编码和准确标识的一类信息对象，如设备、材料、成品、人员等	这类码表内容具有相对的稳定性，可以组织力量一次编制出来，编码方法包括层群码分类法和面群码分类法等
复杂信息对象	相对于简单信息对象的定义。除包含核心的属性信息外，还与其他信息对象关联密切。在项目内不同的应用系统中做业务处理时，要求这些信息对象间能够准确地相互调用，如产品部件和安装工艺等	一般需要通过确定组合规则来实现这类信息对象的编码设计，采用的方法主要包括组合法和结构模型法等

5. 工程项目信息编码系统设计

工程项目信息编码体系的构建并非一蹴而就的，而是需要一个系统的过程，主要包括以下几个步骤：

(1) 确定系统目标

根据系统的总目标确定工程项目管理系统的信息内容，对项目与产品相关的数据与信息进行全面调查；分析各类信息的性质、特征；优化和重组信息分类；统一定义信息名称，提供系统设计数据。主要有以下方面的信息：物料、设计文件(方案、计算书等)、工艺文件(工艺路线、工艺过程卡片等)、产品图纸、更改单等。

(2) 调查分析数据

调查分析数据主要包括初步调查、现状调查以及特征分析三个阶段。

初步调查：初步调查是对企业的基本情况进行调查，包括项目计划、工序类型、产品分解体系、设备、工艺、生产能力、质量、成本、产品的稳定性、产品的发展趋势、库存等。

现状调查：根据初步调查所确定的信息范围对企业现行的信息分类、编码情况和产品结构数据等进行深入的调查，收集全部应有单据、报表、台账明细表、各类文件等。

特征分析：对收集到的信息采用特征表的方法进行特征分析，对需要统一名称的或多名称的事物或概念、数据项和数据元统一定义。

(3) 确定清单

初步整理收集来的信息，列出清单或名称表，并尽可能使用文字、数字的代码进行描述。

(4) 制定编码规则

每个信息均应有独立的代码，信息代码一般是由分类码和识别码组成的复合码。分类码是表示信息类别的代码，识别码是表示信息特征(如结构形状、材料、工艺等)的代码。

信息分类编码系统的结构一般采用十进分类法系统。十进分类法系统中，层次是以树的结构形式表示，各码位数字的位置依前一位而定，并用0～9数字表示，每个码位表达一个固定的含义。

为了保证代码正确的输入，对较长的代码和那些关键性的代码，应加校验码，以检查其输入、传输等操作而产生的错误。

不同类别的信息可以有不同的编码规则，对同一类信息采用等长编码。

(5) 建立编码系统

选用实际应用中已经成熟的编码系统，尽量采用已存在的各种不同内容的信息代码(物料代码、产品代码和工装代码等)，予以试套、调整和修改以变为本项目的信息编码系统。

(6) 编码测试与验证

编码系统形成后，应对编码系统进行试套验证、修改和补充，以确保编码系统的可靠性及适用性。

(7) 编码发布实施

全部分类系统、编码系统和各种代码应符合各级标准。

3.4.2 信息编码标准化

信息分类与编码是信息标准化的基础。信息分类编码标准化，能够最大限度地避免对信息的命名、描述、分类和编码不一致所造成的误解和歧义，减少诸如一名多物、一物多名、对同一名称的分类和描述不同的现象；以及同一信息内容具有不同代码等混乱现象，做到使事物(或概念)名称和术语含义统一化和规范化，并确立与事物(或概念)之间的一一对应关系，从而保证了对信息表述的唯一性、可靠性和可比性。

在德国，20世纪60年代就成立了全国性的建设领域信息化标准组织，逐步制定和完善了工程信息标准。目前，德国建设领域的应用软件，几乎百分之百能够读入并输出符合标准的数据。这既有利于信息交换，也有利于系统集成。

近些年随着人们对与建筑信息模型的日益关注，通过以建筑对象为基础的软件数据交换形成高效连续的工作流渐渐成为热门话题。建筑对象的工业基础类(Industry Foundation Class——IFC)数据模型标准，就是支持这种交互性的公共标准[48][49][50]。

建筑对象的工业基础类(Industry Foundation Class——IFC)数据模型标准是由国际协同联盟(International Alliance for Interoperability——IAI)在1995年提出的面向对象的数据模型标准。该标准是为了促成建筑业中不同专业，以及同一专业中的不同软件可以共享同一数据源，从而达到数据的共享及交互。

IFC模型的体系结构由四个层次构成，从下到上分别是：资源层(Resource Layer)、核心层(Core Layer)、交互层(Interoperability Larer)和领域层(Domain Layer)。每个层次都包含一些信息描述模块，并且遵守一个原则：每个层次只能引用同层次和下层的信息资源，而不能引用上层资源。这样上层资源变动时，下层资源不受影响，保证信息描述的稳定。

1. 资源层(Resource Layer)

包括日期/时间资源(Date/Time Resource)、外部参照资源(External Reference Resource)、材料资源(Material Resource)、几何限制资源(Geometric Constraint Resource)、成本资源(Costs Resource)等20个资源模块，用来描述标准模型中用到的基本信息。这些基本信息不针对专门的建筑工程与设备管理，而且是无整体结构的分散信息，作为信息描述的基础应用于整个信息模型。

2. 核心层(Core Layer)

包括核心(Kernel)和核心扩展(Core Extensions)两个层次的泛化，其中核心扩展又可分为三大部分，即：控制扩展(Control Extension)、产品扩展(Product Extension)和过程扩展(Process Extension)。该层主要描述建筑工程信息的整体框架，其将资源层的信息用一个整体框架组织起来，使它们相互联系和连接，组成一个整体，真实反映现实世界的结构。

3. 交互层(Interoperability Layer)

包括共享空间元素(Shared Spatial Elements)、共享建筑元素(Shared Building Elements)、共享管理元素(Shared Management Elements)、共享设备元素(Shared Facilities Elements)和共享建筑服务元素(Shared Building Services Elements)五大类。主要解决领域信息交互的问题，并且在这个层次使各个系统的组成元素细化。

4. 领域层(Domain Layer)

该层主要深入各个应用领域的内部，形成各个领域的专题信息，如暖通空调领域(HVAC Domain)、工程管理领域(Construction Management Domain)等。该层可以根据实际的需要不断进行扩展。

IFC的四层结构中，用户看到的Domain层满足了项目不同参与者的特定需求，例如建筑师、业主和承包商等；Interop层位于Domain之下，为不同组(Groups)提供沟通机制；Core层包含跨组共享的一些定义，例如墙、楼板和柱等；最底层为Resource层，包含基础信息的定义，例如每个人都使用的度量(measurement)或单位(unit)。IFC数据模型覆盖了AEC/FM中大部分领域，并且随着新需求的提出在不断地扩充。最新的IFC标准包含了以下9个建筑领域：①建筑；②结构分析；③结构构件；④电气；⑤施工管理；⑥物业管理；⑦HVAC；⑧建筑控制；⑨管道以及消防。

IFC作为建筑产品数据表达与交换的国际标准，支持建筑物生命周期的数据交换与共享，基于IFC的开发的软件使得信息传递更准确快捷。在横向上支持各应用系统之间的数据交换，在纵向上解决建筑生命周期的元素数据管理。

一幢建筑从规划、设计、施工，一直到后期物业管理，作为档案资料数据需要不断积累和更新，也需要统一的标准。应用IFC标准，解决了工程项目数据管理方面的不足，使建筑数据模型作为真实建筑的资料信息，与之同步进化和发展，随时供工程与管理人员查询分析。

复习思考题

1. 结合你所在的工程行业，对工程项目信息资源进行分类。
2. 列出你经历工程项目管理中的信息沟通问题，提出你的解决方案。
3. 实际工作中的项目信息存储状况。

第4章 工程项目管理信息化建设

工程项目管理信息化建设与实施涉及管理理念变革、组织构架设置、软硬件基础环境配置及信息化系统建设等多个方面。

首先，工程项目管理信息化需要项目参与各方和各部门全员参与，并且在组织间、成员之间形成合作的气氛，在所有参与到项目信息化建设中的各方之间形成一种共享、平等、信任和协作的关系。

其次，工程项目管理信息化的建设，需要培养一批拥有科学的工程管理理念、对工程管理信息化理论有深刻理解的领导队伍，形成一批既精通工程管理方法又掌握管理信息系统建设规律的高素质系统分析和开发队伍，同时，还要培训一批熟悉计算机应用和管理信息系统的应用队伍。

最后，开发或引进先进实用的信息化核心软件和支撑其运行的软硬件基础平台是工程项目管理信息化的最终体现。工程项目管理信息系统从信息流的角度反映工程管理，实现对信息资源的有效开发和利用。工程项目管理信息化的最终落脚点在于实施高效的工程项目管理信息系统。

4.1 工程项目管理信息化实施的基础准备工作

工程项目信息化的成功实施，既需要拥有成熟的软件系统产品和稳定的硬件运行环境，也涉及一整套与先进的计算机工作手段相适应的、科学合理的工程组织结构、管理体系、文化氛围，这是实施工程项目信息化的要求。

1. 合作共赢的工程项目文化和协调一致的组织氛围

从整个工程项目组织来看，工程项目管理涉及项目参与各方。这些不同的利益主体，在项目目标之间既有矛盾又有统一。在工程信息化的实施和成果应用的过程中，最重要的是在所有参与到项目信息化建设中的各方之间形成一种共享、平等、信任和协作的关系，形成组织间、成员之间合作气氛，提倡项目利益高于一切的项目文化。项目文化不同于企业文化，企业文化是在单个企业或企业集团内部形成的一种特定的组织气氛，而项目文化强调在同一项目上各参与方为项目的共同利益而形成的一种信任合作的组织气氛[51]。

从工程项目的单个参与方组织内部来看，工程项目管理信息化涉及整个管理体制、管理方法、业务流程以及相应管理人员和技术人员等诸多调整变动因素。对于管理体制、组织结构的变动实际上是对于人的权利和职责的再分配，因此，需要领导的重视和业务部门的支持，从而在组织内部形成协调一致的信息化氛围。

2. 全员的积极参与和业主的主导作用

工程信息化成果的应用对象主要是各个参与单位的主要管理人员、技术人员，帮助项目成员进行高效的信息交流、合作和协调，从而迅速地解决项目中不断产生的各种问题。由于信息交流是一个双向或多向的过程，若一方发送的信息没有得到及时合理的反馈，将使项目信息交流无法得到有效的实施。因此，工程信息化的实施强调全员参与，在同一信息化水平上展开管理工作，才能使信息交流顺畅，发挥出信息化在整个工程管理上的效用。为此，应采取包括经济、合同、管理等方面的措施，保证全员参与到工程信息化建设中。

同时，业主方是工程项目生产过程的总集成者——人力资源、物资资源和知识的集成，业主方也是工程项目生产过程的总组织者，所以业主方是推动建设工程项目信息化的“发动机”，是实施工程项目信息化的关键。业主不仅参与了大部分信息交流的全过程，也是实施工程信息化的最大受益者，因此激发业主的积极性是成功实施工程信息化的主要因素。

3. 先进理念下科学的管理工作

工程项目管理信息化只有在合理的管理体制、科学的管理方法、稳定的管理流程、完善的规章制度和完整准确的原始数据的基础上才能够实现。这就需要在先进管理理念指导下逐步实现管理工作的程序化、管理业务流程的稳定和标准化、数据资料的完善化。

管理工作程序化将建立完善的项目信息流程，使得项目之间的信息关系明确，从流程上可清楚地观察管理工作是如何有序互动的。同时，结合工程项目的实际情况，对信息流程进行不断的优化和调整，找出不合理、冗余的流程进行重组。

管理业务流程的标准化就是把管理工作中的重复出现的业务，按照工程建设对管理的客观要求以及管理人员的长期积累的经验，规定成稳定的标准化工作程序和工作方法，用制度将它固化下来，成为行动的准则。

数据资料的完善，就是注重基础数据的收集、整理、传递，建立基础数据管理的制度，保证基础数据全面、准确、及时地按照统一格式存储，这是信息化的基础所在。

4. 建立统一的数据库平台

有了可依托的数据标准，就可以建立专业的数据平台，来存放各种类型的数据。比如建筑材料与设备信息平台，工程造价信息平台，建筑新技术、新工艺、新产品信息平台等。数据信息平台对行业来说都是非常重要的。这个平台应该提供一个开放的接口，使用者可以很方便地获取数据档案，也可以查找需要的资料，同时还需要进行安全控制、权限设定等，保证重要的资料和数据只有在授权的情况下才能获取，从而实现数据的全面共享和交换机制。我国的行业数据库刚开始建立，而日本则要求从 2004 年起，要想参与重点公共建筑项目，设计方、承包方从项目的招投标、项目管理信息的提交，直到竣工资料备案都必须通过计算机网络或电子介质进行，并且必须符合有关的格式标准，即必须按照信息化的规程行事。

4.2 工程项目管理信息化的实施模式

依据工程项目的具体情况，工程项目管理信息化平台可以有如下几种实现方式：

1. 自行开发

依据工程项目实际情况，聘请咨询公司和软件公司针对项目的特点自行开发，完全承担系统的设计、开发及维护工作。基本上可以满足项目实施各阶段的各种目标控制需要，经过适当改进这些专门系统也可以用于其他项目中。但这种模式对工程项目咨询公司的实力和开发人员知识背景有较高要求。某水利工程项目近千亿静态投资的大投入，长达 17 年的总工期，多样的工程类型，高强度的施工工程，分布在不同的地域、不同国度的承包商、设备材料供应商、设计单位、监理及其政府机构，还有复杂的技术条件和气候环境，成为工程管理的巨大挑战。早在该工程项目开工初期，就与国外公司开始合作建设"工程管理系统(PMS)"，与此同时，还相继建立了专业通信网，这些覆盖工程建设的大型信息系统对工程的建设起到了巨大的积极的推动作用。

2. 直接购买或租用服务

直接购买比较成熟的商品化软件，然后根据工程管理的实际情况进行二次开发利用和人员培训。这些商品化软件一般以一个子系统的功能为主，兼顾实现其他系统功能。比较典型的如 Microsoft Project 2003、Primavera Project Planner 等都是基于计算机技术和网络计划技术的工程项目管理软件，以工程进度控制为主，同时可以将进度、资源、资源限量和资源平衡很好地结合起来进行动态管理。

随着现代网络、信息和通信技术的发展，出现基于网络的工程管理服务，为工程管理信息化提供了另一种选择。租用信息服务提供商(Active Service Provider, ASP)已经开发好的基于网络的工程管理信息系统，项目参与各方可以在其授权内，通过互联网浏览、更新或创建统一存放于中央数据库的各种项目信息，实现工程项目的有效管理。这种服务通常按照租用时间、项目数、用户数、数据占用空间的大小等收费。国际上有众多提供这种租用服务的工程项目管理平台，著名的如 Buzzsaw 平台。

三种方式的特点比较如表 4-1 所示。一般来说，自主开发更容易结合工程项目具体的管理模式，推广应用的阻力比较小；商业软件的设计可能和具体项目管理模式差异较大，系统实施的费用高昂，有实施风险。当然，先进的商业软件一般都蕴含着先进的管理理念，推广应用商业软件有可能带来组织的变革与提升。

三种信息化实现方式比较　　表 4-1

	自行开发	直接购买	租用服务
优点	对项目的针对性最强，安全性和可靠性最好	对项目的针对性较强，安全性和可靠性较好	实施费用最小、实施周期最短、维护工作量最小
缺点	开发费用高，实施周期最长，维护工作量较大	购买费用较高、维护费用较高	对项目的针对性最差，安全性和可靠性最差
适用范围	大型工程项目、复杂性程度高的工程项目，对系统要求高的工程项目	大型工程项目	中小型工程项目、复杂性程度低的工程项目，对系统要求低的工程项目

4.3 工程项目管理信息化的发展趋势

随着工程项目管理领域管理思想理念的不断更新、工程项目管理需求不断变化，信息技术的不断发展及其与工程项目管理思想、方法的不断互动，未来工程项目管理信息化发展的总方向是专业化、集成化和网络化，同时强调系统的开放性和可用性。

1. 专业化趋势

工程项目管理过程中涉及合同管理、计划管理、成本管理、资金管理、安全管理、质量管理、进度管理、人员管理、设备管理、物资管理、分包管理、变更设计管理、定额管理、会计核算等内容。支持以上各类内容的信息化管理专业化软件很多，这些软件的功能更加趋于专业化，与工程项目管理理论结合更为紧密，软件功能将更加具有针对性。

2. 集成化趋势

建筑工程项目实施过程中对外涉及业主、监理、施工、设计、政府监管机构等多方利害关系人，对内涉及合同管理、现场施工管理、财务管理、概预算管理、材料设备管理等多个部门。通过集成化实现工程现场管理与企业内部系统的一体化；实现工程管理与政府监管机构、客户以及工程相关方进行信息交互，实现信息的共享和传输，项目参与各方可以更加方便地信息交流、协同工作。工程项目管理信息化需要将工程前期项目开发管理、工程实施管理和工程运营维护等在时间上的集成度提高。

3. 网络化趋势

工程项目的实施过程中，不同利害关系人和不同部门在项目实施的过程中有着不同的工作职责和内容。工程项目管理信息化应充分考虑不同参与方的需求，建立一个涵盖施工现场管理、项目远程监控、项目多方协作、企业知识和情报管理等多层次的软件系统和网络信息平台，能够自动生成面向不同主体的数据，实现各种资源的信息化。设计方、承包方从项目的招投标、项目管理信息的提交，直到竣工资料备案都必须通过互联网或电子介质进行，并且必须符合有关的格式标准，即必须按照信息化的规程行事。在招投标阶段，业主和咨询单位利用网络进行招标，施工单位通过网络投标报价；在可行性研究与设计策划阶段，利用网络进行业主与设计咨询单位进行信息交流与沟通；在施工阶段，承包商、建筑师、顾问咨询工程师利用基于 Internet 的项目管理信息系统和专项技术软件实现施工过程信息化管理。在施工现场采用在线数码摄像系统，不但在现场的办公室能看到现场情况，即便在世界任何一个地方通过上网也可掌握项目进展信息和现场具体工序情况。同时结合无线上网技术，不断将信息传给每一个在场与不在场的人员。在竣工验收阶段，各类竣工资料可自动生成储存。

4.4 工程项目管理信息化规划

4.4.1 工程项目信息化规划概述

信息化规划是指对工程项目管理所需要的信息，从采集、处理、传输到利用的全面规划。要使参与主体之间、主体各部门之间、部门与外单位之间的频繁、复杂的信息流畅通，充分发挥信息资源的作用，不进行统一的、全面的规划是不可能的。

信息化规划是工程项目战略规划的延伸，是工程项目信息化的基础工程(图 4-1)。

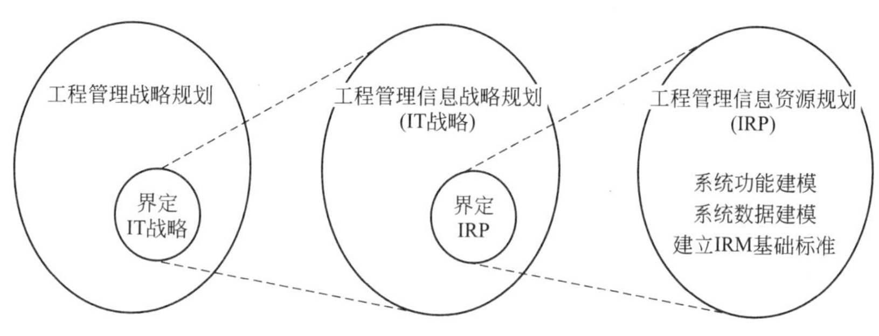

图 4-1　工程管理信息规划

工程项目信息化规划的目标包括如下几方面：

(1) 基于先进的管理思想和方法，建立闭环业务操作流程，优化工程管理业务流程；

(2) 建立统一的信息平台，以一个统一的标准收集、整理和处理信息，使信息实时、高效地流通；

(3) 建立项目决策支持系统，使大量数据的实时收集、分析和应用成为可能，有效地帮助领导者及时作出各项决策和指挥；

(4) 支持工程项目全寿命期管理模式，满足项目可持续性发展的需要；

(5) 支持工程项目管理模式不断优化的需要；

（6）对工程范围内的所有业务，系统必须能够提供事前的计划及预测，事中的控制（参与和跟踪）和事后的跟踪反馈、分析及评价。

总之，由于规划将实现对工程项目信息的及时、准确的收集和反馈，可为领导提供科学的决策依据，使工程计划的准确性和适应性加强，工程项目生产效率提高。

4.4.2 信息规划制定的原则及内容

1. 工程项目信息化规划的原则

在信息化规划的制定上，将遵循以下原则：

(1) 一致性

信息化规划应当是工程项目目标战略的有机组成部分，在制定信息化规划时，应始终坚持信息化规划和工程项目目标之间协调、一致的原则。

(2) 系统性

信息化规划中应正确规划工程项目所需要的应用系统，确定各应用系统之间的界限和相互联系，尤其要关注在不同阶段实施的应用系统之间的衔接关系。

(3) 整体性

工程项目信息管理系统是一个有机的整体，因此在制定信息化战略时，应考虑各个组织对信息系统的需求，尤其不要忽略关键业务组织的需求。

(4) 扩展性

工程项目信息管理系统不是一次性的、一成不变的，应当随着信息技术的发展，工程内外部环境的变化相应调整。这就要求在规划中全面考虑信息系统的扩展性，使之可以根据需要增加或减少子系统而对整体不会产生负面影响。

(5) 现有资源的保护和利用

工程项目在作信息化规划时，可能已经开发或购买了大批计算机软件、硬件系统及网络设备，在这些现有信息系统中可能还有大量的数据和信息资源需要利用，有些硬件设备还具有使用价值，这就要求在制定信息化规划时，应采取有效措施尽可能将已有的资源集成到新的系统中去以避免资源的浪费。

(6) 集成性

制定信息化规划应当高起点，强调信息的高度集成。在充分考虑现有系统和设备的利用上，应当掌握合适的度，避免总体规划本身缺乏集成度和完整性。

(7) 实用性

制定信息化规划，应处理好信息技术先进性和实用性之间的关系，既不能因循守旧，墨守成规，也不能过分强调技术的先进性，而忽略其是否成熟、稳定。信息化建设一定要以工程项目管理的改善、效益的提高为目标，坚持实用性原则。尤其要注意，先进性不是某几个具体技术指标的先进，应当是信息系统整体水平的先进性。

2. 信息化规划的内容

(1) 工程项目目标规划

应明确工程项目总体目标、阶段目标。具体分析工程项目实施的工作重点，分析各个阶段目标实现的措施。

(2) 工程项目管理模式分析

在总体目标的指引下，明确工程项目管理组织结构及各个层级的定位和权责。

以工程项目的整体价值链为主线，从进度管理、合同管理、质量管理、物资管理、设备管理、资金管理、人力资源管理等主要业务管理模式入手，系统分析目前工程项目存在的主要问题、提出建议的管理模式以及未来信息系统可以实现的功能。

(3) 信息系统总体需求分析

分析工程项目组织架构的信息特点，提出系统的管理和利用工程信息最好的解决途径，明确信息系统基本架构。具体分析系统各个层级部分的功能要求。

(4) 建设方信息化现状分析

对建设方硬件系统应用现状、软件系统应用现状进行分析，提出现有系统处理意见，分列信息化建设存在的问题，有针对性地提出改进建议方案。

(5) 建设方信息化实施战略分析

提出信息化系统建设战略、信息化人力资源战略、网络/硬件建设战略、信息化制度建设战略、信息化文化建设战略，并分析阶段目标。

(6) 信息系统总体架构设计

明确系统设计原则，提出系统功能结构图及说明，包括：系统树形图、系统整体架构图、系统结构功能表，提出系统运行模式。完成系统数据库逻辑规划设计。

(7) 信息系统建设投资估算

基于上述分析，明确信息系统投资构成，分方案提出信息化投资估算表，并进行分析。

4.4.3 工程项目信息化规划的实施

1. 工程项目信息化规划实施计划

为了有效地推进、实施规划，必须制定工程项目信息化实施计划。信息化实施的典型模式包括：

(1) 整体规划，一次完成：全面覆盖主流程、辅助管理流程、信息系统扩展；

(2) 整体规划、重点突破：从重点部分着手，如材料采购和成本控制，然后是其他部分；最后完成扩展部分；或以某个部门先进行试点，然后是其他部门；最后是扩展部分；

(3) 整体规划，先易后难：以某个或几个易实施模块先行，然后是其他部分；然后扩展。

工程项目的信息化需求，随着时间的推移是会发生变化的，在制定信息化实施计划时，也要充分考虑这一点(图4-2)。

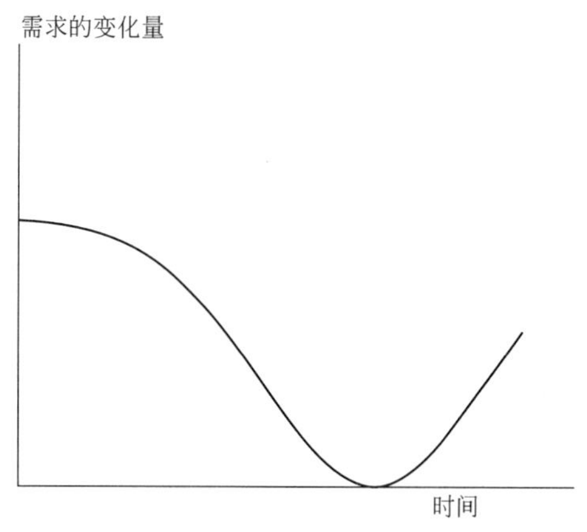

图4-2 信息化需求变化的变迁图

工程项目信息化规划实施计划，一般应包括：实施阶段及目标，实施计划时间表，以及关键工作详细说明。

工程项目信息化规划的工作程序如图 4-3 所示，工作程序显示了信息化建设工作的内容和工作步骤。

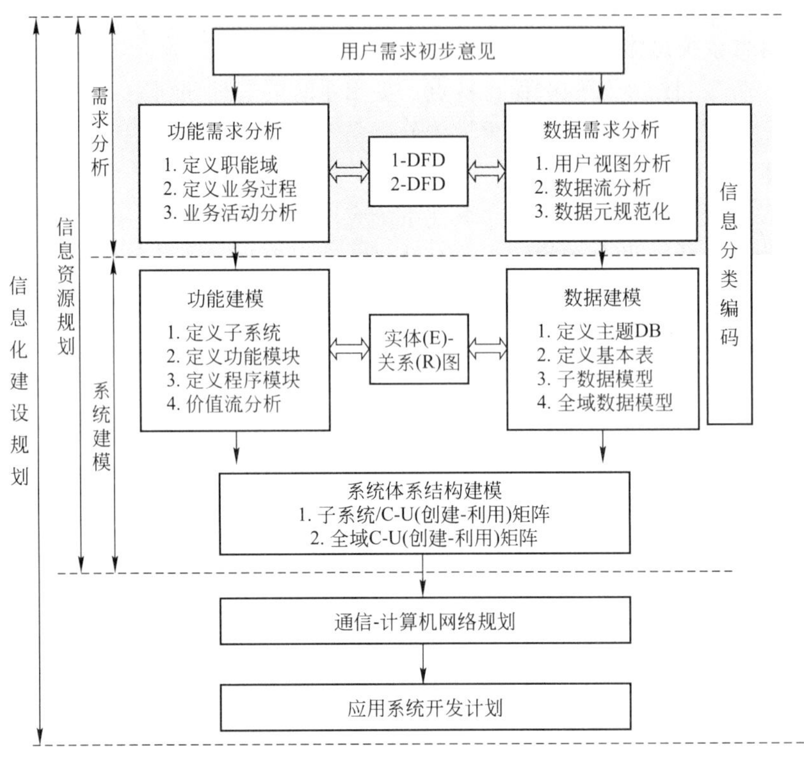

图 4-3 信息规划工作程序图

2. 工程项目信息化规划实施组织保障

工程项目信息化的实施不仅是一个 IT 项目，同时也是一个管理项目。它要求在有限的时间、空间和预算范围内将大量物资、设备和人力组织在一起，按计划实施既定目标，因此必须建立合理的组织保障体系。

鉴于信息化规划的特点，同时考虑到信息化规划的阶段性，实施项目组成员在信息化实施过程中可采用全职的参与方式，信息化建设期结束后，回到各职能机构，继续为信息系统的运行和维护发挥积极作用。因此，通常矩阵式的组织机构是一个优选。由于信息化建设影响重大，应设立高一层的决策组织，如决策委员会对项目建设和运行过程中的重大事项进行决策，确保信息化项目的顺利进行。

在具体的工作中，必须完成信息化项目的组织结构设计，明确职责分工，特别要确立监督(监理)机构的地位和职责。为保证项目的顺利实施，监理或监督机构必须具备以下基本条件：

(1) 权威性及独立性

强大的授权是监督机构开展工作的基本前提，监督机构直接向决策委员会汇报工作，全部实施人员(包括项目经理和外聘顾问)均在监督之列。

保持监督机构的独立性才能实现客观、公正的监督。在项目的实施过程中，监督机构独立于实施机构，监督人员不参与实施工作，不承担任何实施任务，专注于监督工作。参与监督的外部顾问不能来自为实施提供服务的咨询公司。

(2) 经验及技能

监督人员要对实施进行有效的监督，需具备综合工作技能，诸如：项目管理、实施工作经验、交流的能力。在监督过程中，监督人员采用多种工作方式了解项目实施状况；广泛接触各个层次的实施人员；查阅实施小组提交的实施计划、报告、岗位划分和规章制度等，判断实施的完整性和工作质量；测试系统，判断系统的可靠性；审核系统数据，判断数据的准确性；监督人员还将确定潜在的实施风险。监督人员实际参与项目管理和实施过程有助于正确地认识实施状况。

(3) 综合知识

监督工作不仅要求监督人员具有专业理论，而且要求他们具备广泛的知识。具体地讲，监督人员应具备的知识有：建筑施工行业的特点和发展趋势、IT 行业的最新发展、经营管理知识和计算机系统理论等。

3. 工程项目信息化规划实施风险分析

工程项目信息化的建设是一项高风险、高投入项目，项目成功与否受到诸多因素的影响，从系统选型到解决方案的确定到最后的上线实施，整个过程都存在种种风险，因此对风险有充分的认识，建立一套行之有效的风险管理体制，从而提高信息化建设的实施成功率。

(1)“纯理念化”风险

管理理念不能单独存在或强行移植，把先进的管理理念真正为己所用，就要努力营造管理内涵赖以存在的各种硬软件基础。但是，这不能仅依赖于对计算机软件的用户化与二次开发实施。如果仅追求表面上的，进入实际应用阶段，相关人员没有做到实际接受，没有各种数据、制度管理的及时到位，就有可能形成管理理念的“纯理念化”风险，难以在工程项目管理中持续下去，导致以前投入的人力、物力、财力付之东流。对于“纯理念化”风险的防范，关键在于三个方面：保证在培训与实施咨询上的投入，促使先进的管理思想的贯彻；系统软件功能要为未来的需求留有余地；积极主动地进行流程的重组和优化，实施项目管理。

(2)“目标侵蚀”风险

实施信息化的主要目的是切实提升工程项目的管理水平，但这种提升，有时是难以量化描述的。因此，在实施应用“量身定制”的软件时，由于各种利益均衡，可能会降低原有的目标，预期项目目标可能受到侵蚀而在不自觉中降低的风险称为“目标侵蚀”风险。对于工程项目来说，坚持大的原则，维持原有目标不受侵蚀是其实施成功的重要因素之一。预防“目标侵蚀”风险，必须做到以下三点：设立系统实施的总目标和细分目标，并在实施结束后及时进行评估；改造过程专注于项目目标，不追求表面上的进度实现；在处理各种冲突时不放弃大原则。

(3) 片面选型风险

实施信息化应根据工程项目管理需求，明确系统功能范围和功能深度，以及可能的分期实施计划。要避免片面追求功能全面的软件或最低价格系统软件这两种倾向。要防范这种风险，就要注意：作好工程项目的需求分析；本着实用的原则，同时注意系统的开放性；不能只顾一时的成本，要考虑未来时段的成本；考虑承包商的综合实力，这包括售后服务水平以及可靠性保障等。

(4) 人力资源缺乏风险

信息系统的采购、开发，以及信息系统的实施应用，需要建设方有一支分别具备计算机技术领域背景和项目管理领域背景的专业人员队伍，他们是保障实施成功的重要支撑。通常建设方在这个方面的储备是不够的，必须要防范这种人力资源风险，为此，可能需要：聘请专门的咨询公司，咨询公司一般有熟悉软件的技术顾问和熟悉管理的管理顾问；做好建设方人员的培训，这包括对管理人员和业务人员的培训、管理理念的培训、软件和技术的培训。

(5) 业务中断风险

信息化的建设一般来说需要一个较长的周期，同时，也需要相关多方人员的有效参与，并有可能要作出一些工作业务流程的调整。这有可能带来工作业务中断风险。例如可能会发生实施时间过长造成人员疲惫、应用效果不大或影响了惯例业务造成士气低落、使用者的抵触情绪等状况。这些项目实施的负面效应会破坏正常的工作业务流程，业务中断可能对建设方现有营运设施和工作环境造成不良影响，防范这种风险，就要：聘请专门的咨询公司，咨询公司丰富的实施经验可以使损失最小化；做好详细的信息化项目实施计划。在长时间的项目实施过程中，进行项目管理和控制、确保整个实施过程能够按预计的目标进行，这对项目的成败至关重要。

(6) 成本失控风险

信息化建设的投入很大，所以成本控制非常重要。但由于建设过程的一些不确定因素，如：工作业务流程的不稳定等会导致成本失控风险。这些建设成本通常包括：硬件费用、软件费用、培训费用、实施咨询费用及维护费用等。根据国外成熟经验，一般实施咨询费用是软件费用的 1.5～2 倍。因此要注意：聘请咨询顾问，管理咨询先行，明确管理模式和信息化实施方案；成本预算要考虑到各种可能的意外情况，编制完善的成本计划；有效控制计划。

4.4.4 信息化规划的技术成果

1. 职能域划分

职能域(Function Area)并不是对现有机构部门的简单照搬，而是对工程主要业务活动领域的抽象表达；职能域的划分和定义要具有稳定性，只要管理业务的职能不变，职能域应该是不变的。当一个工程建设的职能域划分出来以后，就可以进一步明确信息资源规划的范围或边界，也为下一步要进行的业务过程模型研制奠定了基础。

在界定职能域时，需要澄清的问题主要包括：

(1) 工程建设的目标是什么？

(2) 预计工程项目的管理目标会发生或很可能发生怎样的变化?

(3) 所定义的职能域是否包括了这些目标和将来的变化?

(4) 所定义的职能域能否覆盖现有机构部门的功能?

一个职能域的界定工作，包括该职能域的命名和职能的描述。

2. 业务过程建模

业务流程分析是为了系统地把握一个职能域的业务功能结构，即人们常说的“业务梳理”。梳理的结果是用简明的“职能域—业务过程—业务活动”三个层次来表达完整的业务功能结构，就是业务模型(Business Model)。其中，业务过程或业务流程(Process)是职能域中一组联系紧密的活动，业务活动(Activity)是不可再分解的最小功能单元。这些活动分析工作，具有如下特征：

(1) 产生某种清晰可识别的结果。这种结果可以是销售一件产品、一个想法、一个决策、一组方案、一份工资单、一次顾客服务等，应该能用一个简单的句子来说明这个活动的目的或结果。

(2) 产生清楚的时空界限。在这个确定的时间和空间里，可清楚地指出，谁在这个活动中工作和谁不在这个活动中工作。活动具有时间性，可以确定开始时间和结束时间，可以测定超过的时间。

(3) 明确可执行单元。它明确规定一个人或一个小组去产生结果，即活动有管理职责规定。而一个没有明确定义的活动可能由一些不确定的人去执行，谁应该做什么是不明确的，相关的活动将互相缺乏良好联系和配合。从而不能作为一个整体去工作，影响项目绩效。

3. 组织结构建模

组织结构模型(Organization Model)用于描述和记录工程的组织结构，包括单位、角色和人员等。某企业组织结构模型如图4-4所示。

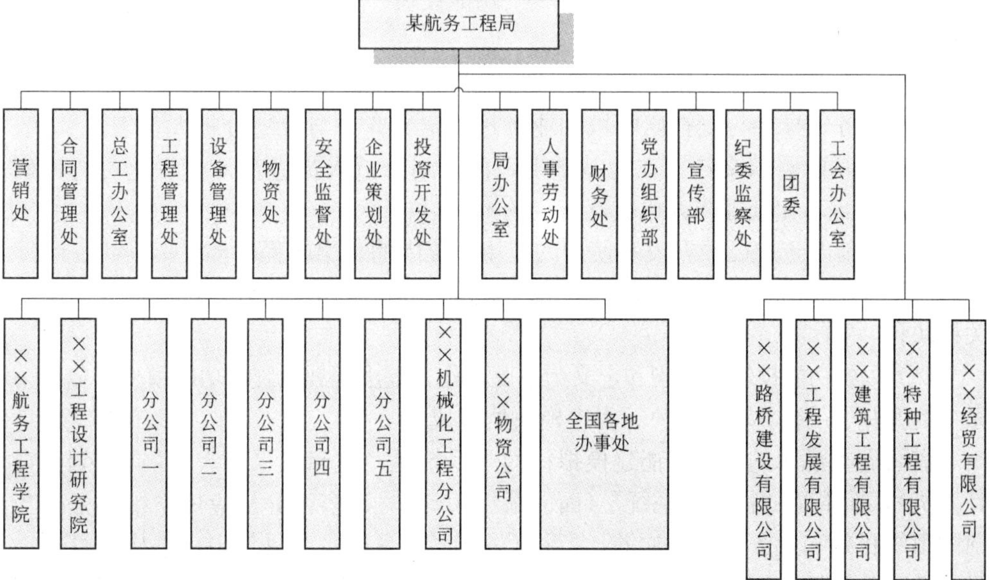

图4-4 某企业组织结构模型

4. 用户视图分析

用户视图(User View)是一些数据的集合，它反应了最终用户对数据实体的看法，常见的用户视图有单证、报表和屏幕表单等。对每一职能域的所有用户视图进行统一的编码登记，并对其中重要的用户视图的组成作规范化表述，为大量取消报表传递，实现网络化电子数据传输做好了准备。

5. 数据流分析

所谓数据流其实就是用户视图的流动。分析数据流的方法是：

(1) 绘制各职能域的一级数据流程图和二级数据流程图；

(2) 完成数据流程图中所标注的用户视图的登记和规范化组成；

(3) 将上述两项工作结合起来，进行数据流量化分析，提出数据流分析报告。

6. 系统功能建模

建立系统功能模型的目的，是为了全局地解决信息系统“做什么”的问题。在需求分析阶段，作业务梳理分析时，建立了由“职能域—业务过程—业务活动”三层结构组成的业务模型，但是，并非所有的业务活动都能实现计算机化的管理，经分析可以发现：

(1) 有些业务活动可以由计算机自动完成；

(2) 有些业务活动可以人—机交互完成；

(3) 有些业务活动仍然需要由人工完成。

将能由计算机自动进行处理和人—机交互进行的活动挑选出来，按“子系统—功能模块—程序模块”组织，就可构成系统功能模型(Function Model)。

一般来说，业务模型与功能模型有如下的对应关系：

业务模型：职能域——业务过程——业务活动
↓　↓　↓
功能模型：子系统——功能模块——程序模块

系统功能建模的主要工作是：

(1) 了解关于管理机制方面的意见，掌握已有的有关管理模式的工作成果；

(2) 业务领导参与复查职能域和业务过程定义，并与规划分析人员取得共识，形成规范化功能需求文档。在此基础上，由规划分析人员进行计算机化可行性研究，提出可自动化处理与人机交互完成的模块；

(3) 可能要选取已经开发和使用的应用系统中的有用的程序模块；

(4) 可能要借鉴同类系统的有关模块，包括分析采用应用软件供应商介绍的有关模块；

(5) 以各功能模块的识别和定义为主要工作，提出规划系统的功能模型初稿——系统由哪些子系统、功能模块、程序模块所构成。

需要着重说明的是，功能建模拟订的子系统是“逻辑子系统”(面向规划、设计人员)，而不是“物理子系统”(面向最终用户)。许多计算机应用系统都是按当前的组织机构和业务流程设计的，“系统”或“子系统”名目繁多。机构或管理一旦变动，计算机应用系统就得修改或重做。事实上，只要工程管理目标不变，工程管理基本的职能域应是相对不变的，基于职能域的业务过程和数据分析可以定义相对稳定的功能模块和程序模块，这样建立起的系统功能模型能对机构管理变化有一定的适应性。因此，“逻辑子系统”作为这些功能模块和程序模块的一种分类(或分组)，是对信息系统功能宏观上的把握。然后，在应用开发中按照面向对象信息工程，加强可重用模块的开发和类库建设，这些模块和类库部件都以存取主题数据库为基本机制，就可以按照最终用户对象，组装多种“物理子系统”；如果机构部门变化了，信息系统并不需要重新开发，只是需要对模块/部件做重新组装，因而可改善长期以来一直无法解决的计算机应用系统跟不上管理变化的被动局面。

7. 系统数据建模

经过用户视图规范化和数据流分析，就可以对各职能域的信息需求加以综合，这就是建立全域(信息资源规划范围内)的概念数据模型。具体做法是：根据管理知识、经验和数据流分析结果，识别出所有的业务主题，其定义作为数据库的名称，再对每一主题的内容加以描述或列出所含的属性。全域概念数据模型是从全局把握信息框架，为了落实这些主题数据库分别是由哪些子系统创建、维护和使用的，还需要做进一步的细化，这就是建立各子系统的逻辑数据模型。

一个概念主题数据库可以细化为一组基本表，每个基本表都列出其属性表和主键(能唯一确定一条记录的属性)。这样，就为数据库的设计实现做好了准备。

主题数据库的基本特征有：

(1) 面向业务主题建库(不是面向单证报表建库)。主题数据库是面向业务主题的数据组织存储，例如，企业中需要建立的典型的主题数据库有：产品、客户、零部件、供应商、订货、员工、文件资料、工程规范等。其中，产品、客户、零部件等数据库的结构，是对有关单证、报表的数据项进行分析整理而设计的，不是按单证、报表的原样建立的。这些主题数据库与企业管理中要解决的主要问题相关联，而不是与通常的计算机应用项目相关联。

(2) 信息共享(不是信息私有或部门所有)。主题数据库是对各个应用系统“自建自用”的数据库的彻底否定，强调各个应用系统“共建共用”的共享数据库。不同的应用系统的计算机程序调用这些主题数据库，例如，库存管理调用产品、零部件、订货数据库；采购调用零部件、供应商、工程规范数据库等。

(3) 所有源数据一次、一处输入系统(不是多次多处输入系统)。主题数据库要求调研分析政府部门或企事业单位的数据源，强调数据的就地采集，就地处理、使用和存储，以及必要的传输、汇总和集中存储；同一数据必须一次、一处进入系统，保证其准确性、及时性和完整性，经由网络—计算机—数据库系统，可以多次、多处使用。

(4) 一个主题数据库由一个或多个基本表组成。一个主题数据库的科学的数据结构，是由多个达到“基本表”(Base Table)规范的数据实体构成的。基本表具有如下的特性：

原子性——表中的数据项是数据元素(即最小的、不能再分解的信息单元)；

演绎性——可由表中的数据生成全部输出数据(即这些表是精练的，经过计算机的处理，可以产生全部管理所需要的数据)；

规范性——表中数据满足三范式(3-NF)要求，这是科学的、能满足演绎性要求、并能保证快捷存取的数据结构。

8. 系统体系结构建模

在信息工程方法论中，信息系统体系结构（Information System Architecture）是指系统数据模型和功能模型的关联结构，采用C-U矩阵来表示。系统体系结构模型的建立，是决定共享数据库的创建与使用责任，进行数据分布分析和制定系统开发计划的科学依据。

系统体系结构模型分为全域系统体系结构模型和子系统体系结构模型两个层次。

全域系统体系结构模型即全域C-U阵，它表示整个规划范围所有子系统与主题数据库的关联情况。如图4-5所示，行代表各子系统，列代表各主题数据库，行列交叉处的“C”代表所在行的子系统生成所在列的主题数据库，即负责该主题数据库的创建和维护；“U”代表所在行的子系统使用所在列的主题数据库，即读取该主题数据库的信息；“A”表示既生成又使用所在列的数据库。

子系统体系结构模型即子系统C-U阵，它表示一个子系统的所有程序模块与基本表的关联情况。如图4-6所示，每一个子系统做一个C-U矩阵，其中各列代表基本表（分别属于某主题数据库），各行代表各子系统的程序模块，行列交叉处的“C”代表所在行的模块生成所在列的基本表，即负责该基本表的创建和维护；“U”代表所在行的模块使用所在列的基本表，即读取该基本表的信息；“A”表示既生成又使用所在列的基本表。

	主题数据库1	主题数据库2	主题数据库3	……
子系统1	C	A	U	……
子系统2	U	C	A	……
子系统3		U	C	……
……	…	…	…	……

图4-5 子系统体系结构模型示例

	检修周期	缺陷记录	检修计划	……
设备检修周期表维护	C			
设备缺陷报告		C		
制订检修计划	U	U	C	
检修监控			A	……
检修备件管理			U	
设备检修查询			U	
……	…	…	…	

图4-6 子系统的C-U矩阵

4.5 工程项目管理信息化建设的标准化

4.5.1 工程管理信息化建设标准化内涵与意义

标准化工作是信息化建设中的一项基础性系统工程，是信息系统开发成功和得以推广应用的关键之一。统一、规范科学的标准体系是实现全国建设项目工程数据交换、资源共享和集成的前提，将为建筑业信息化建设高质量、秩序化开展，实现数据的高效准确传输与利用提供基础支持。工程管理信息化建设的标准化对于工程管理信息化建设具有重要的现实意义和深远的历史意义。

1. 标准化是适应经济全球化的需要

随着全球经济一体化进程发展，建筑市场的竞争将日趋激烈，企业的产品与服务能否在国际和国内市场中占有一定份额，与信息系统的开放性和标准化程度息息相关。为适应国家对外开放形势并满足国内外信息交换的需要，信息化建设必须要考虑标准化问题。

2. 标准化有利于避免低水平重复开发

目前我国在建设工程信息化建设方面已经有了相当的投入并取得了一批研发应用成果，但是低水平重复开发现象仍然比较严重。究其原因，其中很重要的一点就是系统开发与应用的标准化程度不够。在工程管理信息化建设中必须重视和加强标准化工作，建立健全信息系统、数据和信息以及专业应用软件的标准和规范，以提高信息系统和专业应用软件的可重用性，避免低水平重复开发，加快整个行业的信息化进程。

3. 标准化有利于建筑业信息的共建与共享

信息技术的发展为信息资源的开发利用开辟了广阔前景，但是由于国内信息标准化工作相对滞后，信息化建设中缺乏统一的规范与标准，导致不同信息系统之间难以进行信息交流和信息共享，数据和信息重复采集输入问题突出，严重制约了信息资源的有效利用，因此，制定工程管理信息化的国家标准和行业标准，实现工程管理信息资源开发利用的标准化已成为当务之急。

4. 标准化有利于提高应用系统开发质量

随着网络和计算机的广泛应用，信息系统规模不断扩大，这也促使信息系统和专业软件开发由以前的手工作坊方式向集体协作开发方式转变。在集体协作开发模式下，必须要有供统一遵守的规范标准，否则将给信息系统和相关专业应用软件的可靠性与易维护性带来巨大的负面影响。

总而言之，在工程管理信息化建设过程中，标准化工作处于一个十分重要的地位，其根本原因在于工程管理信息化建设的本质目标之一就是解决参与工程建设多主体之间的信息共享与业务协作问题，只有在标准化的支持下，才可能打破各主体的组织壁垒，使得多主体之间的信息资源共享与业务协作更有效率，最终达到降低社会成本，保障项目成功的目的。

4.5.2 工程管理信息化建设标准化体系

标准体系是标准化工作中的一个重要概念。所谓标准体系，是指“一定范围内的标准按其内在联系形成的科学有机整体”。

标准体系在标准化中占有不可或缺的地位，它包括标准体系编制说明、标准体系框架、标准体系表三部分。其中标准体系表是标准化体系结构的直观表现形式，标准是其组成单元。标准体系表是指“一定范围内的标准体系内的标准按一定形式排列起来的图表”。

1. 工程管理信息化标准体系结构

依据标准化系统工程方法论，建立工程管理信息化标准体系总体框图如图 4-7 所示。总体框图由标准内容、标准层次以及专业门类三个维构成：标准内容维划分为管理标准、技术标准、信息标准；标准层次维包括基础标准、通用标准、专用标准；专业门类维包括业务层标准、管理层标准、项目管理标准及数据中心标准。其中：

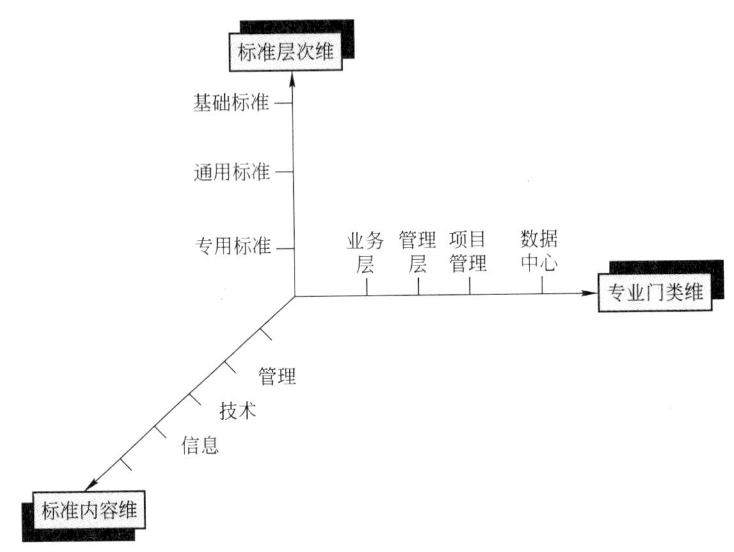

图 4-7 工程管理信息化标准体系框图

(1) 基础标准是在某一专业范围内作为其他标准的基础并普遍使用，具有广泛指导意义的术语、符号、计量单位、图形、基本分类、基本原则等的标准。如建筑施工术语和符号标准等。

(2) 通用标准是针对某一类标准化对象制定的覆盖面很大的共用性标准。它可作为制定专用标准的依据。如施工要求、通用的设计与试验方法，以及通用的管理技术等标准。

(3) 专用标准是指对某一具体标准化对象或作为通用标准的延伸、补充而制定的专项标准。它的覆盖面一般而言很小。

2. 工程管理信息化标准体系表

基础标准如表 4-2 所示。

基础标准的标准体系表 **表 4-2**

体系编码	标准名称
1.1.1	术语标准
1.1.1.1	工程管理信息化基本术语标准

续表

体系编码	标准名称
1.1.1.2	数据库术语汇编工程管理信息技术应用基本术语标准
1.1.2	文本图形符号标准
1.1.2.1	工程管理信息系统文本图形符号统一标准
1.1.2.2	工程管理电子文档统一标准
1.1.3	信息分类编码标准
1.1.3.1	工程管理信息分类与编码标准
1.1.3.2	工程管理信息化领域应用数据分类与编码标准
1.1.3.3	工程管理信息化领域技术经济指标分类与编码标准

通用标准如表 4-3 所示。

通用标准的标准体系表 **表 4-3**

体系编码	标准名称
1.2.1	应用信息数据通用标准
1.2.1.1	工程管理信息化元数据标准
1.2.1.2	工程管理信息化基础数据标准规范
1.2.1.3	工程管理信息化平台数据通用标准
1.2.1.4	工程管理信息化数据库工程技术规范
1.2.1.5	工程管理信息化数据仓库系统技术规范
1.2.2	信息交换及服务通用标准
1.2.2.1	工程管理信息化数据交换统一标准
1.2.2.2	工程项目生命周期信息模型标准
1.2.2.3	工程项目集成管理信息模型标准
1.2.2.4	工程管理数据中心技术规范
1.2.3	软件工程通用标准
1.2.3.1	工程管理信息化领域计算机软件工程技术规范
1.2.3.2	工程管理信息化领域计算机应用软件测评通用规范
1.2.4	信息系统工程通用标准
1.2.4.1	工程管理信息化领域信息化系统工程技术规范
1.2.4.2	工程管理信息化领域计算机应用系统信息互联通用接口标准
1.2.5	工程管理信息化信息系统平台开发通用标准
1.2.5.1	工程管理信息化信息系统平台开发指南
1.2.5.2	工程管理信息系统文档编制和管理规范
1.2.5.3	工程管理信息系统建设项目监理规范

专用标准如表 4-4 所示。

专用标准的标准体系表　　表 4-4

体系编码	标准名称
1.3.1	应用系统专用标准
1.3.1.1	建筑工程协同施工信息系统技术规范
1.3.1.2	建筑工程监理信息系统技术规范
1.3.1.3	建筑工程现场视频监控技术规范
1.3.1.4	建筑工程质量管理系统技术规范
1.3.1.5	建筑工程现场安全与卫生管理标准

4.5.3 工程管理信息化标准建设的基础

我国工程管理信息化标准体系的建设，需要在借鉴国际上相关标准体系的基础上，充分考虑我国工程管理信息化建设的需求特点，本着重点突出，稳步推进的原则来逐步展开。目前可供借鉴的国内外信息化标准体系如表 4-5 所示。

国内外信息化标准体系表　　表 4-5

标准名称及代码	标准类型	标准简述
STEP	国际标准	STEP 是 Standard for Exchange of Product Model Data 的简称，它是关于产品数据表达和交换的国际标准，ISO(International Standard Organization)国际标准化组织为了支持产品设计信息的共享，开展了该项目。STEP 的发展提供了一个产品数据技术的范例，它可以支持生成一个集成的信息模型来描述产品生命周期内所需的所有信息。STEP 正式名称为 ISO10303，发布于 20 世纪 80 年代中期，其目的是满足工业发展的需要，使产品数据独立于任何具体的计算机应用背景，如 CAD、CAM、PDM 或其他软硬件系统等
IFC	国际标准	IFC 是 Industry Foundation Classes 的简称，由国际协同工作联盟 IAI(International Alliance for Interoperability)制定，IFC 是国际建筑业事实上的工程数据交换标准，已被接受为国际标准 ISO，作为近年来兴起的国际标准，IFC 标准是面向对象的三维建筑产品数据标准，短短几年中，其在建筑规划、建筑设计、工程施工、建筑电子政务等领域获得了广泛应用。如新加坡政府的电子审图系统，就是 IFC 标准在建筑电子政务领域最好的应用案例。借助这个系统，所有的建筑设计方案都要以电子方式递交政府审查，政府将规范的强制性要求编成检查条件，以电子方式自动进行规范符合性检查，并能够标示出违反规范的具体部位和原因。新加坡政府要求所有软件都要输出符合 IFC2X 标准的数据，而检查程序只需识别符合 IFC2X 的数据，无须人工干预即可自动完成审图任务。随着技术的进步和应用推广，类似的建筑电子政务项目会越来越多，而 IFC 标准则将扮演越来越重要的角色
SXF	日本国标	SXF 是 Scadec data Exchange Format 的简称
《电子信息系统机房设计规范》(GB 50174—2008)	中国国标	电子信息系统机房是数据中心的旧称呼，该规范的目的是为了在电子信息系统机房的工程设计中，贯彻国家的相关法律法规和技术经济政策，确保电子信息系统设备安全、稳定、可靠地运行，保障机房内的工作人员身心健康。 该规范适用于陆地上新建、改建和扩建的电子信息系统机房的工程设计，由中华人民共和国住房和城乡建设部通过，于 2009 年 6 月 1 日起实施

续表

标准名称及代码	标准类型	标准简述
电子信息系统机房施工及验收规范	中国国标	该规范是依据《电子信息系统机房设计规范》编制完成的，该规范的目的是为了保证各类电子信息系统机房工程的施工质量，提高施工技术水平，统一施工及验收要求。 该规范适用于陆地上(含地下与岛屿)新建、改建和扩建的电子信息系统机房工程的施工及验收。不适用于海上(船载)、空中(机载)、陆地上的移动工具(车载)中的电子信息系统机房
《电子信息系统机房工程设计与安装》设计图集——国标09DX009	中国国标	该标准适用于新建、改建、扩建建筑物中电子信息系统机房的设计、施工和检测。主要内容包括：根据国家标准《电子信息系统机房设计规范》(GB 50174—2008)，编制了电子信息系统机房的分级、分区、设备布置；机房供配电系统和接地系统的设计；电磁屏蔽室的通风、机房布线、监控、火灾报警系统及灭火系统的设置；机房建筑、结构、空调和给水排水专业的要求与做法；机房工程示例等。图集以电器专业为主，涉及建筑、空调等专业的专项设计，确保电子信息系统安全、稳定可靠地运行
《数据中心通信设施标准》TIA—942	美国通信行业协会标准	美国国家标准学会ANSI于2005年批准颁布了《数据中心通信设施标准》，该标准由美国电信产业协会和TIA技术工程委员会编制。该标准的用途是为设计和安装数据中心或机房提供要求和指导方针，主要服务于需要对数据中心全面理解，包括设计计划编制、电缆系统和网络设计的设计师。该标准将使数据中心设计在建筑设计过程早期被充分考虑，通过提供各专业设计成果借鉴，保证数据中心建设能够从预先计划好的、支持计算机系统升级的基础设施中获益

复习思考题

1. 针对一个工程项目，列出需要做哪些信息化的基础准备工作。
2. 谈谈你对信息化发展趋势的具体看法。
3. 什么是信息规划，信息规划需要做哪些具体的工作?

第5章 工程项目管理信息系统

管理信息系统(Management Information System, MIS)是一个由人、计算机及相关的设备组成的集成化信息系统，能进行信息收集、传递、存储、加工、维护和使用的系统。它能测定企业的各种运行情况，利用过去的数据预测未来，从全局出发辅助企业决策，利用信息控制企业行为，帮助企业实现规划目标。

工程项目管理信息系统是工程项目管理领域信息化最集中的体现之一，这里将分别划分为单业务应用系统、综合业务应用系统、项目总控系统、项目信息门户系统。综合业务应用系统是在单业务应用系统的基础上集成各业务管理功能而来；项目信息门户系统则基于网络，将项目参与各方进行了集成。如果说综合业务应用系统解决了项目组织内部各管理部门间的信息孤岛问题，那么项目信息门户系统则注重解决项目组织与组织间，即参与各方间的信息孤岛问题。从单业务应用系统到综合业务应用系统再到项目信息门户系统，体现了系统集成和功能整合的效益。项目总控系统则是在系统集成和功能整合的基础上实现项目整体目标的控制。

5.1 工程项目管理单业务应用系统

单业务工程项目管理应用系统是指用于辅助工程项目某一目标控制的应用软件，用来实现诸如进度计划、质量控制、成本管理等单一目标管理的信息化。对工程项目的单一目标进行控制的管理业务，在工程项目组织中，都对应相应的职能管理部门，信息技术在工程项目管理中的应用正是从对职能管理部门的业务流程的模拟开始的。

5.1.1 工程项目管理单业务应用系统的发展

工程项目管理单业务应用系统最初主要用于工

程施工阶段，最早出现的与工程建设项目管理直接相关的软件是用于会计记账和成本测算的，其基本功能是进行数据的收集和输入，数据传输、存储和加工处理、查询，完成各种统计和综合处理工作，及时提供各种信息。到了20世纪70年代，一些公司研制开发出基于网络计划技术CPM和PERT的项目管理软件，如Microsoft Project等已被工程项目管理人员广泛地用于表示工程建设进度计划，而具备进度目标控制功能的软件至少应能做到：定义作业(也称为任务、活动)，并将这些作业用一系列的逻辑关系连接起来；计算关键路径；时间进度分析；资源平衡；实际的计划执行状况；输出报告，包括甘特图和网络图等。除此之外，当前专门的进度计划软件还包含以下功能：编制双代号网络计划(CPM)和单代号搭接网络计划(MPM)；编制多阶网络计划(MSM)；工程实际进度的统计分析；实际进度与计划进度的动态比较；工程进度变化趋势预测；计划进度的定期调整；工程进度各类数据的查询；提供多种(不同管理平面)工程进度报表；绘制网络图等。进入20世纪80年代后，在工程建设项目的施工阶段出现了越来越多的其他类型的软件，如费用管理软件、风险管理软件、资源(人工、材料等)管理软件等。还有一些其他的工程项目管理软件应用于工程建设的其他阶段，如决策阶段的项目可行性研究和项目评估软件等。同时，随着信息技术的进步和应用的不断深化，这些系统更加智能化，通过对信息的逻辑分析和数据挖掘，提供分析和预测功能，譬如，工期变动分析、不可预见事件分析等，并在分析基础上产生预测功能，如进度预测、投资预测、资金需求预测等。

5.1.2 工程项目管理单业务应用系统

1. 多主体进度计划系统

大型复杂工程建设参与单位众多、建设周期长、投资大，质量控制难度高，必须要有科学合理的进度计划作保障，不仅满足节点控制性工期和总进度工期目标要求，而且要及时动态地对进度计划进行调整。

多主体进度计划系统是一种利用计算机，结合业主、承包商等主体，三阶段分析工程项目多种不确定影响因素，动态调整工程项目进度计划的人机交互系统[60]。进度计划是由多个相互关联的子进度计划组成的具有不同深度的多阶段多层次的计划体系，使组织结构、项目、WBS、作业、步骤的形成从粗到细、层层细化，其建立和完善是一个动态过程。鉴于进度计划的精准性、多阶段、多层次性以及多主体性，多主体进度计划管理系统采用业主和承包商分级三阶段编制工程项目总体进度计划和分部分项详细进度计划，综合考虑工程项目的约束限制因素，将总体进度计划和详细进度计划进行合并。首先业主根据工程项目的总体状况，制定总体进度计划框架，即编制里程碑和指导控制性计划，并以分包商承包项目为基本标包导入中央数据库中。其次，承包商从中央数据库中下载对应的分部分项工程总体进度计划框架，进一步编制详细的进度计划，并将其上传到中央数据库中。最后，业主导入原先的总体进度计划框架和各分部分项详细进度计划进行合并，通过人为调整，并将结果保存到中央数据库中。所有的进度计划，都经过CPM分析生成关键线路，并生成横道图、网络图、时空线性图。其流程如图 5-1 所示。

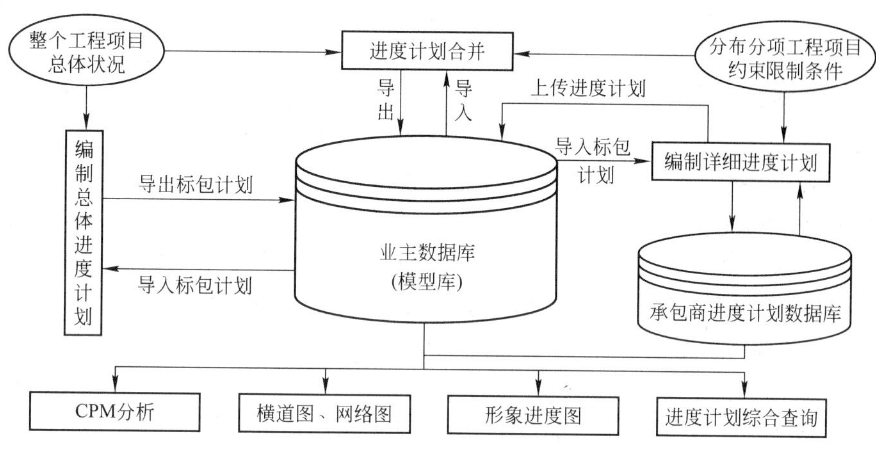

图 5-1　多主体进度计划系统流程图

多主体进度计划系统总体功能分别由三个模块实现，如图 5-2 所示。

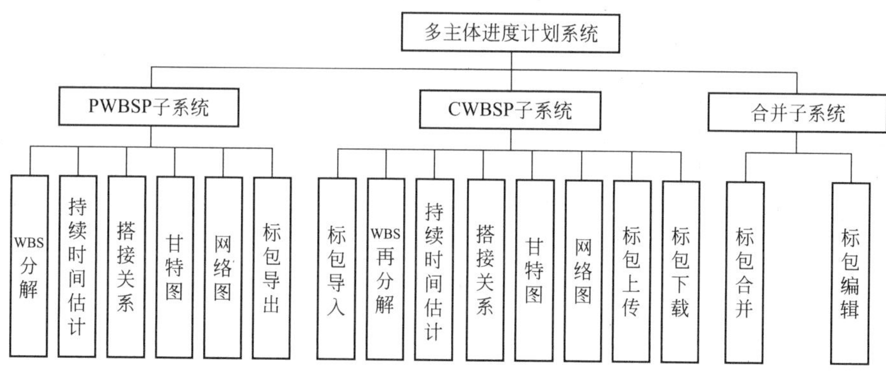

图 5-2　系统总体功能

(1) PWBSP 模块

PWBSP(Project Work Breakdown Structure and Plan，PWBSP)模块，即项目总体进度计划框架模块，是业主从宏观的角度看待整个工程项目，从战略管理角度判断高级别的问题，并结合工程项目本身的特点和工期的要求，编制里程碑和指导控制性计划。其功能包括：系统初始化；完成项目总体 WBS 分解，定义各工作之间的逻辑关系以及持续时间并计算 6 种时间参数；自动生成甘特图、单代号网络图、形象进度图，并随工程项目信息改变自动调整；生成的总体进度计划，以“. mdb”的方式保存于业主数据库中，并分解成需要的标包导出到业主数据库中，便于承包商下载。

(2) CWBSP 模块

CWBSP (Contractor Work Breakdown Structure and Plan，CWBSP)模块，即施工项目进度计划模块，是承包商针对某一项 PWBSP，根据工程项目的进度计划

要求以及实际状况和约束限制条件，从微观的角度进一步分解和细化，编制详细的进度计划。其功能包括：总体进度计划的下载和导入；工程项目 WBS 的详细再分解；详细定义各工作之间的逻辑关系以及持续时间，计算 6 种时间参数；自动生成详细的甘特图、单代号网络图、空间位置图，并随工程项目信息自动调整；生成阶段性进度计划，以“.mdb”的方式保存于数据库中，便于施工单位通过工程项目管理系统客户端以及计算机网络上传到业主数据库。

(3) 合并模块

合并模块是将 PWBSP 和所要汇总的 CWBSP，按照 WBS 编号、约束限制条件、持续时间、逻辑关系自动合并、优化的功能模块。汇总的过程，是对上一级 PWBSP 合理补充，对前一 CWBSP 的逻辑延续，且使各任务之间的逻辑关系、持续时间等参数沿着整个进度计划准确、无误地运行。

多主体进度计划系统与合同管理、质量管理、安全管理等子系统共同集成构成了某市轨道交通有限公司总控系统，使投资 21.99 亿的轻轨工程按合同工期顺利完成，并使总成本大幅降低。现正运用到该市其他在建线路等大型复杂工程中(图 5-3)。

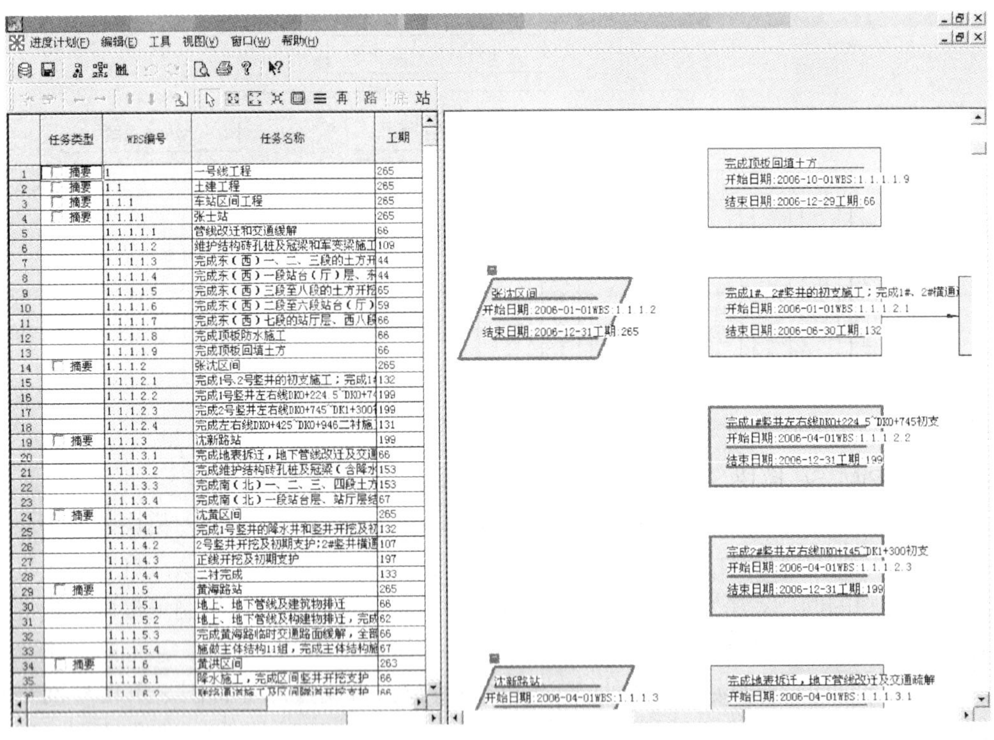

图 5-3 多主体进度计划系统功能界面

2. 建筑工程质量管理系统

施工过程是形成工程实体质量的过程，对工程施工质量的控制是工程最终质量的保证。而工程施工质量的控制涉及建设单位、勘察设计、施工、监理和质量监督等不同的参与方，是一个多方协作的过程，需要各方的共同努力。在我国，相对来讲，设计人员素质较高，遵循国家和有关部门颁布的政策、法规和设计文件的难度不大。而施工队伍则良莠不齐，从业的4000多万人口中农民工就占3000多万，执行施工规范与技术标准存在很大的困难。并且，他们的流动性很大，施工经验流失严重，难以积累下来形成知识成为企业的财富。在这样的背景下，工程施工质量的控制尤其需要强调质量监控的重要性，监理和监督部门在质量控制中起着举足轻重的作用。为此，需要将信息化技术全面引入到工程项目质量监控体系中来。

工程质量监控系统，面向质量监理和监督部门，构思于质量控制表格中各质量控制点的动态设置之上，如图5-4所示。能够实现质量监控全过程的规范化管理（统一规范的工作方法和流程），完整记录质量监控过程的信息，并通过数据分析、提炼质量监控新知识，从而实现基于新知识的质量监控持续改进，提高工程质量监控水平。

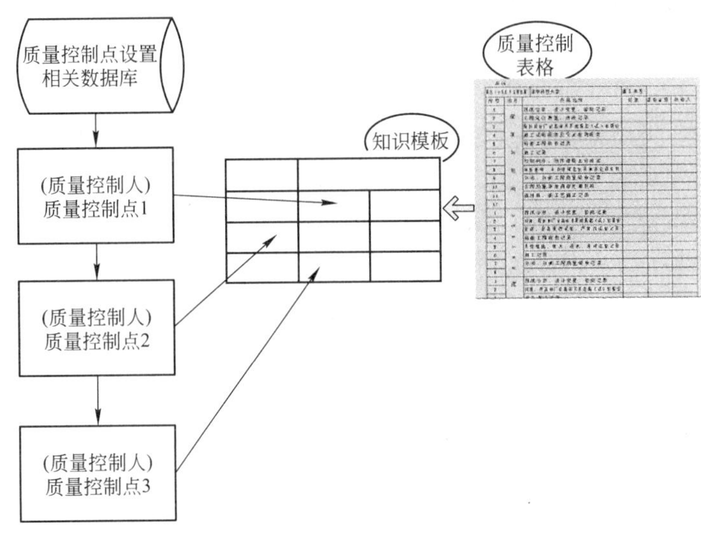

图5-4 质量控制表格及控制点示意图

质量控制点是为保证工序质量而确定的重点控制对象、关键部位或薄弱环节。施工难度大的结构部位、影响质量的关键工序、操作施工顺序、技术参数、材料、机械、自然条件、施工环境都可作为质量控制点。

工程的施工阶段是工程质量的形成阶段，施工过程中质量控制的主要工作包括：以工序质量控制为核心、设置质量控制点、严格质量检查。其中，工序质量作为施工过程质量活动的基本单位，是质量控制的基础和核心，而质量控制点的设置则是对工序质量进行预控和过程控制的有效途径。因此，把握好质量控制点设置和管理环节的工作是质量监控的基础。

质量监控中常用质量控制表格是质量控制知识的载体，表格的每一项就对应一个质量控制点，质量控制知识通过这一个个控制点嵌入到质量控制表格中，整个质量控制表格就类似一个质量控制知识模板，通过定义知识模板，实现对质量控制知识的捕获，并将捕获到的知识以一定的规则表达式(IF-THEN)的形式内置到质量控制表格的每一个控制点中(如主控项目中水平灰缝砂浆饱满度必须大于80%；每一个检验批的个数至少6个等)。工程质量监控正是通过对表格中这些控制点数据的检查分析进行的，为对质量数据进行分析统计、质量预警和知识的提取挖掘提供基础[61]。

在质量监控系统中，质量控制表格中质量控制点的设置是基于如下相关知识库的，这些知识库保持完全开放，以方便知识的修改和添加，实现对质量控制知识的动态更新。监控系统通过表格定义技术的应用，能够随监控需求和知识的不断积累及时更新质量控制点。

(1) 国家法规、技术标准库。包括质量验收规范、技术标准、地方法规、ISO9000质量标准等规范和标准数据库，这个数据库通常是比较稳定、不易变动的。

(2) 质量通病知识库。主要存储一些质量通病、用户反馈的常见质量问题及其预防和解决办法。

(3) 质量事故分析知识库。主要存储企业内部，甚至整个行业中，质量安全事故的分析过程和处理办法，同时用统计方法找出质量事故的频发点作为质量控制的关键点。

(4) 以往各类型工程质量控制点设置经验库。包括以往各种基础如桩基础、条形基础、箱形基础；各种承重结构如框架、框剪、砖混等各类型工程的质量控制点设置，以及控制点的控制和管理方法。

工程质量监控系统中质量控制点的设置流程如图5-5所示。

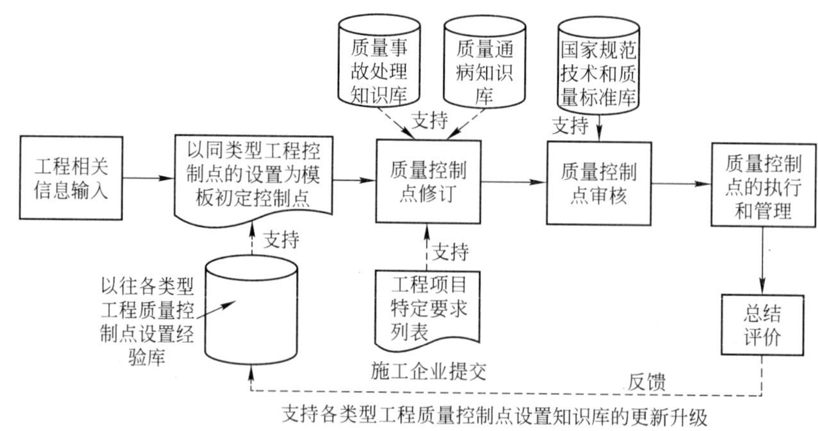

图5-5 质量控制点设置流程图

目前全国各省基本都开发了符合自己省区内工程项目质量管理特点的质量监控系统。通过质量监控系统的应用，对质量监控内容、监控方法、评定标准、监控结果的管理等进行明确界定，规范日常监控工作，使监控过程有据可依，监督信息得到完整记录，监控结果有据可查，促使工程质量监控部门工作的程序化，提高了工程质量监控人员的责任心和主动性，也为工程质量责任追究制度、责任落实到人提供依据；便于质量监控部门对工程监控信息进行实时分析，为整个质量监控工作提供技术支持和知识指引。

由某省建设工程质量安全监督总站精心组织了业内先进企业的资深工程师及专家进行研究探讨，通过综合提炼他们的知识经验，形成统一的建筑工程施工质量管理知识模板，并开发完成了一套适应工程项目事前预控、事中工程质量动态跟踪、反馈要求，汇集专家智慧、施工经验，符合相关“规范”和地区建筑特性的建筑工程施工质量监控系统，如图 5-6 所示。

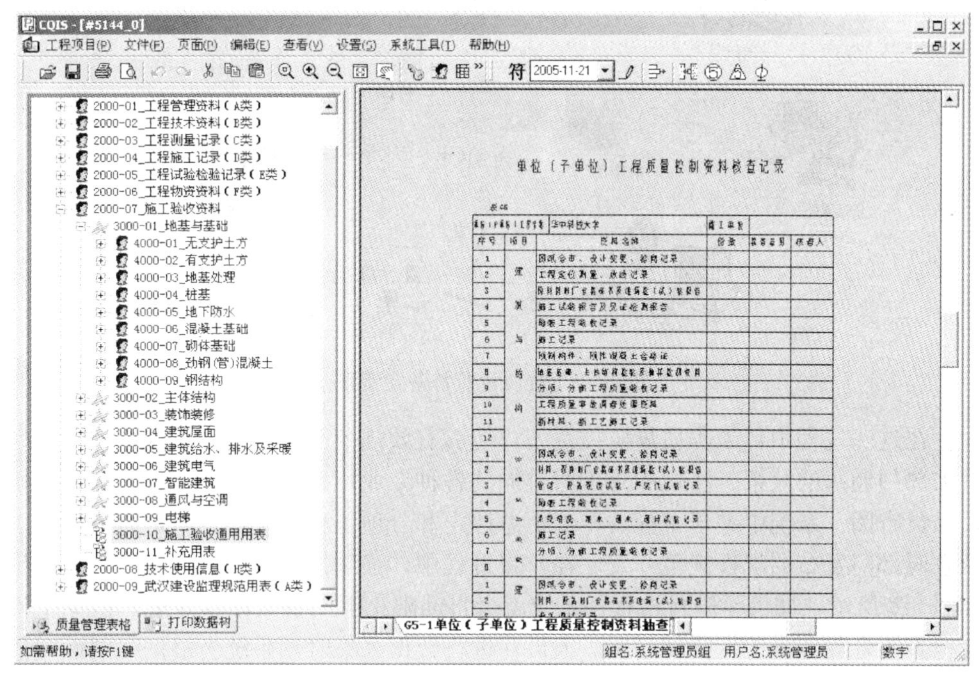

图 5-6 某省建筑工程施工质量监控系统

某省建筑工程施工质量监控系统以扩充后的《某省建筑工程施工统一用表》为管理对象，包括：工程管理资料、工程技术资料、工程物资资料、工程测量记录、工程记录、工程试验记录、工程验收资料 7 大类。系统的构思和实现如下，首先，在综合提炼业内先进企业及专家知识经验基础上，构建覆盖建筑工程施工全过程的质量控制点网，涉及施工动态管理、施工技术管理、施工工序管理等 7 个方面，共计配置 300 多类控制点。并结合现代工程管理理论和某省建筑工程管理实践，设计重组建筑工程质量管理规范流程：变现场零星分散的监督为集中、程序化远程监督；变个别性的监督为关联监督；变手工处理的监督报告为计算机分析统计生成的质量监督报告；变孤立的专家知识收集为实时动态收集发布。其次，运用建筑工程质量预控管理理念，基于上述的工作成果制定了一套贴合某省建筑工程质量管理需要、内置施工质量控制点、规范的管理流程、质量标准及规范要求的知识模板。最后在知识模板的基础上，开发出这套适用于施工企业、建设单位、监理企业、建筑质量主管部门的质量管理人员及项目经理，能实现质量管理信息的采集、查询、打印、备份上传等基本功能，同时提供智能填表、手写笔迹签名、管理库动态更新、在线应用支持和工程管理服务等特色功能的质量监控系统。

在施工过程中，质量监督员通过施工现场质监系统终端填写质量控制表格，并通过网络传送给监督科长，监督科长审核通过后，自动保存到质监备案数据库中，其工作流程如图 5-7 所示。

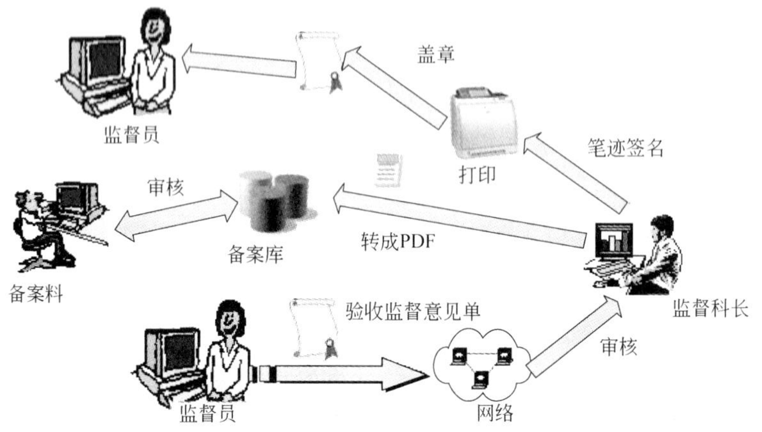

图 5-7 工程质量监督备案流程

在这一过程中，工程质量监控系统，能够有效规范监督过程。系统提供国家和有关部门颁布的政策、法规和施工所遵循的各种专业标准、规范、规程等，方便质监人员查阅。系统中关于工程的单项汇总评定和分项工程的质量评定，完全依据国家政府部门发布的规程规范开发。在监督过程中，强制性规范要求必须检查的部位如图 5-8 所示，如果不进行检查，系统就会自动阻止下一步工作的开展，避免少检漏检等不合规范现象；同时，质监人员在进行数据采集时，系统会根据强制性规范的要求，对采集的数据合法性进行检查，譬如，系统会自动将采集的数据值与规范规定的上下限值进行比较，如图 5-9 所示，并自动设置形象化标示(圈号或三角符号)加以提示。基于质监备案数据库，定期统计质量验收合格率、优良率统计信息，分析质量事故发生部位、类型、原因，以便从事故的教训中得到可借鉴的经验，做好有效的预防措施。同时，对事故多发点提高警惕，及时将这些部位设定为质量控制点，并删除先前设置不合理的质量控制点，保证质量控制点的动态设置，实现质量控制知识的及时提炼、共享、应用。

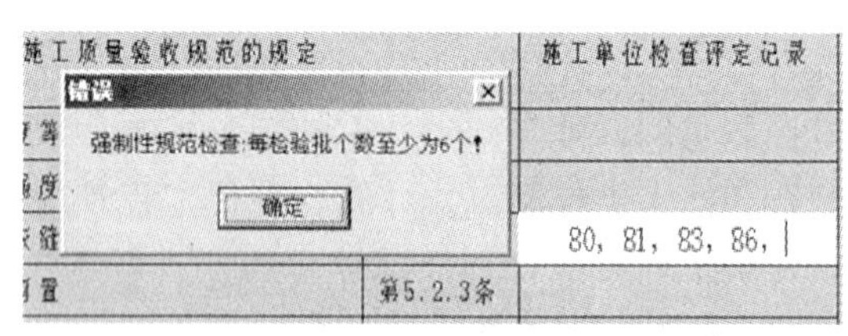

图 5-8 强制性规范检查

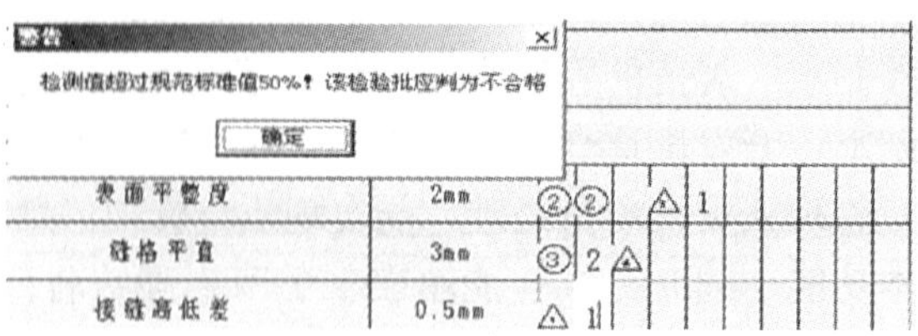

图 5-9 智能数据判断

在工程竣工后，完整的质量监控信息通过网络直接提交给质量监督站等质监行政管理部门，从而对多个工程项目质量监控信息进行统计分析，得出质量事故发生频率、伤亡程度、发生区域分布等信息，便于质监行政管理部门把握区域内工程质量安全的走势，有针对性地制定维持和改善质量状况的政策和措施，增强了对区域内工程质量整体状况宏观掌控的能力，保障了工程质量的整体良好水平。

5.2 工程项目管理综合业务应用系统

工程的质量、进度、成本等控制目标之间既相互制约又相互依存，工程项目管理追求的不是单一的目标，而是综合目标。单业务工程项目管理应用系统能够提高单一目标的管理绩效，但缺乏各功能之间集成，项目管理各业务之间的信息共享和沟通程度不高，在各职能部门间形成信息孤岛，同时，由于缺乏来自各个业务数据所形成的综合信息，导致不能很好地形成知识以提供决策支持。

随着单业务工程项目管理应用系统的成熟，工程项目管理系统又开始迈向功能的集成，形成综合业务应用系统，通过项目组织内部各职能管理部门的集成解决部门间的信息孤岛问题，实现工程项目管理各目标的综合协调控制。其遵循系统集成的理念，首先从信息集成出发，通过信息集成，提高组织中各部门的信息共享度，从而保持数据的一致性、减少数据冗余。其次，信息集成是业务流程集成的基本要求，通过信息集成，带动企业的业务流程重组，实现业务流程集成。然后，业务流程的集成，必然引起组织的变革，实现组织集成。因此，综合业务应用系统从工程项目管理信息集成开始，通过业务流程集成和组织集成，形成其运行必备的信息集成、业务集成、组织集成的支撑环境。

如图5-10所示，各子系统分别对应单业务应用系统，拥有各自的专用数据库，对项目各分目标的控制，而综合业务应用系统则依靠公用数据库将各子系统公用的数据按一定的方式组织并存储起来，实现各子系统的数据共享，达到对各子系统功能的无缝集成，实现对工程项目整体目标的协调控制。

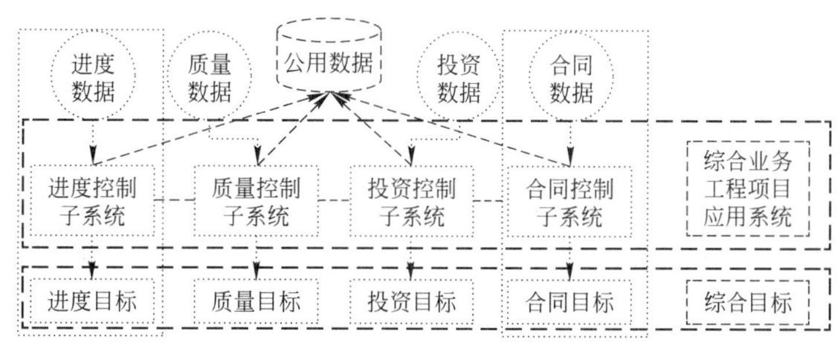

图5-10 综合业务应用系统结构图

此外，综合业务应用系统还向上与企业级的综合信息系统(如企业办公系统等)集成，并向这些系统提供项目的工程数据，以供在企业层面展开基于多项目的控制和分析。通过和企业级综合信息系统的集成，将企业和项目的相关处理业务进行合理组织，形成一个有机的整体，优化改善业务流程的效率，增加企业和项目的收益。譬如通过多项目的施工成本分析，形成企业内部的定额标准，从而指导项目投标报价，也为整个企业所有项目的成本控制提供参考。还可以通过报表或者图表的形式辅助分析企业业务成本，使得企业和项目能够合理地降低成本。

工程项目是以投资、进度、质量三大控制为目标，以合同管理为核心的动态系统，因此，工程项目信息系统至少应具有辅助三大目标控制及合同管理任务的功能。

到了 20 世纪 90 年代中期，综合业务应用系统已相当成熟，比较突出的是将进度管理、资源管理和费用管理业务进行集成。目前广泛流行的这类软件有国外的 Microsoft Project，Primavera Project Planner 等，国内的梦龙项目管理软件和大连同洲项目管理软件等。此外，有些软件集成了进度管理、资源管理、费用管理和风险分析功能等。

综合业务应用系统一般包括合同管理子系统、进度管理子系统、投资管理子系统、质量管理子系统、安全管理子系统、成本管理子系统、材料管理子系统、设备管理子系统、人力资源管理子系统、财务管理子系统。各功能模块是相互独立的，其间有内在的逻辑联系和数据联系，如图 5-11 所示。

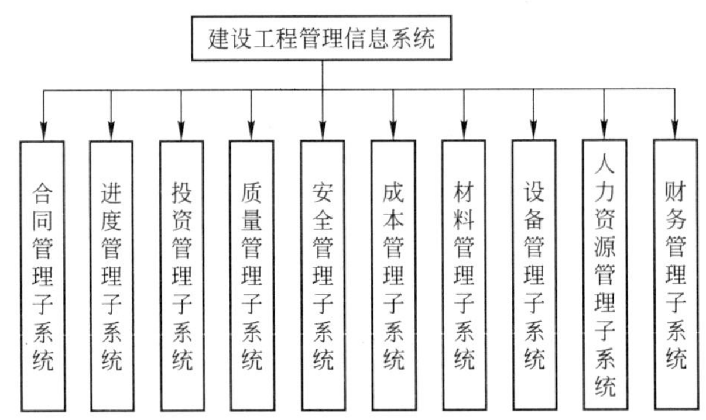

图 5-11 工程项目管理信息系统功能模块示意图

5.2.1 合同管理子系统

合同管理系统是对工程项目勘察设计、施工、工程监理、咨询和科研等工程管理活动所涉及的合同的起草、签订、执行、归档、索赔等环节进行辅助管理的功能模块。

合同管理信息的流程如图 5-12 所示。

一般包括合同会签、合同信息管理、合同变更管理、合同支付管理、工程概算概况、合同信息查询以及合同报表七个功能模块。

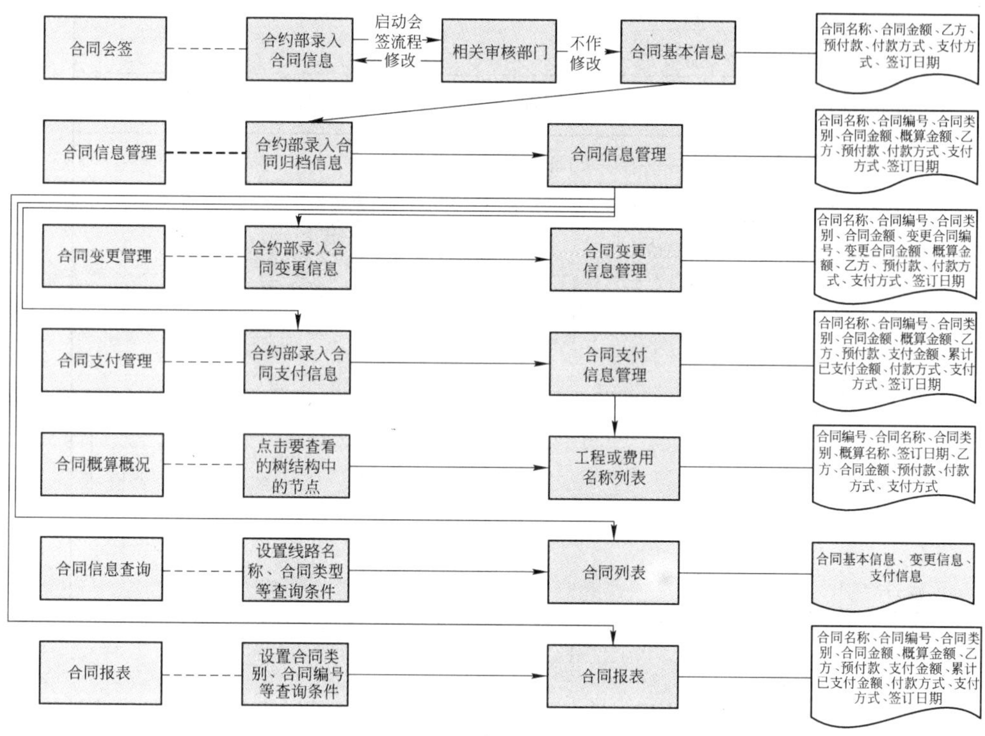

图 5-12　合同管理信息流程图

1. 合同会签

合同会签是合同部门、审核部门对合同文件进行录入、审核的管理模块。在此模块下，合同部门可以对合同文件进行新增、修改、删除、启动会签流程；相关审批部门以及合同部门部长审核。同时，各方均可查看审核情况、查询合同文件。

合同会签的一般流程为：新增一条合同记录后，由相关部门选择审核部门，启动会签流程；然后由审核部门进行审核，若有一个审核部门认为该合同需要进行修改，则该合同就要进行修改，然后再一次进行审核；若审核部门均认为该合同不需要进行修改，则由启动会签部门启动审核的确认；启动审核确认后，由合同部门的部长对该合同的审核情况进行确认。

在相关部门启动会签流程后，请求审核部门对文件进行审核，合同部门启动会签流程时需要录入的信息包括启动会签人、启动会签时间、启动会签意见、审核部门，启动会签流程后合同文件上报部门将不能修改、删除该文件，审核部门对该项目进行审核。流程图见图 5-13。

审核部门对合同部门上报的合同文件进行审核，审核部门只能对合同部门启动会签流程的项目进行审核。如果有一个部门认为该合同需要修改，则该项审核不能通过，上报部门有权对该项审核进行修改，修改后再进行上报。若审核部门均认为该合同不需要进行修改，则要等待合同部门部长对该合同的审核进行最终确认。

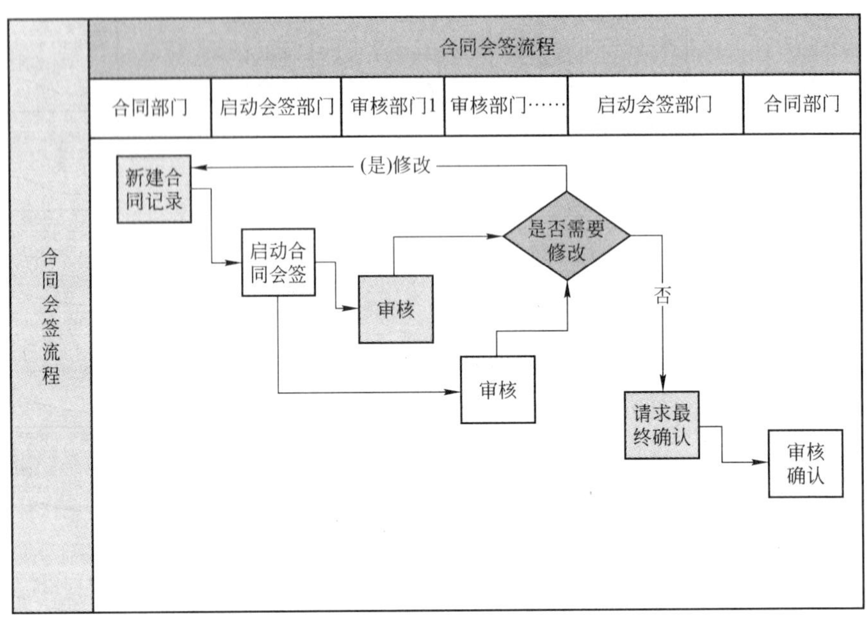

图 5-13　合同会签流程图

合同启动最终审核确认后，合同部门部长将对该合同进行最后的审核确认。各方对项目审核信息进行查看。

当合同文件经过审核后，如果有一个部门认为该合同需要修改，则该项审核不能通过，上报部门此时有权对该项审核进行删除。

2. 合同信息管理

合同信息管理是合同部门对合同信息进行归档的管理模块。

合同信息，主要有三个来源：

(1) 通过招标方式产生的合同信息。这些合同信息在中标管理列表中显示。在合同信息管理中，中标管理列表中的合同信息也要显示。这些合同信息的归档状态均为“未归档”。在合同信息管理中，需要对这些合同进行修改，增加合同的合同编号、合同类别和概算名称。

(2) 合同会签中通过合同审核的合同信息。通过合同审核的合同信息，同样会在合同信息管理中显示。这些合同信息的归档状态均为“未归档”。在合同信息管理中也需要对这些合同进行修改，增加合同的合同编号、合同类别和概算名称。

(3) 其他合同。这些合同不是通过招标或者会签产生的，它们直接在合同信息管理中通过新增来创建。

合同信息管理是由合同部门对合同信息进行新增、归档、修改、删除以及查看明细。同时，各方均可查询合同信息。

由合同部门执行合同文件的增加，对于归档方式为“已归档”的合同信息，合同部门可以进行修改。对于由招标程序以及合同会签产生的合同文件，合同部门要对其进行归档处理。另外合同部门可以查看合同的详细信息和删除合同信息。

3. 合同变更管理

合同变更管理是合同部门对变更合同信息进行管理的模块。

合同变更管理是合同部门对变更合同进行新增、修改、删除、查看明细以及查询。由合同部门增加变更合同的信息，并且可以修改变更合同的信息。

各方可以查看的变更合同的信息包括：变更合同的基本信息(变更合同编号、变更合同名称、变更合同类别、变更合同金额、签订日期、乙方、原合同名称、原合同编号、概算名称、预付款、付款方式、支付方式、备注)以及附件信息(附件名称、上传人、附件说明、上传日期)。

4. 合同支付管理

合同支付管理是合同部门对合同的支付信息进行管理的模块。

合同支付管理是合同部门对合同支付信息进行新增、编辑以及查看明细。此外，各方可以对合同支付信息进行查询。

由合同部门增加支付合同的信息。需要录入的信息包括：合同名称、合同金额、合约方、付款方式、主管单位以及备注。并且可以编辑合同的支付信息。合同部门可以增加、修改、合同的支付。同时，系统提供合同支付情况的曲线图，用曲线形象地显示合同的支付信息：预付款、第一次申请支付金额、第二次申请支付金额等各占合同金额的比例以及累计已支付的比例。

(1) 增加信息：由合同部门增加合同的支付信息。信息包括：支付名称、支付金额、付款依据以及备注。

(2) 上报信息：由合同部门将增加的合同支付金额上报。审核部门只能对上报的合同支付信息进行审核，不能进行修改、删除。上报后，该合同支付信息进入等待审核状态。

(3) 审核信息：审核部门对合同部门上报的合同文件进行审核，审核部门只能对合同部门上报的合同支付的项目进行审核。审核的内容是合同支付的基本信息(支付名称、请款金额、申请部门、实际支付金额、付款方式、收款单位、合同金额、至今已累计支付金额、合约方、申请日期、付款依据以及备注)，审核后，审核人需要录入的信息包括办理人、时间、审核情况(通过、驳回)、办理意见，其中办理人、时间(默认为当前时间)、审核情况(通过、驳回)为必填项目。

(4) 审核情况信息：各方对合同支付审核信息进行查看，可以查看的内容包括审核情况(办理人、办理意见、时间等)，基本信息(支付名称、请款金额、申请部门、实际支付金额、付款方式、收款单位、合同金额、至今已累计支付金额、合约方、申请日期、付款依据以及备注)。

(5) 修改信息：合同支付经过审核后，如果有部门驳回该合同支付，上报部门此时有权对该项审核进行修改。修改的基本信息包括支付名称、支付金额、付款依据以及备注。

(6) 删除：上报部门可以删除合同支付的信息。

(7) 详细信息：各方可以查看合同支付的详细信息。可以查看的信息包括：支付名称、实际支付金额、申请部门、合同名称、付款方式、收款单位、合同金额、至今已累计支付金额、合约方、申请日期、付款依据以及备注。

另外各方可以查看合同的详细支付信息。系统可以提出列表与曲线图两种显示方式。列表的信息包括：支付名称、支付金额、实际支付金额、累计已支付比例以及支付时间。合同支付情况的曲线图，即用曲线形象地显示合同的支付信息：预付款、第一次申请支付金额、第二次申请支付金额等各占合同金额的比例以及累计已支付的比例。

5. 工程概算概况

工程概算概况是各方查看合同概算的统计信息的模块。该功能模块是将合同与其相对应的概算项相联系，汇总出各个概算项的合同数量、合同金额等信息。

通过查看合同概算的统计信息，可获得工程的各个概算项相关的合同的汇总信息：份数、合同金额、占总合同的百分比。并以合同概算分类统计图形象显示。同时，还可以通过查看“工程或费用名称”下的具体的概算项，获得所有相关的合同的基本信息：合同编号、合同名称、合同类别、概算名称、签订日期、乙方、合同金额、预付款、付款方式、支付方式等信息。

6. 合同信息查询

合同信息查询是各方对合同的信息进行综合查询的模块。

合同信息查询是各方可以综合查询合同基本信息、查看合同的详细信息。用户可以选择想要查看的合同的类别，如合同所属的线路名称、合同类型(前期准备、土建工程等)。所显示的信息包括：合同编号、合同名称、合同类别、概算名称、签订日期、乙方、合同金额、预付款、付款方式、支付方式、审核状态。

各方可根据以下字段对合同信息进行综合查询：合同编号、合同名称、合同类别、合同金额、付款方式、签订日期、乙方、概算名称、预付款、审核状态，查询结果以列表形式显示，列表基本字段包括：合同编号、合同名称、合同类别、合同金额、付款方式、签订日期、乙方、概算名称、预付款、支付方式、审核状态。而对于列表中的合同，可以查看该合同的详细信息：基本信息(与合同信息管理中的“明细”相联系)、变更信息(与合同变更管理中的“明细”相联系)、支付信息(与合同支付管理中的“明细”相联系)以及附件信息。

7. 合同报表

合同报表是各方查看合同报表的模块。

在合同报表中，各方可以查看合同的信息包括：合同名称、合同类别、合同单位、合同编号、签订日期、概算金额、合同金额、累计应付金额、累计已支付金额、累计已支付比例、剩余支付金额。

各方对合同信息可进行查询的字段包括：合同名称、合同类别、合同单位、合同编号、签订日期、概算金额、合同金额、累计应付、实际支付，查询结果以列表形式显示，列表基本字段包括：合同名称、合同类别、合同单位、合同编号、签订日期、概算金额、合同金额、累计应付金额、累计已支付金额、累计已支付比例、剩余支付金额、××年付款。

对于列表中的合同，可以查看该合同的详细信息：基本信息(与合同信息管理中的“明细”相联系)、变更信息(与合同变更管理中的“明细”相联系)、支付信息(与合同支付管理中的“明细”相联系)以及附件信息。

5.2.2 进度管理子系统

进度控制系统是通过项目的计划进度和实际进度的不断比较，为进度管理者及时提供工程项目进度控制信息，以有效控制工程项目实施进度的功能模块。

进度管理系统可以实现对工程项目施工过程中的进度计划、现场协调，以及对所涉及的相关文档进行的集成管理，共分为形象单元维护、进度计划、现场文档管理和文档综合查询四个模块。其中形象单元维护模块是实现用户对形象单元划分的定义，方便进行形象进度的上报；进度计划模块则是可以实现进度计划编制，及其施工中进度的控制；现场文档管理主要是进度管理中所涉及的相关文档；文档综合查询则是实现对这些具体文档的查询功能。

进度管理系统中信息在两个模块内的流程如图 5-14 所示。

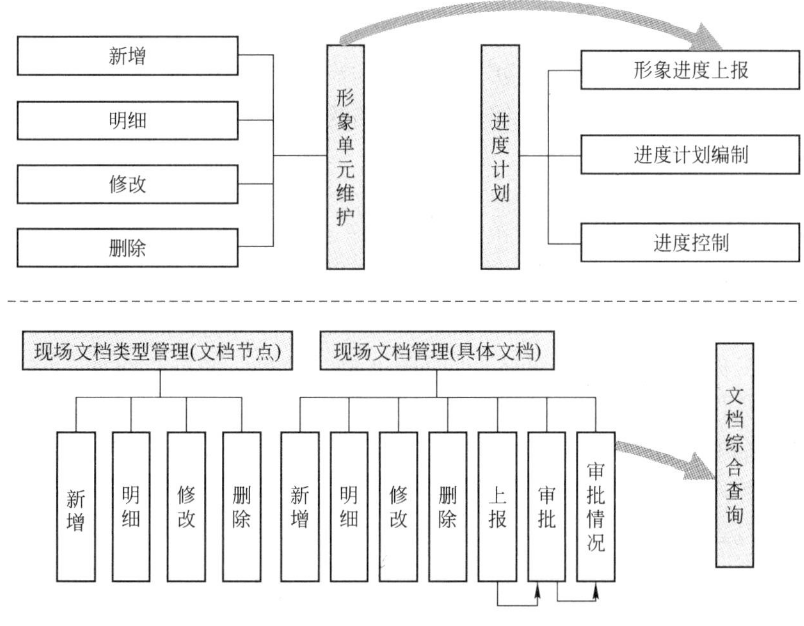

图 5-14　进度管理信息流程图

进度管理一般具有如下功能：

1. 形象单元维护

形象单元维护是用户根据实际上报需要来具体定义形象单元。具体包括形象单元的新增、修改、删除、查看等功能。

2. 进度计划

进度计划模块是项目部对工程施工过程的进度计划编制，进度过程控制等管理。包括输入、修改、删除信息，生成进度图，上报形象单元信息等进度控制管理。

3. 现场文档管理

现场文档管理是对施工过程中进度管理所涉及的现场文档的具体管理，包括工作联系单、现场检查记录表、人员变更审批表、管线迁移审批表、工程建设监理履约评价表等文档。文档管理中根据需要，分为文档类型和具体文档的管理。在本模块里可以实现对这些类型和具体文档的新增、查看、修改、删除等操作。同样还有一些文档的上报审批等操作。

(1) 现场文档类型管理

现场文档类型管理主要是对树结构的类型信息的新增、修改、删除、查看等操作。首先选择对应树结构的文档类型，系统可以统计出对应类型下面的文档类型(或文档)信息，包括名称、文档数量统计等信息。

现场文档类型的新增操作，可以在树结构中添加上层类型的子类型。通过选择是什么类型，确定新增操作的指向，然后录入类型名称、相关备注等信息。

现场文档类型的明细、修改操作，可以查看已录入的类型信息，包括类型名称，相关备注等信息。

(2) 现场文档管理

现场具体文档管理包括工作联系单、现场检查记录表、人员变更审批表、管线迁移审批表、工程建设监理履约评价表等文档的管理，每种文档的管理各不相同。

1）工作联系单

工作联系单的新增信息：添加一个具体文档的信息包括文档名称、文档编号、联系单编号、项目名称、主题、主送单位、抄送单位、内容、经办、审核、签发/日期、接收单位、签收/日期等信息。选择发送，则将本联系单发送给应发送人。

工作联系单的明细：查看具体文档的信息，包括文档名称、文档编号、联系单编号、项目名称、主题、主送单位、抄送单位、内容、经办、审核、签发/日期、接收单位、签收/日期等信息。

工作联系单的修改：只有在未发送文档的操作栏中，才可进行文档的修改。可修改已录入并且未发送的具体文档信息。

可通过设置具体的筛选条件，如：文档名称、文档编号、签发日期等信息，系统筛选出符合要求的具体文档以列表形式显示，包括文档名称、文档编号、签发日期等信息。

2）现场检查记录表

现场检查记录表用于公司质量安全部和建设事业总部对土建及设备安装施工单位、监理单位的安全检查。

现场检查记录表的新增：添加一个具体文档的信息，包括文档名称、文档编号、工程名称、检查时间、施工单位、监理单位、检查部门和人员、备注等信息。

现场检查记录表的明细、修改：查看修改已录入文档的信息，包括文档名称、文档编号、工程名称、检查时间、施工单位、监理单位、检查部门和人员、备注等信息。

该表内容确定不再修改时即可进行上报审批，选择以后进入审批状态，不能再进行修改。不同审批人进入填写不同的审批信息，审批人只有权力填写属于他的部分信息。选择基本信息选项卡，可以查看具体的审批内容。批准审批，审批内容添加到审批状况里面，重新审批则返回上一部，激活修改按钮。同时可以查看已审批人对该表的审批情况，包括办理人单位、办理人、办理时间、检查记录及结论、整改措施、整改措施落实情况、复查意见等信息。

3）人员变更审批表

人员变更审批表的新增：添加一个具体文档的信息，包括文档名称、文档编号、项目名称、单位名称、变更人员的姓名、担任岗位、专业技术职称、上岗证、年龄和拟入人员的姓名、担任岗位、专业技术职称、上岗证、年龄以及变更原因、拟入人员工作经历、备注等信息。

人员变更审批表的明细：查看已录入文档的信息，包括文档名称、文档编号、项目名称、单位名称、变更人员的姓名、担任岗位、专业技术职称、上岗证、年龄和拟入人员的姓名、担任岗位、专业技术职称、上岗证、年龄以及变更原因、拟入人员工作经历、备注等信息。该表内容确定不再修改时即可进行上报审批，选择以后进入审批状态，不能再进行修改。不同审批人进入填写不同的审批信息，选择基本信息选项卡，可以查看具体的审批内容。批准审批，审批内容添加到审批状况里面，重新审批则返回上一部，激活修改按钮。同时可以查看已审批人对该表的审批情况，包括办理人单位、办理人、办理时间、办理意见等信息。

4）管线迁移审批表

管线迁移审批表的新增信息：添加一个具体文档的信息，包括文档名称、文档编号、项目名称、单位名称、变更次数、变更原因等信息。该表内容确定不再修改时即可进行上报审批，选择以后进入审批状态，不能再进行修改。不同审批人进入填写不同的审批信息，选择基本信息选项卡，可以查看具体的审批内容。批准审批，审批内容添加到审批状况里面，重新审批则返回上一部，激活修改按钮。同时可以查看已审批人对该表的审批情况，包括办理人单位、办理人、办理时间、办理意见等信息。

5）工程建设监理履约评价表

工程建设监理履约评价表的新增信息：添加一个具体文档的信息，包括文档名称、文档编号、监理单位名称、法人代表、单位地址、邮政编码、营业执照、资质等级、工程项目名称、具体的评价内容及意见、综合评价、评价人员姓名等信息。

6）其他

对于其他类型的文档信息显示也相同，包括文档名称、文档编号、日期、备注等信息。可以以附件形式上传，并且添加相关附件信息如：附件名称、说明、上传日期、上传人等。

4. 文档综合查询

在该模块里可以实现对已录入相关文档的检索查询，如工作联系单、现场检查记录、工程建设总监项目经理变更审批表、管线迁移审批文档、工程建设监理履约评价表等文档资料。

使用平台的用户可以通过填写查询条件，如线路、文档类型、文档名称、文档编号等信息，便可查得符合条件的文档列表。文档列表中包括文档的文档名称、文档编号、备注等信息。同时可以对这些已查到文档进行修改、删除、查看明细的操作。对于检索出来的文档列表，用户可以进行下载操作。

5.2.3 投资管理子系统

投资计划管理模块是投资主管部门对投资计划及其完成情况进行编制、审核的功能模块。

投资计划管理模块可以分为计划项管理、投资计划编制、投资计划审查以及投资计划汇总四个功能模块。

投资管理信息的流程如图 5-15 所示，图中虚线表示具体需要做的工作。

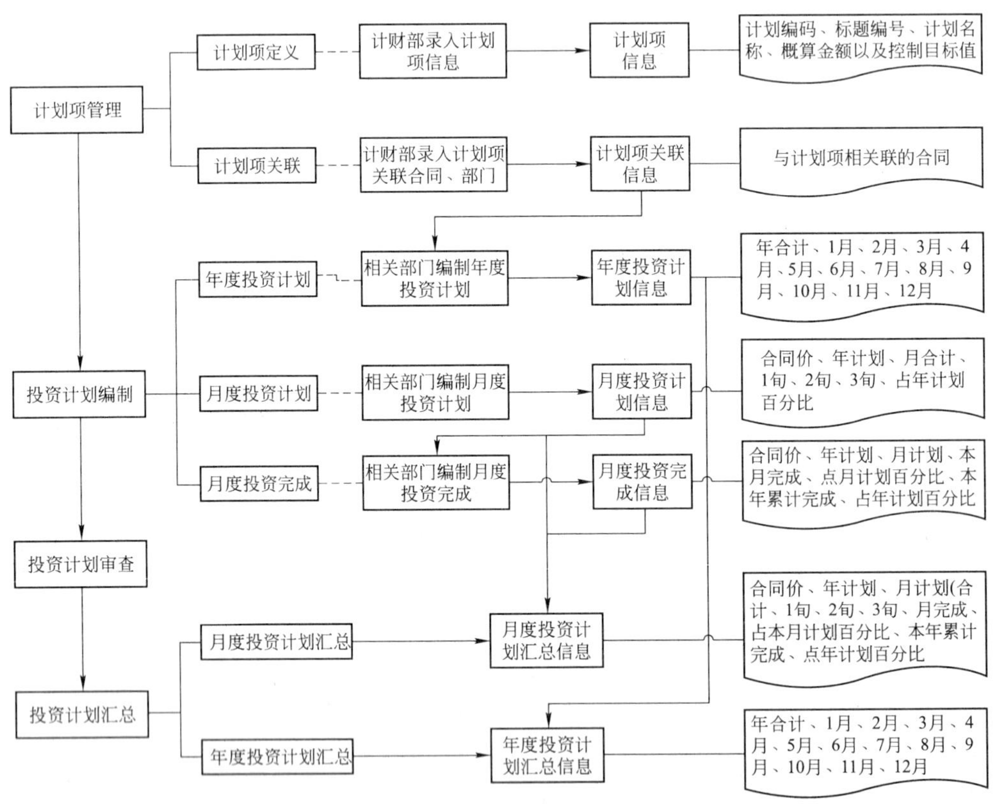

图 5-15 投资管理信息流程图

投资管理系统一般具有如下功能：

1. 计划项管理

计划项管理是投资主管部门对计划项进行定义，使之与相关部门、合同进行关联的管理模块。

计划项管理功能模块中，投资主管部门可以进行计划项的定义、计划项与部门的关联、计划项与合同的关联。

（1）计划项的定义：计划项的定义是投资主管部门进行计划项的添加、编辑与删除等操作，从而实现对计划项的管理。分为添加同级计划项和下级计划项两种类型计划项的信息。

添加同级计划项的情况下，用户可以添加与该计划项同级的计划项。需要录入的信息包括：计划编码、标题编号、计划名称、概算金额以及控制目标值。添加的计划项将在计划项列表中显示。

添加下级计划项的情况下，用户可以添加该计划项下的计划项。需要录入的信息包括：计划编码、标题编号、计划名称、概算金额以及控制目标值。添加的计划项将在计划项列表中显示。

（2）计划项的关联：计划项的关联是投资主管部门对计划项与相关的部门、合同进行关联的操作。譬如，设计费用与总工办的设计合同关联，通过将计划项与部门相关联，使该部门拥有编制该计划项投资计划以及完成情况；通过将计划项与合同关联，使该计划项的投资完成情况与合同支付相联系。

用户可以通过树结构，选择要进行部门关联的计划项，在部门列表中，勾选出与该计划项相关联的部门。

用户可以通过树结构，选择要进行合同关联的计划项，通过增加合同实现。

2. 投资计划编制

投资计划编制是投资主管部门以及计划项关联部门对年度投资计划、月度投资计划的编制以及投资计划的完成情况的编制的管理模块。

投资计划编制功能模块中，投资主管部门以及计划项关联部门可以进行与该部门相关联的计划项的年度投资计划、月度投资计划的编制，月度投资计划的完成情况的编制。

年度投资计划的编制：编制部门选择要编制投资计划的年度，以及自己所属的部门，在出现的年度投资计划列表中选择年度投资计划列表中要编制的计划项，填写该计划项的各个月份的投资金额。编制好的计划项的投资计划金额在年度投资计划列表中显示。年度投资计划列表中显示的信息为各个计划项的年合计、各月和年形象进度等信息。

月度投资计划的编制：编制部门选择要编制投资计划的年度，自己所属的部门，在出现的投资计划列表中选择要编制的月份。月度投资计划列表中要编制的计划项，填写该计划项在该月各个旬的投资金额。编制好的计划项的投资计划金额在月度投资计划列表中显示。月度投资计划列表中显示的信息为各个计划项的合同价、年计划、月合计，1旬、2旬、3旬占年计划百分比等信息。

月度投资计划完成情况的编制：计划项的相关联部门编制月度投资完成。编制部门选择要编制投资完成的年度，自己所属的部门，在出现的投资计划完成列表中选择要编制的月份。月度投资计划完成列表中要编制的计划项，填写该计划项在该月完成的投资金额。编制好的计划项的投资完成金额在月度投资计划完成列表中显示。月度投资计划完成情况列表中显示的信息为各个计划项的合同价、年计划、月计划、本月完成、占月计划百分比、本年累计完成、占年计划百分比等信息。

3. 投资计划审查

投资主管部门可以审查各相关部门提交的月度投资计划以及投资完成情况。

月度投资计划的审查：选择要审查的投资计划的年度，在投资计划列表中选择要审查的月度投资计划。选择树结构，选择要审查的部门，投资主管部门就可以查看该部门提交的月度投资计划各个旬的投资计划金额。同时还可以进行编辑。月度投资计划列表中显示的信息为各个计划项的合同价、年计划、月计划、占年计划百分比等。

与月度投资计划的审查一样，投资主管部门就可以查看该部门提交的月度投资完成金额。月度投资计划完成情况列表中显示的信息为各个计划项的合同价、年计划、月计划、本月完成、占月计划百分比、本年累计完成等信息。

4. 投资计划汇总

投资计划汇总是将各个部门提交的计划项进行汇总，形成一条线路完成的月度或年度投资计划列表。

月度投资计划汇总列表中显示的信息为该线路所有的计划项的合同价、年计划、月计划(合计、1旬、2旬、3旬)、月完成、占本月计划百分比、本年累计完成、占年计划百分比等信息。

年度投资计划汇总列表中显示的信息为该线路所有的计划项的合计、1月、2月、3月、4月、5月、6月、7月、8月、9月、10月、11月、12月等信息。

同时，用户可以将这些列表导出到Excel表格中。

5.2.4 质量管理子系统

质量控制子系统是辅助质量管理员制定项目质量标准和要求，通过项目实际质量与质量标准、要求的对比，及时获得质量信息，以控制工程项目质量的功能模块。

质量管理信息的流程如图5-16所示，图中虚线表示需要具体做的工作。

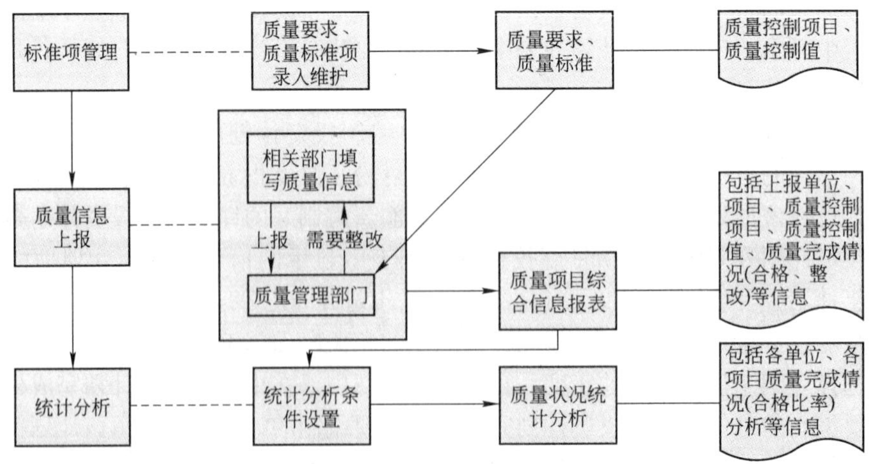

图5-16 质量管理信息流程图

质量管理系统一般包括单元工程分解与定义、施工工序检测、材料与试件检测、工程质量问题管理、工程验收与评定、信息查询与主要报表六个功能模块。

1. 单元工程分解与定义

单元工程分解与定义是质量管理系统应用的关键环节，也是实行施工规范化管理的重要步骤。单元工程分解首先以合同为单位将工程分解为单位工程、分部工程、分项工程、单元工程，分解后的子工程用16位编码进行综合管理。在施工工序检测、施工材料检测、试件检测、质量问题、工程验收与评定模块中将使用单元工程分解编码，用以确定各模块的实施与管理对象。工程编码采用16位数，每位可以取阿拉伯数字或英文字母。编码结构为：aaaabbbbccccdddd，aaaa表示单位工程，bbbb表示分部工程，cccc表示分项工程，dddd表示单元工程。例如，泄洪坝段合同划分为3个单位工程，即左导墙坝段及左导墙单位工程(单位工程编码2)、泄洪1～23号坝段单位工程(单位工程编码3)、纵向围堰坝段单位工程(单位工程编码4)；泄洪1～23号坝段中每一坝段混凝土工程为一分部工程；每一仓混凝土一般为一单元工程。

2. 施工工序检测

以单元工程为单位进行施工工序检测。单元工程确定施工类型，施工类型将被划分为各个不同的施工工序，而工序将被划分为一系列检测指标。以检测指标作为工序检测的最小单位。施工工序检测包括下列主要信息。

(1) 工序编号、工序名称、工序开始时间、工序结束时间。

(2) 施工单位初检、复检、终检的检验人及检验时间，监理签证人及签证时间，施工单位自评意见，监理签证意见，工序质量评定等级等。

(3) 每一工序中每项检测指标的检验标准、检测点数、合格点数、最大值、最小值、平均值以及检验结论等。

3. 材料与试件检测

材料与试件检测包括两个部分：工程材料检测与施工现场的试件检测。由于材料检测与试件检测具有相同的特征，所以将两个不同的检测综合在一个模块中。首先将材料与试件的品种、规格、型号进行编码，按照材料与试件的品种确定检测的指标项目，再以型号作为最小单位按照合同规定确定其标准检测值或要求，以这些标准作为材料和试件的检测标准。检测过程以材料与试件的型号为基本的检测单位，即一次检测针对某一种型号，再依型号按照标准分解为检测指标(材料与试件检测细项)进行检测结果登记。材料与试件检测构成工程验收与评定的重要依据之一。因此，在材料与试件检测模块中还包含将材料与试件检测与工程部位相连结的功能。

4. 工程质量问题管理

工程质量问题管理主要是用来对工程质量问题的报告、问题初步处理措施的审查以及工程质量问题的处理等整个过程进行跟踪管理。工程质量问题的联结对象可以是合同项目、单位工程、分部工程、分项工程或单元工程，也就是说工程质量问题涉及的范围可大可小，可以大到合同项目，小到单元工程。实施工程质量问题管理的基本过程如下：

（1）工程质量问题的初步报告。包括质量问题编号、质量问题名称、问题状态（初步报告、已审查、已处理）、合同编号、施工单位、设计单位、监理单位、质量问题发生的时间、质量问题发现的时间、发生的地点、初步判定问题类型、问题情况简述、初步原因分析、应急措施、报告单位、报告时间等信息。

（2）工程质量问题的审查。包括签收单位、签收人、签收日期，监理单位审查意见、总监理工程师签字、签字日期，业主工程项目部审查意见，项目部主任签字、签字日期，业主工程技术部主任签字、签字日期等信息。

（3）工程质量问题的处理。包括质量问题的原因分析，例如是否属于违反程序、勘察问题、设计问题、施工问题、设备问题、材料问题或其他问题，质量问题造成的工期损失和经济损失，主要责任单位和责任人，最后确定的问题类型，问题处理的日期，问题处理方案、处理结果及对工程的影响，有关这次质量问题的文档编号及名称等信息。

5. 工程验收与评定

工程验收与评定对单元工程评定、分项工程评定、分部工程评定、单位工程验收、合同工程验收、工程阶段验收以及重大工程验收 7 个方面进行跟踪与管理。

（1）工程验收与评定基本原则。工程验收按国家有关规定进行。施工质量检查签证与工程验收，首先经施工单位自检合格，并提出验收申请。监理单位对于施工单位的验收申请进行检查签证和质量评定。设计单位参加监理单位和业主单位组织的工程验收并签署意见。在合同工程项目验收、国家组织的工程阶段验收时，业主单位、监理单位、设计单位、施工单位、运行单位可以对工程质量进行评价，并对存在的问题及处理结果提供检查、签证意见。

（2）工程验收与评定模块包含的主要信息。工程质量验收与评定的自检和申请信息。包括工程质量验收与评定编号，验收类型，验收组织单位，合同编号，工程分解编码，设计单位、监理单位、施工单位名称，施工单位初检、复检、终检的检验人及检验日期，施工单位自评意见及自评等级，验收申请编号、申请内容（验收名称）及申请时间等。工程质量验收与评定的意见信息。包括验收时间、施工单位意见、监理单位意见、设计单位意见、运行单位意见、业主单位意见、验收组织单位意见等。工程质量验收与评定的结论信息包括存在问题及处理意见、验收结论、验收认证等级、施工单位代表签字、监理单位代表签字、设计单位代表签字、运行单位代表签字、业主单位代表签字、验收组织单位代表签字、与本次验收有关的文档名称及编号等。

6. 信息查询与主要报表

（1）可以查询单元分解与编码情况、单元评定情况、工序检测质量标准、质量问题等。

（2）工程质量评定统计月报表。可以按单位工程、分部工程、分项工程统计当月、当年及合同项目开工以来验收单元工程个数、合格单元数、一检合格单元数、一检合格率、优良单元数、优良率等。

（3）质量问题汇总表。可以分时段、分合同汇总输出工程主要质量问题，包括发生部位、发现时间、问题简述、处理措施等信息。还可以分别统计各类型质量问题的数量。

5.2.5 安全管理子系统

安全控制子系统是辅助安全管理员制定安全预案，并及时获取工程项目安全报表、安全检查等信息，以预防工程项目安全、及时整改安全隐患和处理安全事故的功能模块。主要是以及时上报安全报表、安全事故、下发安全隐患整改为主。

安全管理信息的流程如图 5-17 所示。

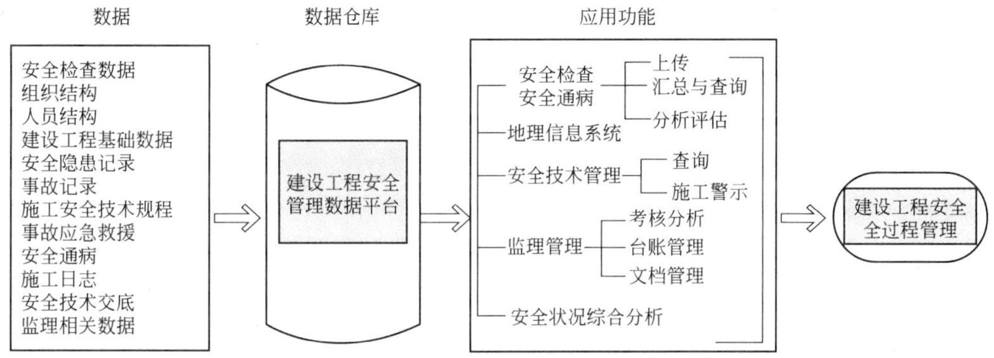

图 5-17 安全管理信息流程图

安全管理系统主要是建立工程项目安全管理基础数据平台；实现工程项目信息、地理信息和施工安全管理基础信息的共享和发布；构建了工程安全事故和隐患的管理台账；通过分析工程安全管理数据实现了自控率对比分析、安全通病管理、安全评分管理、监理管理等功能，从而实现施工安全“检查—上报—整改—复查—核查—考核”的大闭环管理。

安全管理系统主要由基于 GIS 的安全管理综合信息平台、施工安全检查、安全状况综合分析与评价、伤亡事故及隐患管理、监理管理五个模块组成。

1. 基于 GIS 的安全管理综合信息平台

模块应整合包括：项目基础图、数字栅格影像图、沿线地形图、卫星遥感影像、地质情况分布专题图、单位工程分布专题图、施工图纸等相关数据等。

基于 GIS 的安全管理综合信息平台可以清楚地看到工程的相关地理信息，并且通过电子地图的地图浏览工具栏实现对工程信息、安全信息、交通等信息的查询。此外，还可以通过地图定位功能输入里程、地址等对相关信息进行定位、查看。

2. 施工安全检查

安全检查子系统是整个安全管理信息系统的核心，一方面要通过安全检查来采集系统所需要的基础数据，比如施工单位的扣分数据、通病数据、隐患信息等数据，另一方面是施工现场安全问题的“检查—上报—整改—复查—核查—考核”的闭环管理的具体实现。系统的主要功能包括安全检查结果录入，安全问题整改，安全问题复查、核查，安全隐患查询，以及安全隐患库的形成。

3. 安全状况综合分析与评价

安全状况分析模块基于安全管理的基础数据，一方面通过对安全隐患的汇总、评分对比、标段安全自控率，可以量化地分析整个铁路建设施工过程中的安全状况，另一方面，针对不同的标段、不同的专业，形成了通病数据库，转化成安全管理的知识，从而可以使安全管理的决策者和执行者对施工现场的安全管理更加有效。

4. 伤亡事故及隐患管理

该模块通过构建工程事故和隐患的管理台账，对工程安全事故信息上报、查询、检索和汇总，实现安全事故的流程化管理，全过程地追踪安全事故，防止类似安全事故的出现，最终形成铁路工程项目的事故数据库和隐患数据库。

5. 监理管理

监理管理模块从安全管理的角度为监理单位提供了一个信息平台，监理单位对施工安全问题(录入、复查、统计、通报)、事故进行管理，建设指挥部根据与监理管理相关的基础数据对所管辖的监理单位进行评分对比，监理通过系统进行监理台账管理、文档管理等业务。

5.2.6 成本管理子系统

成本管理系统设计的目标是协助企业成本管理工作者确定项目各种成本、编制成本计划及根据进度计划动态调整成本计划。用成本统计核算和成本分析、成本控制等形成各类综合性的成本资料，为项目成本管理提供强有力的信息支持。

按照工程项目成本管理的程序和信息流程，把工程项目成本管理信息系统划分为基础数据管理子系统、成本计划子系统、成本核算子系统、成本控制与分析子系统、成本报表子系统五大模块。

1. 基础数据管理子系统

该子系统主要用于系统基础数据维护，从而为成本系统管理提供完整、准确可靠的基础数据。系统中基础数据主要包括施工企业的物料编码、材料价格、分项工程名称、部门信息、职工信息以及班组信息等。

2. 成本计划子系统

成本计划子系统可随网络进度计划的调整，相应调整成本计划，实现了施工项目成本的动态管理。系统可以生成不同的成本计划类别，如项目成本计划总表、降低项目成本计划表和间接费用计划表。

3. 成本核算子系统

成本核算是成本管理的主要环节，它在成本管理中起着重要作用。成本核算提供的信息不仅是费用开支的依据，而且是成本分析、经济效益评价的依据。成本核算模块主要有以下四个功能：

(1) 材料费用计算。系统能够按照各单位工程当月所领用的领料单计算消耗的材料费，系统计算输入系统的单位工程的所有领料单，统计出单位工程的材料消耗费用。

(2) 人工费用计算。根据输入的任务单和考勤表，系统将工日数按不同的用工项目进行分类汇总，最后按平均工资乘以工时数计算出各单位的人工费。

(3) 管理费和其他费用计算、分配功能。系统首先将各单位工程的生产值输入系统，然后输入现场管理经费和其他直接费，按照单位工程预算成本的直接费进行分配，最后输出费用分配表。

(4) 工程成本核算功能。系统调用材料耗用表中的材料费、用工分析表中的人工费、费用分配表中的其他直接费和现场经费，以及预算成本分析表中的各项预算成本等有关该工程的各项费用，进行统计，传递到建筑工程成本明细账中。

4. 成本控制与分析子系统

成本控制与分析子系统的功能包括成本差异分析及成本预测分析。

(1) 成本差异分析。通过对实际成本与目标成本的对比分析，找出实际成本与目标成本间发生偏差的原因和达到目标成本的途径。进行成本控制的偏差有三种：一是实际偏差，即项目的预算成本与实际成本之间的差异；二是计划偏差，即项目的目标成本与预算成本之间的差异；三是目标偏差，即项目的目标成本与实际成本之间的差异。成本差异分析是成本控制的主要手段，该子系统建立起了一个快速的成本反馈系统，及时分析差异，采取措施，为把项目成本控制在目标成本范围内创造了条件。

(2) 成本预测分析。根据已完项目积累的成本资料，对在建项目的成本发展趋势进行预测。该子系统中包括线性回归分析预测、移动平均预测、指数平滑预测、灰色系统预测等模型，供用户选择使用。

5. 成本报表子系统

系统完成各种分析计算后，还需要考虑如何输出计算结果，其中有效方式之一便是生成各种分析报表，且系统能提供人机交互式报表的修改功能、查询功能以及打印功能，主要包括成本分析报表、材料消耗表、费用分配表等[16]。

成本管理信息的流程如图 5-18 所示。

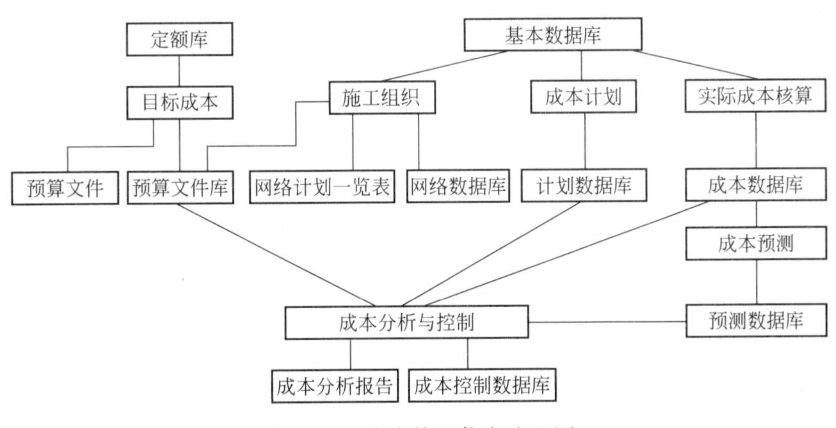

图 5-18 成本管理信息流程图

5.2.7 材料管理子系统

材料管理系统是对工程施工过程中相关的材料信息、供应商信息、材料计划的编制审批，甲供和甲控材料的管理，材料价格及使用情况的管理。

材料管理信息的流程如图 5-19 所示，图中虚线表示需要具体做的工作。

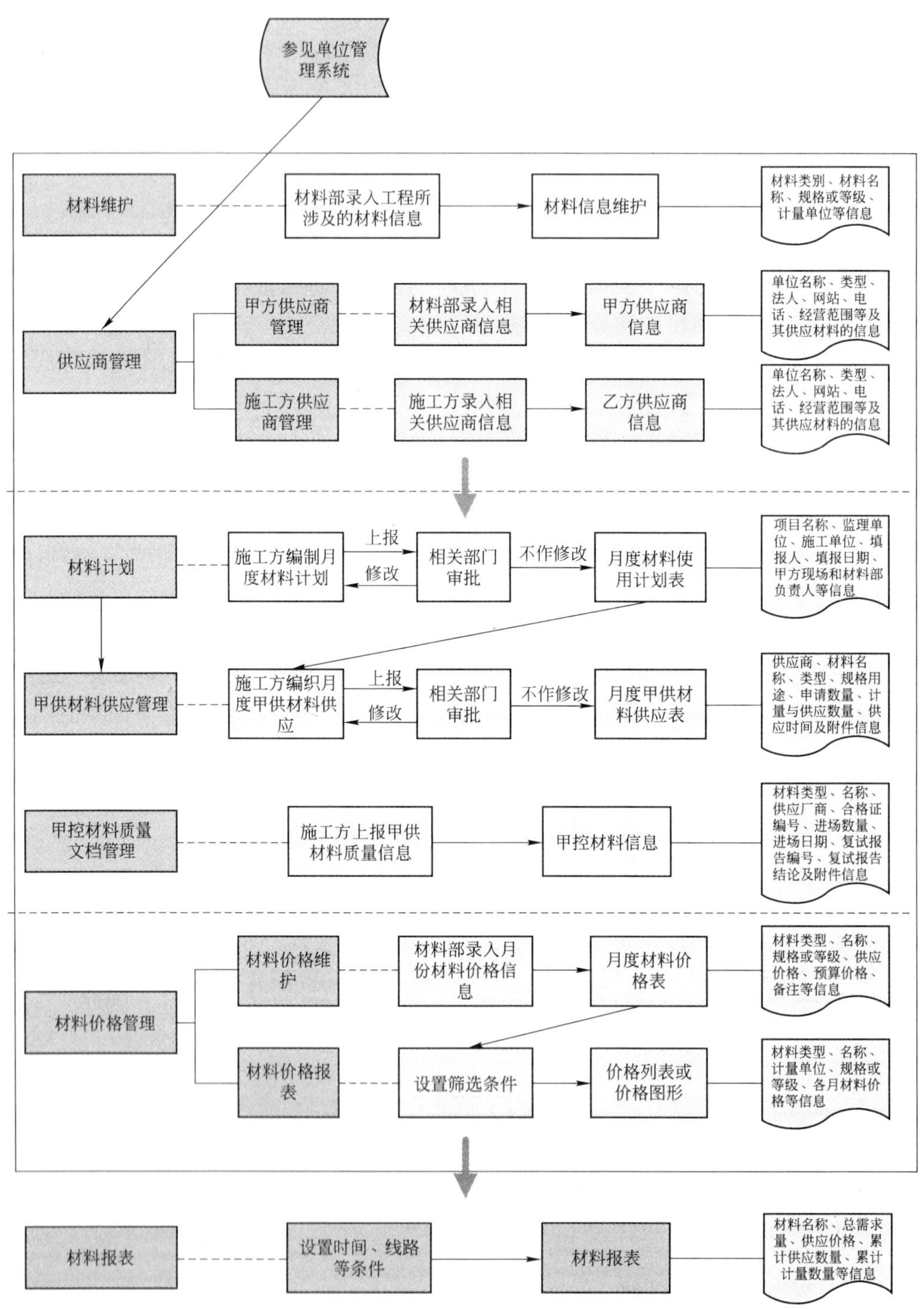

图 5-19　材料管理信息流程图

材料管理系统共分为材料维护、供应商管理、材料计划、甲供材料供应管理、甲控材料质量文档管理、材料价格管理和材料报表七个模块。其中材料维护模块可以实现工程施工过程中的所有材料信息的新增、查看明细、修改、删除和查询等管理；供应商管理可实现对施工过程中的所有供应商信息(包括甲方和施工方)的新增、查看明细、修改、删除和查询等管理；材料计划模块实现每月材料计划的编制、查看、上报、审批、查询等功能；甲供材料供应管理模块是对甲供材料的计划编制、修改、查看、审批等进行管理；甲控材料质量文档管理实现对甲控材料信息的编制、查看等管理功能；材料价格管理可实现对每月材料价格的编制、查询以及根据月度价格生成材料价格报表等功能；材料报表模块可以生成某月份某线路的材料供应、使用、价格等情况的报表。

1. 材料维护

材料维护是材料部对工程施工过程中的材料进行材料信息的新增、查看明细、修改和删除，以实现对材料信息的管理。

用户可以录入施工过程中所涉及的所有材料信息，包括材料类别、材料名称、规格或等级、计量单位和备注等信息。

2. 供应商管理

供应商管理是对工程施工过程中所涉及的材料供应商的所有信息的管理。根据实际情况，分为甲方和乙方两个部分的管理模块。

(1) 甲方的供应商管理

甲方的供应商管理是材料部门对工程施工过程中甲方涉及的材料供应商的信息的新增、查看明细、修改和删除等管理。

该模块里的供应商信息是和参建单位的供应商信息联系在一起，因此可以通过筛选条件供应商类型的设置筛选出符合条件的供应商信息。如果供应商信息不在此列表中，可以通过新增操作，新增具体的供应商信息，包括单位名称、类型、法人、网站、电话、传真、邮箱、经营范围、备注等，同时可以对供应材料的材料类型、材料名称、规格或等级等信息进行选择。

用户查看已录入供应商的具体信息包括单位名称、类型、法人、网站、电话、传真、邮箱、经营范围、备注及供应材料等。

查询供应商的信息可以通过设置供应商类型的查询条件，查询到符合该条件的供应商列表和供应材料列表。供应商列表一般包括供应厂家名称、单位类型、法人、地址、电话等信息，供应材料列表包括：材料类型、材料名称、规格或等级、计量单位、备注。

(2) 施工方的供应商管理

乙方的供应商管理是工程施工的施工单位所涉及的供应商信息的新增、查看明细和删除等管理。

施工单位可以新增与自己有关的材料供应商信息，这些供应商信息是建立在甲方供应商列表之上的，可以在此基础上进行选择获得，包括供应商的类型、名称、法人、电话、地址、单位名称等基本信息。

3. 材料计划

材料计划是施工过程中各施工单位月度材料计划的编制，及其上报审批的管理。

材料计划的编制操作中包括项目名称、监理单位、施工单位、年度、月份、填报人、填报日期、甲方现场负责人、材料部负责人以及备注等相关信息。

具体录入的材料计划信息包括材料类型、材料名称、型号规格、单位、用途、材料供应单位、申请数量、现有库存、材料堆放地点以及备注等信息。

施工方编辑计划结束后，审批部门开始审批。材料计划只有上报后，审批部门才能进行审批。上报后的材料计划不能进行修改。

材料计划上报后，审批部门对其进行审批，审批需要录入办理人、办理人部门、办理时间、操作名称、步骤名称、办理意见等信息。如果选择批准审批，则本条审批具体信息添加在审批情况内。材料计划的审批情况操作可以查询当前材料计划的具体审批信息，包括办理人、办理人部门、办理时间、操作名称、步骤名称。

4. 甲供材料供应管理

甲供材料供应管理是工程施工过程中各施工单位的甲供材料的月度供应的编制、上报审批的管理。

甲供材料月度供应编制操作包括项目名称、施工单位、监理单位、用途、甲方现场负责人、材料部负责人、年度、月份、填报人、填报日期以及备注等信息。

用户可以添加相关的甲供材料信息，例如供应商、材料名称、材料类型、单位、型号规格、计量数量、供应数量、供应时间以及备注等。同时，可以进行相关附件的上传，包括附件名称、附件说明、上传日期、上传人等。

甲供材料月度供应表编制完成后，应进行上报。甲供材料月度表供应只有上报后，审批部门才能进行审批。上报后的甲供材料月度供应表不能进行修改。

甲供材料月度供应表上报后，审批部门对其进行审批。审批后，需要录入的信息包括办理人、办理人部门、办理时间、操作名称、步骤名称、办理意见，并确定是批准审批还是驳回申请。

甲供材料月度供应审批情况操作，可以在甲供材料月度供应表审批后查看审批情况。查看的信息包括办理人、办理人部门、办理时间、操作名称、步骤名称。

5. 甲控材料质量文档管理

甲控材料质量文档管理是通过工程施工单位对甲控材料信息的编制、检测结果的上报，材料部对文档的查看，来实现对甲控材料的管理。

用户可以增加的甲控材料信息包括材料类型、材料名称、规格等级、计量单位、供应厂商、合格证编号、进场数量、进场日期、复试报告编号、复试报告结论、检测单位、使用数量、填表人、填表日期、主要使用部门以及备注。同时，可以进行附件的上传。需要录入的附件信息包括附件名称、附件说明、上传日期、上传人。

查询操作是各方对材料计划进行查询，查询字段为项目名称、材料类型，查询结果以列表形式显示，列表信息包括供应单位、项目名称、填报日期、填报人以及材料类型。

6. 材料价格管理

材料价格管理是材料部对工程施工过程中的材料的价格进行管理。材料价格管理包括材料价格维护与材料价格报表两个子功能模块。

(1) 材料价格维护

材料价格维护是材料部对工程施工过程中的材料价格进行管理。材料部通过对月度材料价格进行编制、新增、查看、修改以及删除，来实现对材料价格的维护。

月度材料价格的编制操作是材料部可以按月份编制材料价格，对材料价格进行增加、修改、查看以及删除。

材料部可以添加月份材料价格列表中材料的价格信息。包括材料类型、材料名称、规格或等级、计量单位、供应价格、预算价格、填报人、填报日期以及备注等价格信息。

各方可以对材料价格进行查询，查询字段为年度，查询结果以列表形式显示，从而进一步查看相关的信息。

(2) 材料价格报表

材料部可以根据前期录入的月度材料价格生成材料价格报表，显示一定时间段内的材料价格走向。

用户在选择需要查询的年度与材料类型后系统可以生成该年该种材料的价格报表。生成图形操作，用户对于生成的材料价格报表，可以生成图形，如柱状图或曲线图等。

7. 材料报表

材料报表是材料部根据需要，生成某一月份材料使用情况的报表。

材料部根据需要，选择需要生成材料报表的时间、线路来进行筛选，形成相关材料的使用情况报表。该报表显示了相关材料的材料名称、规格、总需求量、供应价格、累计供应数量、累计计量数量、累计剩余数量、累计计量金额、本月计划数量、本月供应数量、本月剩余数量、本月计量金额等信息。此外，用户还可以进行报表的下载。

5.2.8 设备管理子系统

设备管理子系统是公司设备相关部门，供电部、信号部和通号部，对设备相关的文档，如会议纪要、设计联络单、设备建造报表、出厂验收文档等进行综合管理、查询以及设备土建接口管理的系统。

设备管理信息的流程如图5-20所示。

设备管理子系统一般应包括设备文档管理、设备文档综合查询以及设备土建接口管理三个功能模块。

1. 设备文档管理

设备文档管理是设备相关部门，对设备文档，如会议纪要、设计联络单、设备建造报表、出厂验收文档等进行综合管理的模块。

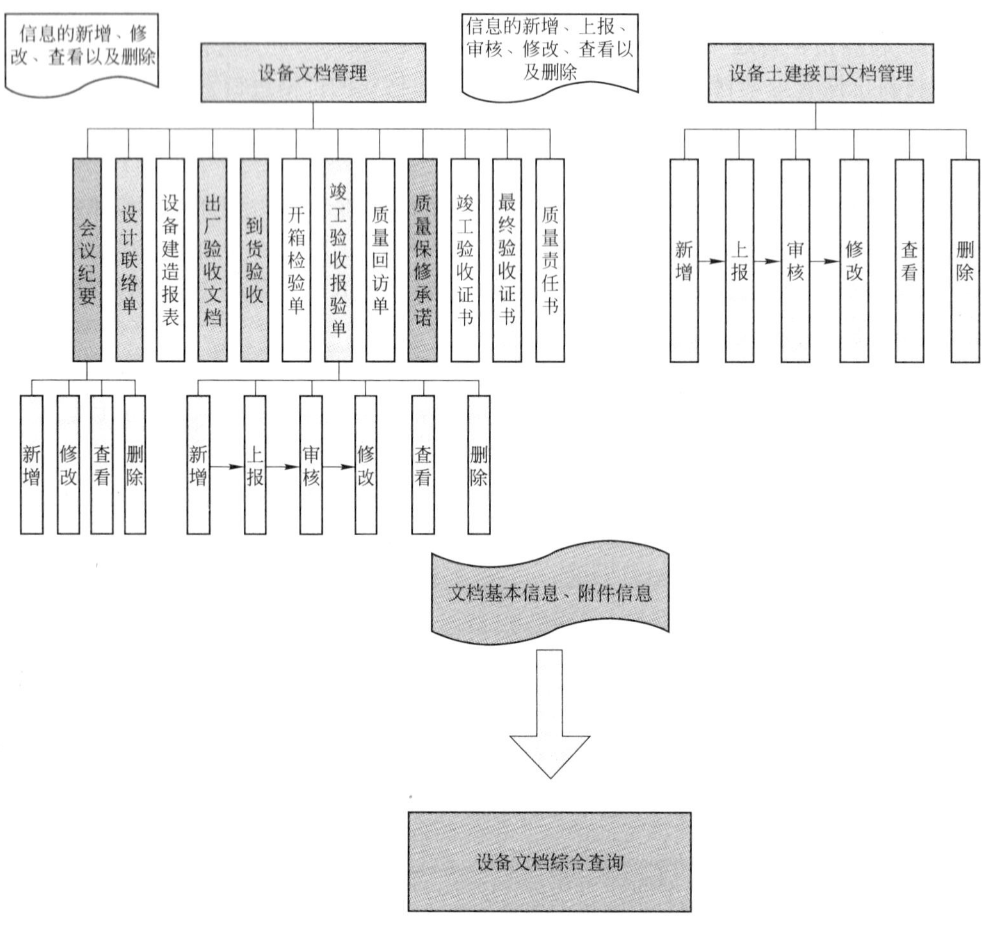

图 5-20　设备管理信息流程图

设备文档管理是设备相关部门，对设备相关的文档，如会议纪要、设计联络单、设备建造报表、出厂验收文档等进行新增、修改、查看以及删除。同时，各方可以对设备文档进行查询。

按设备文档的类别，将设备文档管理分为会议纪要、设计联络单、设备建造报表、出厂验收文档、到货验收、开箱检验单、竣工验收报验单、质量回访单、质量保修承诺、竣工验收(初步)证书、最终验收证书、质量责任书。下面按类别分别介绍各个类比的信息。需要说明的是，对于这些分类，用户还可根据自己的需要，进一步进行分类。举例说明，对于会议纪要，用户可以对其进行更详细的分类，如按照合同分为“Ⅰ标段文档”、“Ⅱ标段文档”等。

(1) 会议纪要

对会议纪要类设备文档进行新增、修改、查看及删除操作。

由设备相关部门执行会议纪要的增加包括：会议主题、文档名称、文档编号、会议主持、与会人员、文档编号、会议日期、抄送部门、备注。其中，会议主题、文档名称、文档编号、会议主持、与会人员、文档编号、会议日期、抄送部门为必填项。同时允许上传附件，上传附件需录入的信息包括附件名称、附件说明、上传日期、上传人。

(2) 设计联络单

可对设计联络单进行新增、修改、查看及删除操作。

由设备相关部门执行设计联络单的增加包括：文档名称、文档编号、主送部门、抄送部门、签发、审定、审核、经办人、发文时间、接收单位、接收人、接收时间、主要内容以及备注。其中，文档名称、文档编号、主送部门、抄送部门、签发、审定、审核、经办人、发文时间、接收单位、接收人、接收时间、主要内容为必填项。同时允许上传附件，上传附件需录入的信息包括附件名称、附件说明、上传日期、上传人。

(3) 设备建造报表

对设备建造报表进行新增、修改、查看及删除操作。

由设备相关部门执行设备建造报表的增加包括：文档名称、文档编号、发出部门、发出时间、接收部门、接收时间以及备注。其中，文档名称、文档编号、发出部门、发出时间、接收部门、接收时间为必填项。同时允许上传附件，上传附件需录入的信息包括附件名称、附件说明、上传日期、上传人。

(4) 出厂验收文档

对出厂验收文档进行新增、修改、查看及删除操作。

由设备相关部门执行出厂验收文档的增加包括：文档名称、文档编号、抄送部门、文档编写、合同编号、现场验收人员、验收日期以及备注。其中，文档名称、文档编号、抄送部门、文档编写、合同编号、现场验收人员、验收日期为必填项。同时允许上传附件，上传附件需录入的信息包括附件名称、附件说明、上传日期、上传人。

(5) 到货验收

对到货验收文档进行新增、修改、查看及删除操作。

由设备相关部门执行到货验收文档的增加包括：文档名称、文档编号、抄送部门、文档编写、合同编号、现场验收人员、验收日期以及备注。其中，文档名称、文档编号、抄送部门、文档编写、合同编号、现场验收人员、验收日期为必填项。同时允许上传附件，上传附件需录入的信息包括附件名称、附件说明、上传日期、上传人。

(6) 开箱检验单

对开箱检验单进行新增、上报、审核、修改、查看及删除操作。

由设备相关部门执行开箱检验单的增加包括：文档名称、文档编号、合同编号、开箱日期、其他说明。其中，文档名称、文档编号、合同编号、开箱日期、其他说明为必填项。同时允许上传附件，上传附件需录入的信息包括附件名称、附件说明、上传日期、上传人。

由设备相关部门执行开箱检验单的上报，将开箱检验单上报后，该文档就不能进行修改、删除操作。开箱检验单上报后，审核部门才能对开箱检验单进行审核。

审核部门只能对上报的开箱检验单进行审核。审核的内容包括基本信息(文档名称、文档编号、合同编号、开箱日期、其他说明),附件(附件名称、附件说明、上传人、上传日期),审核后,审核人需要录入的信息包括单位、姓名、日期以及备注,其中单位、姓名、日期以及备注为必填项目。

各方对审核信息进行查看,可以查看的内容包括审核信息(单位、姓名、日期以及备注),基本信息(文档名称、文档编号、合同编号、开箱日期、其他说明),附件(附件名称、附件说明、上传人、上传日期)。

(7) 竣工验收报验单

对竣工验收报验单进行新增、上报、审核、修改、查看及删除操作。

由设备相关部门执行竣工验收报验单的增加包括:文档名称、文档编号、合同编号、主要内容、备注。其中,文档名称、文档编号、合同编号、主要内容为必填项。同时允许上传附件,上传附件需录入的信息包括附件名称、附件说明、上传日期、上传人。

由设备相关部门执行竣工验收报验单的上报,将竣工验收报验单上报后,该文档就不能进行修改、删除操作。竣工验收报验单上报后,审核部门才能对竣工验收报验单进行审核。审核部门只能对上报的竣工验收报验单进行审核。审核的内容包括基本信息(文档名称、文档编号、合同编号、主要内容、备注),附件(附件名称、附件说明、上传人、上传日期),审核后,审核人需要录入的信息包括总监理、日期、办理意见,其中总监理、日期、办理意见为必填项目。各方对审核信息进行查看,可以查看的内容包括审核信息(总监理、日期、办理意见),基本信息(文档名称、文档编号、合同编号、主要内容、备注),附件(附件名称、附件说明、上传人、上传日期)。

(8) 质量回访单

对质量回访单进行新增、修改、查看及删除操作。

由设备相关部门执行质量回访单的增加包括:文档名称、文档编号、合同编号、回访日期、采访单位、受访单位、受访单位意见。其中,文档名称、文档编号、合同编号、回访日期、采访单位、受访单位、受访单位意见为必填项。同时允许上传附件,上传附件需录入的信息包括附件名称、附件说明、上传日期、上传人。

(9) 质量保修承诺

对质量保修承诺进行新增、修改、查看及删除操作。

由设备相关部门执行质量保修承诺的增加包括:文档名称、文档编号、合同编号、工程质量保修范围、质量保修承诺、项目负责人、日期以及备注。其中,文档名称、文档编号、合同编号、工程质量保修范围、质量保修承诺、项目负责人、日期为必填项。同时允许上传附件,上传附件需录入的信息包括附件名称、附件说明、上传日期、上传人。

(10) 竣工验收(初步)证书

对竣工验收(初步)证书进行新增、上报、审核、修改、查看及删除操作。

由设备相关部门执行竣工验收(初步)证书的增加包括：文档名称、文档编号、合同编号、设备型号数量、验收日期、备注、验收项目的验收主要内容、检查意见。其中，文档名称、文档编号、合同编号、设备型号数量、验收日期、验收项目的验收主要内容、检查意见为必填项。同时允许上传附件，上传附件需录入的信息包括附件名称、附件说明、上传日期、上传人。

由设备相关部门执行竣工验收(初步)证书的上报，将竣工验收(初步)证书上报后，该文档就不能进行修改、删除操作。竣工验收(初步)证书上报后，审核部门才能对竣工验收(初步)证书进行审核。审核部门只能对上报的竣工验收(初步)证书进行审核。审核的内容包括基本信息(文档名称、文档编号、合同编号、设备型号数量、验收日期以及备注、验收项目的验收主要内容、检查意见)，附件(附件名称、附件说明、上传人、上传日期)，审核后，审核人需要录入的信息包括项目负责人、日期、办理意见，其中项目负责人、日期、办理意见为必填项目。各方对审核信息进行查看，可以查看的内容包括审核情况(单位类型、项目负责人、日期、办理意见)，基本信息(文档名称、文档编号、合同编号、设备型号数量、验收日期、备注、验收项目的验收主要内容、检查意见)，附件(附件名称、附件说明、上传人、上传日期)。

(11) 最终验收证书

对最终竣工验收证书进行新增、上报、审核、修改、查看及删除操作。

由设备相关部门执行最终验收证书的增加包括：文档名称、文档编号、合同编号、竣工验收日期、质保期、最终竣工日期、备注、验收项目的验收主要内容、检查意见。其中，文档名称、文档编号、合同编号、竣工验收日期、质保期、最终竣工日期、验收项目的验收主要内容、检查意见为必填项。同时允许上传附件，上传附件需录入的信息包括附件名称、附件说明、上传日期、上传人。

由设备相关部门执行最终验收证书的上报，将最终验收证书上报后，该文档就不能进行修改、删除操作。最终验收证书上报后，审核部门才能对最终验收证书进行审核。审核部门只能对上报的最终验收证书进行审核。审核的内容包括基本信息(文档名称、文档编号、合同编号、竣工验收日期、质保期、最终竣工日期、备注、验收项目的验收主要内容、检查意见)，附件(附件名称、附件说明、上传人、上传日期)，审核后，审核人需要录入的信息包括项目负责人、日期、办理意见，其中项目负责人、日期、办理意见为必填项目。各方对审核信息进行查看，可以查看的内容包括审核情况(单位类型、项目负责人、日期、办理意见)，基本信息(文档名称、文档编号、合同编号、竣工验收日期、质保期、最终竣工日期、备注、验收项目的验收主要内容、检查意见)，附件(附件名称、附件说明、上传人、上传日期)。

(12) 质量责任书

对质量责任书进行新增、上报、审核、修改、查看及删除操作。

由设备相关部门执行质量责任书的增加包括：文档名称、文档编号、勘察单位、设计单位、监理单位、施工单位、工程名称以及备注。其中，文档名称、文档编号、勘察单位、设计单位、监理单位、施工单位、工程名称为必填项。同时允许上传附件，上传附件需录入的信息包括附件名称、附件说明、上传日期、上传人。

由设备相关部门执行质量责任书的上报，将质量责任书上报后，该文档就不能进行修改、删除操作。质量责任书上报后，审核部门才能对质量责任书进行审核。审核部门只能对上报的质量责任书进行审核。审核的内容包括基本信息(文档名称、文档编号、勘察单位、设计单位、监理单位、施工单位、工程名称以及备注)，附件(附件名称、附件说明、上传人、上传日期)，审核后，审核人需要录入的信息包括姓名、日期、办理意见，其中姓名、日期、办理意见为必填项目。各方对审核信息进行查看，可以查看的内容包括审核情况(单位类型、项目负责人、日期、办理意见)，基本信息(文档名称、文档编号、勘察单位、设计单位、监理单位、施工单位、工程名称以及备注)，附件(附件名称、附件说明、上传人、上传日期)。

2. 设备土建接口文档管理

设备土建接口文档管理是设备相关部门，对设备土建接口文档进行综合管理的模块。

设备土建接口文档管理是设备相关部门对设备土建接口文档，进行新增、上报、审核、修改、查看以及删除。同时，各方可以对设备文档进行查询。

由设备相关部门执行设备土建接口文档的增加，一般需要录入的信息包括：文档名称、文档编号、发起部门、审核部门、发文时间、收文时间、审核内容以及备注。其中，文档名称、文档编号、发起部门、审核部门、发文时间、收文时间、审核内容为必填项。同时允许上传附件，上传附件需录入的信息包括附件名称、附件说明、上传日期、上传人。

由设备相关部门执行设备土建接口文档的上报，将设备土建接口文档上报后，该文档就不能进行修改、删除操作。设备土建接口文档上报后，审核部门才能对设备土建接口文档进行审核。审核部门只能对上报的设备土建接口文档进行审核。审核的内容包括基本信息(文档名称、文档编号、发起部门、审核部门、发文时间、收文时间、审核内容以及备注)，附件(附件名称、附件说明、上传人、上传日期)，审核后，审核人需要录入的信息包括办理人、日期、是否需要修改、办理意见，其中办理人、日期、是否需要修改为必填项目。各方对审核信息进行查看，可以查看的内容包括审核情况(办理人办理意见、日期、是否需要修改)，基本信息(文档名称、文档编号、发起部门、审核部门、发文日期、收文日期、审核内容以及备注)，附件(附件名称、附件说明、上传人、上传日期)。

3. 设备文档综合查询

设备文档综合查询是设备相关部门，对设备文档进行综合查询的模块。

设备文档管理是设备相关部门，对设备文档，进行查看、修改、删除。同时，各方可以对设备文档进行查询以及文档清单的下载。对于查询产生的文档清单，用户可以将其下载到本地。

5.2.9 财务管理子系统

财务管理系统是对各种会计数据进行收集、处理、储存和分析，并为用户提供所需的各种会计核算信息和财务管理信息的计算机系统。该系统能完成企业的财务管理工作，提高财务管理水平和经济效益，促进企业的各项工作，提高企业经营管理质量。

财务管理信息的流程如图 5-21 所示。

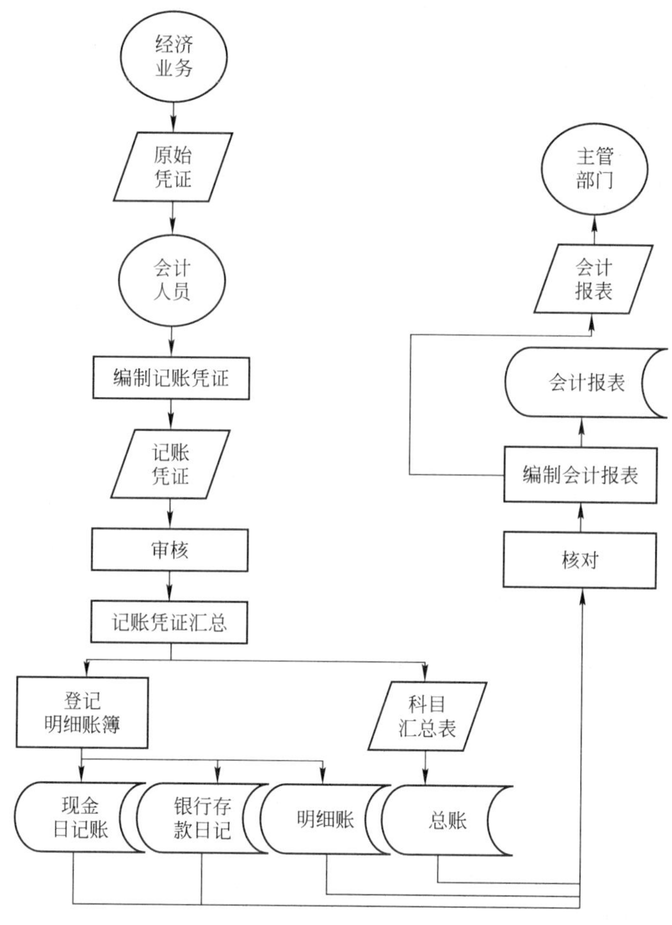

图 5-21 财务管理信息流程图

财务管理系统一般分为财务核算、期末数据处理、综合查询、年末财务决算、财务指标分析五个功能模块。

1. 财务核算子系统

(1) 设定工程项目编码

实现设定、输入工程项目编码，同时输入工程项目概况信息的功能。为方便用户进行工程项目编码，设计显示已有工程项目及其编码的列表视图。用户可以直观地了解到当前已用编号的位置，从而确定新增项目的顺序编号。用户录入顺序号后，系统进行即时强制校验，如果发现该顺序号已被占用，将发出错误提示信息，并拒绝接收数据。

工程项目的概况信息包括：计划总投资、本年投资计划、以前计划投资未到位数、建筑面积和开工日期，这些概况信息是工程项目在财务核算中的重要属性，涉及报表输出和年末财务决算等。

(2) 建立序时账

建立序时账，就是在开始录入记账凭证前在硬盘的系统指定目录下建立一个数据库空表，用于存贮当年1～12月份的所有记账凭证。记账凭证按业务发生时间顺序存储于该表中，可以说它是一个记录全部核算基础数据的表，是系统进行自动转账等一系列处理的数据源泉。

(3) 录入/修改记账凭证

凭证录入有两种方式，一种方式是先手工编制凭证，然后将其输入计算机。这种方式依赖手工操作，自动化程度较低，且难以保证手工凭证与计算机内凭证的一致性。另一种方式是直接上机制证，即在不编制手工凭证的情况下，直接上机编制凭证并在打印机上实时地输出凭证，这种方式能大大提高系统的效率，确保输出凭证与计算机内凭证的一致性。

2. 期末数据处理子系统

(1) 复核记账凭证

记账凭证的编制，实质上是将原始凭证上用一般语言描述的经济业务，改用会计的专用语言即复式记账语言进行再描述的过程。这种再描述的结果是否符合会计核算原理和相关规范制度的要求，还要经过严格的审核。只有经过审核无误的记账凭证才能登记有关账簿。系统的复核记账凭证功能就是对机内凭证进行再次的审核。

记账凭证的审核，由于采用的凭证编制方式不同，其工作内容也不同。在“先手工制证，再输入计算机”的制证方式下，凭证审核需要经过两个步骤：第一步是对手工凭证本身的审核，审核的内容主要是检查记账凭证所附原始凭证是否规范完整；记账凭证与所附原始凭证所反映的经济业务内容是否一致；记账凭证中借、贷方会计科目的使用及其金额是否正确；记账凭证中有关项目填列是否齐全。手工记账凭证经审核无误后输入计算机。第二步是对输入计算机内凭证进行审核，主要检查机内凭证与手工凭证是否严格一致。在“直接上机制证”方式下，凭证输入过程就是记账凭证的编制过程，每张凭证输入结束后立即打印输出，因此，不存在计算机内凭证与手工凭证不一致的问题，而且凭证中有关项目填列的完整性和借贷平衡关系的审核已由计算机程序自动完成。这样，凭证审核的内容应以打印输出的凭证为主，审核的主要内容是检查打印出的凭证与所附原始凭证反映的经济业务内容是否一致；借、贷方会计科目的使用及其金额是否正确。

凭证复核员发现错误，告知凭证输入员进行修改，而不是自己去修改，目的是为了分清责任，形成分工明确、符合会计内控制度中相互牵制的工作机制。凭证复核员只有凭证复核权，而无凭证输入和修改权；凭证输入员只有制证和修改权，而无凭证审核权。

通过调查原手工系统业务量，系统采用了记账凭证月末集中批量复核的方式。采用这种方式完全可以满足现阶段财务处基建财务业务量的需求，这样就可以不在

"序时账"数据表中增加复核标志字段，使文件结构简化，减小文件容量。系统在凭证复核界面中设计视图，批量显示当月记账凭证，复核员据此进行复核。

采用批量复核的方式，将得到两种不同的结论：一是全部审核通过；一是未全部审核通过。用户得到结论告知系统后，系统采取不同的处理方法：全部通过，系统赋予操作员后续的数据处理的权限，未全部通过则反之。

(2) 处理/审核数据

凭证经审核后即可登记入账。在手工操作条件下，月末首先进行凭证汇总，然后登记明细账和总账，并计算各账户余额，最后填制各类月报表。在电算化条件下，以上过程完全可以由计算机来完成，发挥计算机强大的计算优势，使会计人员每个月需要两三天才能完成的工作，现在在几秒钟甚至更短的时间之内完成。在本系统中，通过模块中的数据处理子进程来完成这一系列工作。系统对"序时账"数据库基本表中的记录进行重新组织和再加工，分别刷新明细账、总账、月报表对应数据库基本表。数据处理后，系统取消操作人员录入/修改当月记账凭证的权限。

在填制月报表之前，会计人员必须审核各账户之间的勾稽关系是否平衡，就是我们常说的"账账核对、账表核对"工作。只有在勾稽关系平衡的情况下会计人员做出的报表才是准确无误的。系统用模块中的数据审核子进程来完成此项功能。

(3) 数据备份、恢复

在应用系统时，操作人员要具有强烈的数据保护意识。在电算化环境下，最珍贵的不是计算机软件，更不是计算机硬件，而是计算机内的宝贵数据。人为错误、硬盘损坏、电脑病毒等原因都有可能造成数据的丢失，因此数据备份是非常必要的。

操作人员可以利用本系统提供的数据备份功能随时进行数据备份。系统备份文件的设计思想是：尽量减少备份文件的数量，从而降低系统对存贮备份文件的介质在空间大小方面的要求。方法是：只备份由操作人员手工录入的数据表文件，而不备份那些可以由系统自动生成的文件。备份文件包括：用户基本信息表、会计科目编码表、工程项目编码表、单位名称编码表、初始余额表、截止到备份时刻的序时账表。

(4) 年末结转

此功能只在完成上年度财务决算，开始新一年的财务核算前执行一次。系统首先建立新年度的序时账、明细账、总账等数据空表，然后将上年度所有余额自动导入到对应的数据表中。

(5) 生成项目管理数据

教育部发展规划司为了便于管理各直属高校基建项目的管理，开发了直属高校项目管理系统。项目管理系统中需要填报工程项目的部分财务信息。为了方便项目管理系统使用者，系统增设此项功能，从各类数据表提取项目管理系统所需数据，生成 Execl 电子表格，打印输出后提供给项目管理系统使用者。这样也可免去会计人员为项目管理使用者手工查找数据的工作。

3. 综合查询子系统

查询功能是所有管理信息系统所必备的重要功能。一个好的系统，应该提供方便、多样、直观的查询，从而满足用户各种查询要求。它是检验一个系统功能是否完善、友好的重要因素。

用户在进行财务核算时，对查询功能的需求遍布于系统的各个模块，而用户需要查询的内容又是复杂多样的。各个模块内的查询，大多是针对原始数据的查询。系统将对审核处理后数据的查询，构造一个单独的查询器，提供统一的查询界面。查询功能包括往来款查询、总账查询、明细账查询和凭证查询。这里的凭证查询是指可以跨年度或者以满足某一项或某几项凭证组成要素为条件的凭证查询。

在基本建设财务核算中，往来款查询是一项比较重要的查询。往来款余额是会计人员在与施工单位进行工程款结算时的重要依据。每次付款时，会计人员都需要据此余额审批付款额度，这样才能保证基建资金的安全，不发生多付或者少付款的情况。因此往来款查询的使用频率也较高。

4. 年末财务决算子系统

建设单位财务决算报表是以货币作为主要计量单位，以日常核算资料为依据，向有关方面提供财务资料和会计信息的年度总结性书面文件。正确及时的编制建设单位决算报表具有极重要的作用。首先，可以及时掌握本单位对基本建设概(预)算和基本建设投资计划的完成程度。其次，建设单位的上级主管部门利用建设单位提供的报表，可以了解建设单位基本建设投资计划的执行情况，促进建设单位加强基本建设管理工作。

(1) 建设单位财务决算报表的种类

1) 资金平衡表。总括反映建设单位期末全部资金来源和资金占用情况。

2) 基建投资表。反映建设项目从开始建设起至本年末止基建投资来源的基建投资支出情况。

3) 待摊投资表。反映建设单位需要分摊计入交付使用资产成本的各项费用实际支出。

4) 基建借款情况表。反映建设单位各种借款的借入、归还及豁免等情况。

5) 主要指标表。反映建设单位基建计划、资金到位、基建投资支出等各项总体指标。

6) 本年基建投资表。反映建设项目当年基建投资来源的基建投资支出情况。

(2) 财务决算报表编报目的

1) 资金平衡表：利用该表中建设单位资金来源的构成、资金占用的分布情况据以检查资金的构成是否合理，投资计划执行情况和基本建设资金的使用效果，促使建设单位合理地、节约地使用基本建设资金。

2) 基建投资表：利用该表检查建设单位对基本建设概算的执行情况，考核、分析投资使用效果，促使建设单位节约使用投资，加快项目建设进度。

3) 待摊投资表：利用该表提供的资料，可以检查、分析待摊投资费用构成是否合理，为考核投资效果提供情报资料。

4）基建借款情况表：利用该表可以了解建设单位各种基建借款的增减变动，借以分析、考核借款来源的组成、借款合同和还款计划的执行情况。

5）主要指标表：利用该表可以直观地了解建设单位概算执行、基本建设资金来源及支出、结余资金的总体情况。

6）本年基建投资表：利用该表检查建设单位当年基本建设概算的执行情况，促使建设单位节约使用投资，加快项目建设进度。

(3) 年末财务决算子系统的工作流程

1）接收年末会计数据。系统自动从年末的会计核算数据中提取基础数据，刷新对应的财务决算报表数据库基本表文件。

2）补充财务决算数据。补充录入和工程项目有关的，且需要在报表中填报的财务核算以外的数据。例如建筑结构、层数等。界面设计为填表式，用户根据提示输入即可。

3）生成/审核决算数据。系统按照报表的填列方法，自动计算报表各栏目的填列金额和内容，填充至报表的模板文件中。然后根据报表的内部及报表之间的勾稽关系，进行数据审核，得出结论通知用户。

4）查询/打印报表。查询或者输出报表。输出报表可以直接输出到打印机，也可在输出为 Excel 表文件。

5）决算数据维护。包括备份决算数据文件，年度决算开始前清理以前年度决算数据等。

以上工作流程，分别由子系统的各个功能模块来实现。

5. 财务指标分析子系统

基本建设财务决算分析是采用一定的方法对建设单位的经济活动情况和财务状况等进行评价的工作。建设单位的财务分析过程，就是对投资经济活动和财务状况进行自我解剖和分析矛盾，寻求解决矛盾的方法与对策，促进提高投资效果的过程。因此，作好财务决算分析，对于促进基本建设投资和财务计划的完成，加强基建资金的管理等，都具有重要的意义。

建设单位财务指标分析内容，一般包括以下几个方面：

（1）基本建设资金来源分析。对基本建设资金来源的分析主要侧重于两个方面：一是分析基本建设拨款与借款计划的执行情况；二是分析基建拨借款与建设进度的适应情况。

（2）基本建设投资计划完成情况的分析。建设单位对于基本建设投资计划的完成情况，从以下两个方面进行分析：一是分析年度基本建设投资本年计划的完成情况；二是分析建设项目总投资计划的完成情况。

（3）基本建设投资效果的分析。基本建设投资效果是指通过基本建设活动所取得的有效成果。它反映基本建设投资活动所得与所费之间的对比关系。因此，它是评价建设单位工作好坏的重要标志。

（4）基本建设结余资金的分析。基本建设结余资金，是指建设单位在建设过程中处于储备过程和结算过程的没有形成基本建设投资支出的资金。在基本建设过程中，建设单位保持合理的基本建设结余资金，是项目建设顺利进行的需要。

开始此项工作前，必须在确认年度财务决算已经全部完成后进行。用户从系统主菜单进入财务指标分析界面后，首先从财务决算的各个数据表中提取财务分析数据，生成一个新的指标分析数据表。取出的数据是包括所有建设单位所有项目的明细数据。如果接收数据后财务决算数据又发生了修改，必须重新接收财务决算数据来更新指标分析数据表。然后由系统根据上述公式的描述，自动进行汇总，并计算出分子、分母及比率，在屏幕视图中显示结果或将结果输出至打印机。

5.2.10 工程项目管理综合业务应用系统——某地铁建设控制系统

地铁工程建设管理具有涉及面广、参与单位多、工期长、资金投入和工作量大、工程施工技术复杂度高等特点，其协作配合、同步建设和综合平衡等问题十分复杂。如何充分利用先进的信息技术和网络技术，为工程项目各参与主体提供通畅便捷的信息沟通渠道，建立业务协作、协调决策机制，是提高地铁工程项目建设综合管理水平的关键问题。

某地铁有限公司成立于 2004 年 4 月，公司设有办公室、总工办、计划处、工程处、拆迁办、设备处、安全质量处、财务处、监察处、咨询部、资金管理处和审计处 12 个处室。该地铁一号线及延伸线工程于 2005 年开工建设，横跨市内五区，线路全长 27.926km，全部为地下线路，设车站 22 座，车辆段及运营控制中心各一座，概算投资 117.66 亿元，计划建设工期为 54 个月，计划于 2010 年开通运营。

针对地铁 1 号线及其延长线、2 号线的工程特点，经过需求调研、现场功能调整和配置等工作，研发出适合该地铁工程建设管理流程的地铁建设控制系统。

该地铁建设控制系统基于图 5-22 所示的工程管理理念。即工程项目管理是一个连续过程，从建立项目开始，结束于项目完成之时。其中，项目开始时的预测叫做基准，基准投资就是概算，在项目进展过程中的预测就是预计数据，项目中的完成情况就是实际数据。通过对进度、成本和质量的连续监视过程来反映实际出现过什么情况，并通过不断地比较基准、预计和实际信息来监视进度变化、成本变更，以便及时察觉到影响项目结果的趋势，并通过调整计划来进行修正，从而形成一整套项目管理的标准工作流程。

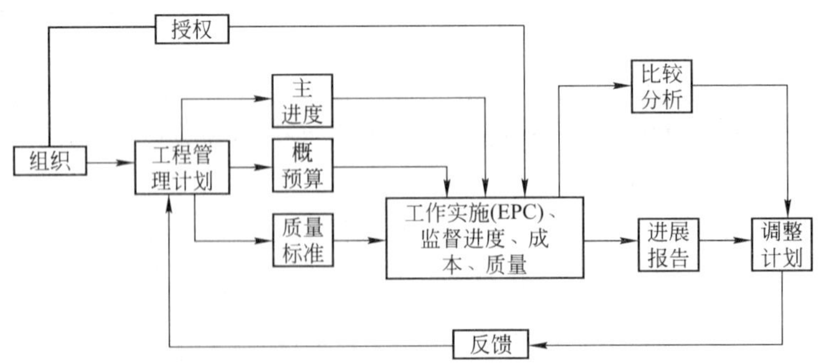

图 5-22 某地铁控制系统的工程管理理念

该系统包括招标管理、合同管理、进度管理、成本管理、设计管理、现场管理、安全质量管理、设备管理、参建单位管理，对工程整体建设进行协调控制。如图 5-23 所示为地铁控制系统的功能界面。

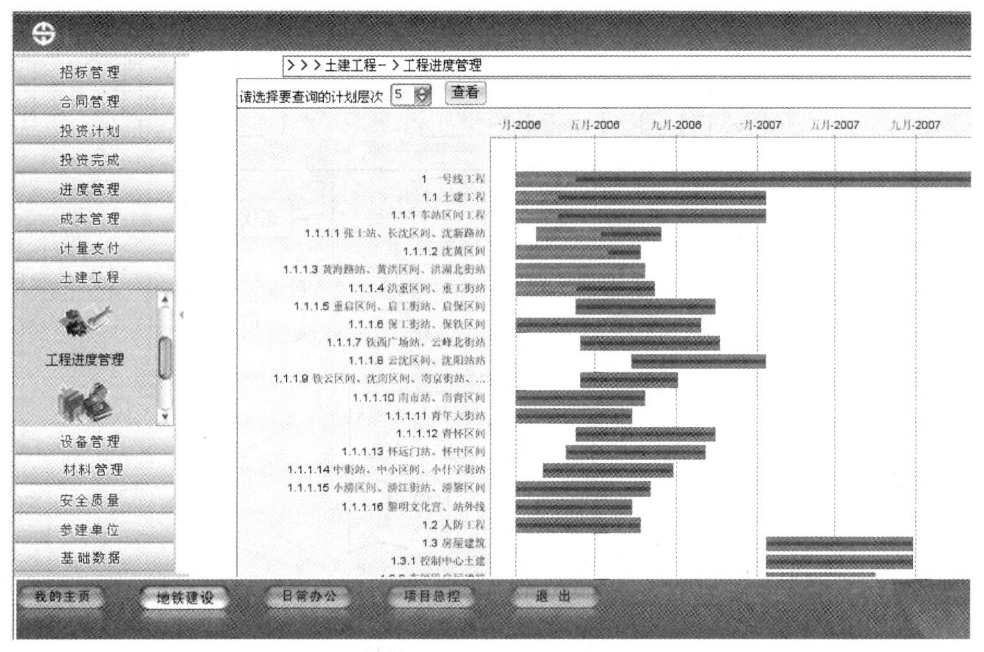

图 5-23 地铁建设控制系统界面

根据该地铁有限公司管理模式和系统功能体系结构，该地铁建设控制系统实现了在横向上信息交换、传递和共享，促进业务流程优化和再造，提高公司的管理效率。

该地铁建设控制系统在企业内部上下级(纵向)之间、各职能部门(横向)之间构建起一个快速反应的信息网络，及时、准确、系统、科学地把握地铁建设过程的各种信息，并通过计算机的归纳、分析，为管理者提供强大的决策工具。纵向信息传递机制包括上行和下行两条不同的数据流程，其中，上行数据流程主要是将沈阳地铁工程现场的各种建设信息采集传输到系统中进行分析处理后传递到决策层，下行数据流程主要是将决策层的各种管理指令通过系统分配到相应的工程现场，如图 5-24 所示。

横向各职能部门间信息的传递机制以工程支付流程为例，其流程如图 5-25 所示，图中虚线表示不同参建主体所涉及的具体流程。承包商根据工程量清单和实际工程完成情况填写支付申请，通过地铁建设控制系统监理审核工程量并签署意见，业主方工程处核量，计划处核价，确定审核后的支付证书，资金管理处可通过系统由支付证书自动生成账务管理软件需要的记账凭证，审核后导入账务管理软件，实现工程实时概算分析。

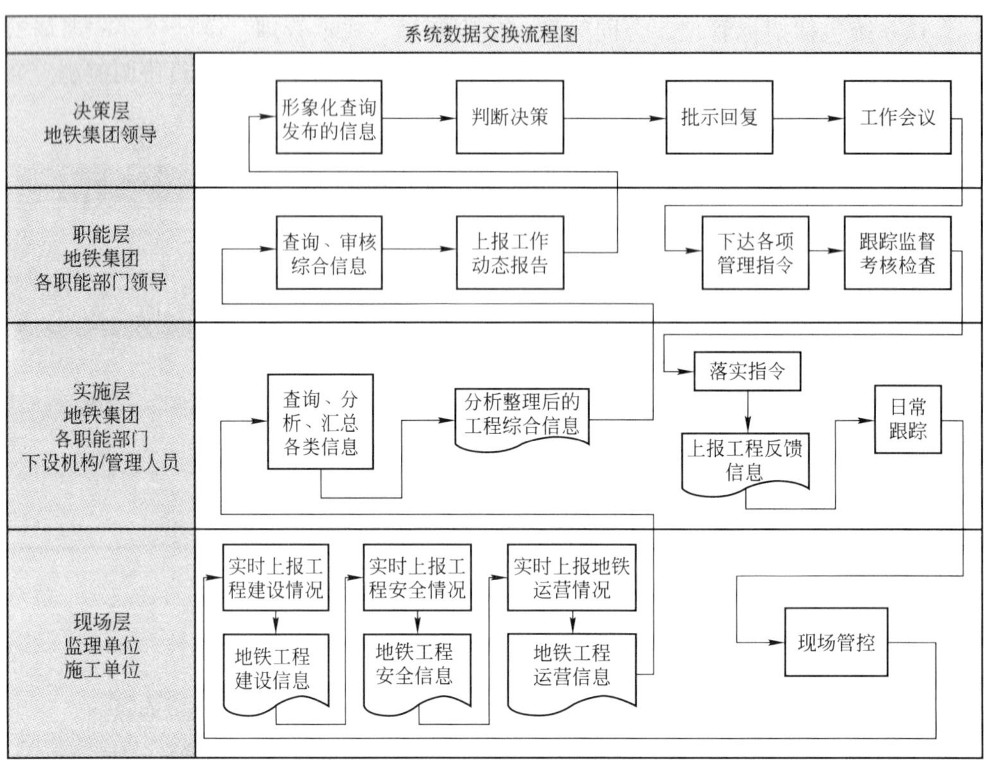

图 5-24 系统数据交换流程图

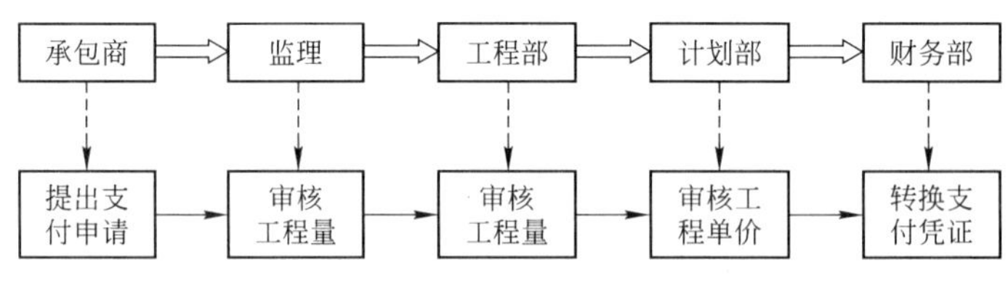

图 5-25 工程支付流程

5.3 工程项目总控系统

5.3.1 工程项目总控思想

工程项目决策者对工程项目实施总体的策划、协调和控制，都是基于信息分析的，工程项目的决策者对实施过程中的信息需求是项目总控思想产生的原因所在。

项目总控（Project Controlling）作为一种运用现代信息技术为大型建设项目工程业主方的最高决策者提供战略性、宏观性和总体性咨询服务的新型组织模式，具有如下特点[53]：

项目总控是一种工程项目管理的组织模式，该模式是为了实现项目的投资、进度、质量等目标而为业主方的最高决策层提供决策支持，项目总控的服务对象是项目的最高决策层。

项目总控的控制核心是信息采集、信息处理、编制各种控制报告，即通过信息处理来反应物质流的状况。

项目总控的中心工作是项目实施的总体策划与控制，对建设过程以及各个建设过程之间的界面的总体策划与控制。

项目总控以项目总控系统为技术支撑，通过项目总控系统的开发，建立项目总控信息平台，实现项目总控目标。

5.3.2 工程项目总控系统——某地铁建设总控系统

轨道交通工程建设是一项复杂的系统工程，由于轨道交通工程建设过程的复杂性，决定了传统的项目管理手段和方法已越来越不能满足业主对此类工程项目管理的需求。从轨道交通建设过程、参与主体、业务领域等过程来看，其建设管理具有以下特点[54]：

(1) 轨道交通工程是一项投资规模大、技术难度高、相互间接口复杂、专业性强，涉及运营管理、车辆运用、通信信号控制等多个方面的基础设施工程项目。

(2) 轨道交通建设项目本身技术复杂，参与单位众多，在工程实施中，业主获取信息和处理信息的难度将很大，工程建设面临巨大挑战。

(3) 轨道交通工程投资建设周期一长，整个过程就处在一个动态变化的环境中。业主对工程进度、投资、质量等方面的精准性要求高。

(4) 轨道交通项目建设参与单位对工程信息的类型和程度不一致，需要建立统一的信息结构模型，实现各参与单位之间的信息共享。

在轨道交通工程建设管理中，必须加强轨道交通业主对项目的控制能力，在信息采集和处理方面充分满足业主的信息需求，轨道交通工程建设项目总控正是在这种背景下提出的。

轨道交通工程建设项目总控是运用系统工程思想，在系统分析轨道交通工程建设的特点和要求的基础上，通过借助现代信息技术，对轨道交通建设运营全过程中的信息进行采集、加工、存储、传输，实现项目各参与方之间互联和信息交互。通过围绕项目投资、进度及质量目标，对项目进行全过程、全方位、全维度动态管理，为决策层提供决策信息支持，为管理层提供管理解决方案支持。

某地铁建设总控系统支持该市地铁建设公司领导管理公司各个部门的工作，对当前地铁各项工程的建设运营情况进行总控，为领导提供形象直观的项目管理决策与分析的管理平台，促进项目快速有效的决策。领导总控子系统共分为四个模块，包括领导工作台、当前工程概况、GIS空间决策指挥和地铁工程三维虚拟。

1. 我的工作台

我的工作台部分，总共有三部分内容，待处理事宜部分可以看到待处理工作的汇总，选择对应的文档类型，可以直接进入文档的审批；工作安排部分，可以看到本周会议安排；统计结果部分，可以查看当前工程的完成情况。

待处理文档的审批：选择对应的待审批文档统计，进入文档审批列表界面，包括文档名称、提审部门等信息，选择列表中各项条目，进入审批界面，可以填写审批意见，查询待审批文档的基本信息和附件。

查询工作安排：选择工作安排部分的会议列表中的对应会议，进入当前会议的详细信息界面，包括会议的日期、时间、地点、主题、发起部门、与会人员和备注等信息。

查看当前工程完成情况：从统计结果列表中，可以看到项目名称，签订合同金额、已支付合同款、本年累计完成投资情况和开工累计完成情况等信息。

2. 当前工程概况

当前工程概况模块用来提供当前工程完成情况的统计结果。包括项目名称、年度计划、投资预算、各项资金来源、年度计划与资金预算的差额、备注等信息。

具体线路的当前完成情况，对应工程项目的各标段当前进度情况列表，具体信息包括该标段下的工程招投标信息、工程设计进度分析、合同支付信息、工程投资信息。

(1) 工程招投标信息

当前线路的招投标情况的分析，在线路名称、状态、招投标项目、概算金额、中标金额、中标时间等条件下输入筛选信息，即可查询到符合条件的招投标信息列表。包括招投标项目名称、状态、概算金额、中标金额和中标时间。同时可以直观地看到各合同的中标金额和预算金额的对比分析图。

1）招投标类型分析饼状图

该图是统计当前工程下涉及的所有招投标信息按照类型进行分类汇总的饼状分析图(图 5-26)。图 5-26 表示正处于招投标工作不同阶段的项目个数，其中中标项目 19 个，正在公示招标公告的项目 23 个，已公布招标文件的项目 14 个。

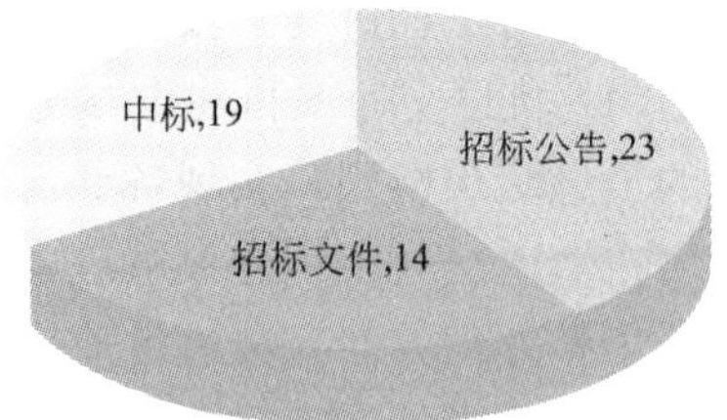

图 5-26　招投标类型分析图

2）招投标信息列表

设置相应的筛选条件即可查询到符合条件的招投标信息列表(表 5-1)。包括招投标项目名称、状态、概算金额、中标金额和中标时间，并生成各招投标项目的预算/中标金额对比分析图(图 5-27)。

招投标信息列表(元)　　**表 5-1**

序号	招投标项目	状态	概算(元)	中标金额(元)	中标时间
1	某市轨道交通二号线一期工程某车站地铁车站土建工程项目承包合同	招标公告	73387388		2007 年 06 月 04 日
2	某市轨道交通二号线一期工程某地铁车站土建工程项目承包合同	招标文件	42000000		2007 年 06 月 18 日
3	一号线二期工程供变电系统沿线安装工程合同	中标	71195186	71195186	2007 年 07 月 03 日

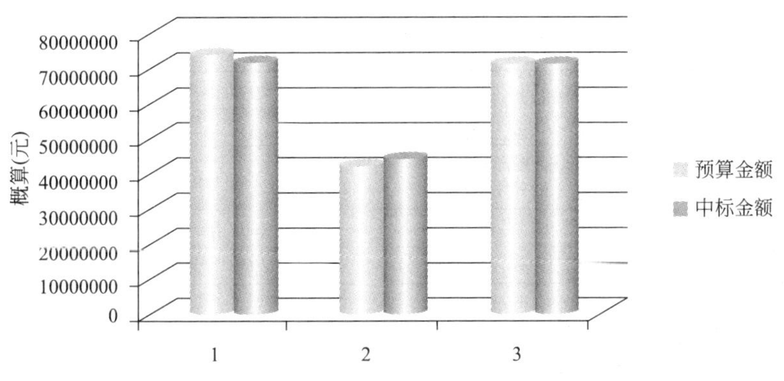

图 5-27　各招投标项目的预算/中标金额对比分析图

(2) 工程设计进度分析

工程设计进度分析提供当前工程的各部分的设计完成情况，用柱状图的形式统计了当前所有主体结构和附属结构设计工作的已完成和未完成比例，并进行对比。同时设置线路名称、计划完成时间和实际完成时间输入查询信息条件后，即可查到符合条件的项目设计计划情况列表，包括任务名、WBS 编码、工作量、计划完成时间和实际完成时间等信息。同时可以柱状图的形式显示所查到项目的附属机构和主体结构的设计工作完成百分比对比分析。

1）工程完成情况分析图

该柱状图反映当前工程的各部分的设计完成情况，用柱状图的形式表示了当前工程的所有主体结构和附属结构设计工作的已完成和未完成百分比对比分析(图 5-28)。

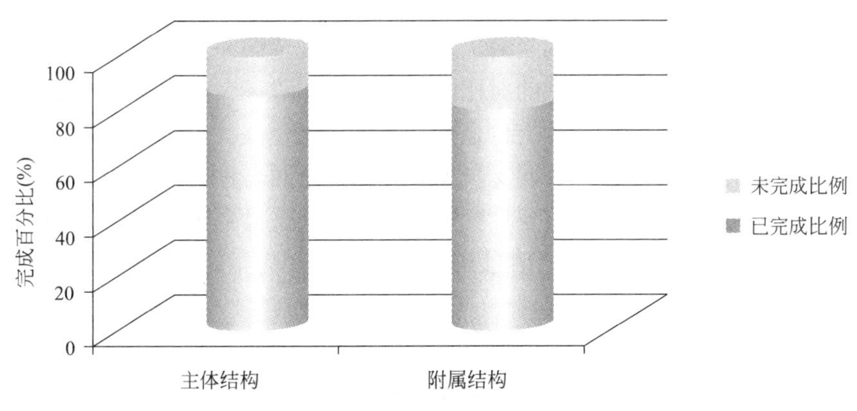

图 5-28　工程完成情况分析图

2）工程设计进度报表

该表是设置线路名称、计划完成时间和实际完成时间等查询条件所查询出的满足条件的项目设计计划情况，包括任务名、WBS 编码、工作量、计划完成时间和实际完成时间等信息列表(表 5-2)。

工程设计进度报表 表 5-2

序号	WBS码	任务名称	工作量(%)	计划完成时间	实际完成时间
1	1	一号线二期	30	2008年7月7日	2008年7月12日
2	1.1	七标	12	2008年6月12日	2008年7月4日
3	1.1.1	跨汉宜，汉丹铁路区间桥修改设计	8	2008年6月10日	2008年7月2日
4	1.1.1.1	主体结构	5	2008年6月8日	2008年6月25日
5	1.1.1.1.1	梁部施工图	3	2008年6月7日	2008年6月21日

3）工程设计进度柱状图

该图是对查询出的各个项目的主体和附属结构的设计工作完成情况的对比分析图(图 5-29)。

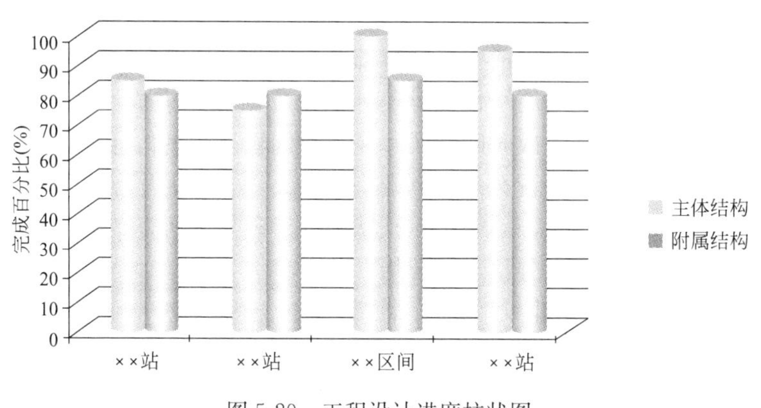

图 5-29 工程设计进度柱状图

(3) 合同支付信息

合同支付信息模块可以看到当前工程的合同变更金额和合同金额的对比图，以及累计支付金额和剩余支付金额的对比图。在线路名称、合同名称、工程或费用名称、合同金额、合同编号、累计支付金额、累计变更金额、剩余支付金额填入查询条件，即可查询到符合条件的合同支付列表，包括合同名称、编号、工程或费用名称、合同金额、累计支付金额、累计变更金额、剩余支付金额等信息。同时可以看到查询出的所有合同的支付统计信息饼状图、合同变更信息饼状图、合同支付时序图。

1）合同累计变更金额饼状图

该图显示了当前线路下累计变更金额和合同总金额数量的对比分析(图 5-30)。

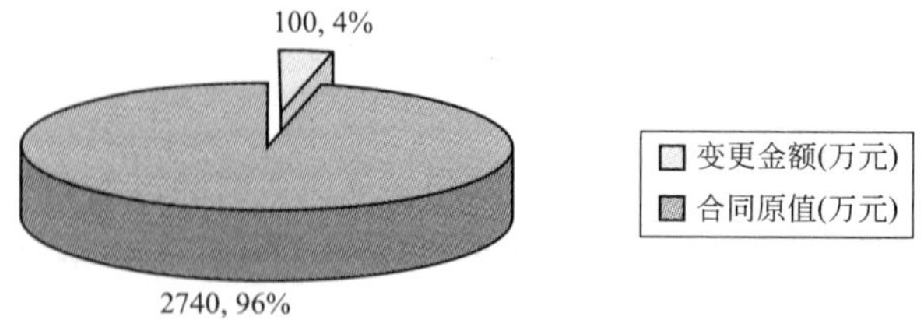

图 5-30 合同累计变更金额饼状图

2）合同累计支付金额饼状图

该图统计了当前线路下所有合同的支付情况，包括累计已支付金额和剩余支付金额的对比分析(图 5-31)。

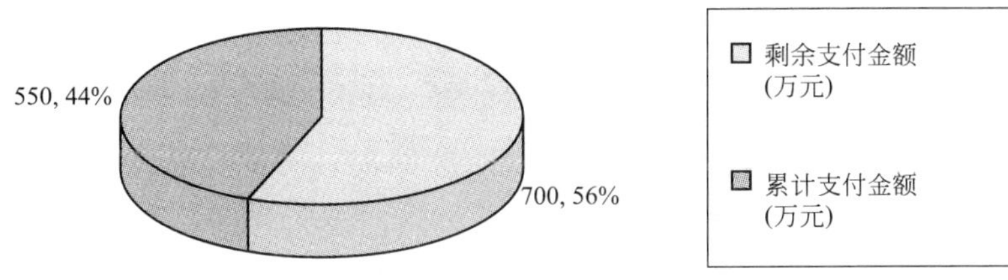

图 5-31　合同累计支付金额饼状图

3）合同支付列表

在线路名称、合同名称、工程或费用名称、合同金额、合同编号、累计支付金额、累计变更金额、剩余支付金额填入查询条件，即可查询到符合条件的合同支付列表，包括合同名称、编号、工程或费用名称、合同金额、累计支付金额、累计变更金额、剩余支付金额等信息(表 5-3)。

合同支付列表(元)　　**表 5-3**

序号	合同名称	合同编号	工程或费用名称	合同金额	累计支付金额	累计变更金额	剩余支付金额
1	某市轨道交通二号线一期工程某地铁车站土建工程项目承包合同	III-TJ-01-06	车站	73387388	43387388	10000000	40000000
2	某市轨道交通二号线一期工程某地铁车站土建工程项目承包合同	III-TJ-01-08	车站	44266290	24266290	0	20000000
3	一号线二期工程供变电系统沿线安装工程合同	III-GT-01-10	供电	7115186	3115186	0	4000000

4）支付统计信息饼状图

该图是分析了所查出的所有合同的支付情况图，包括合同剩余支付金额和累计已支付金额的百分比对比分析(图 5-32)。

5）合同变更信息饼状图

该图是分析了所查出的所有合同的变更情况图，包括累计变更金额和合同总金额之间的百分比对比分析(图 5-33)。

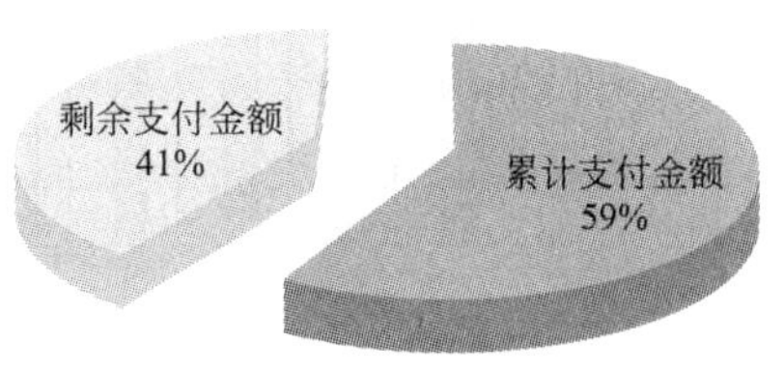

图 5-32　支付统计信息饼状图

6）合同支付时序图

该图是分析了所查出的所有合同的支付

情况统计图，包括各个月支付总金额及趋势分析(图 5-34)。

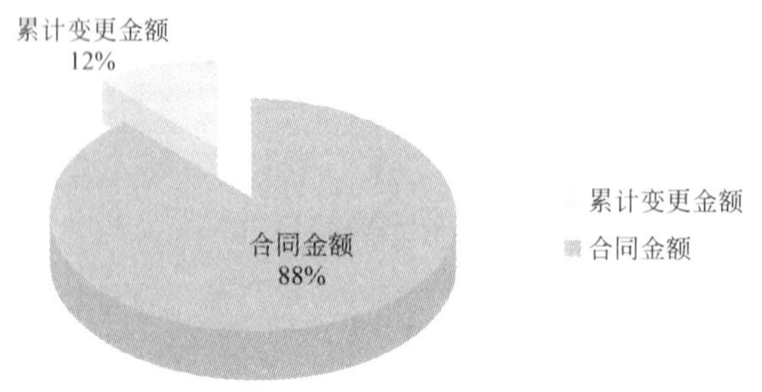

图 5-33　合同变更信息饼状图

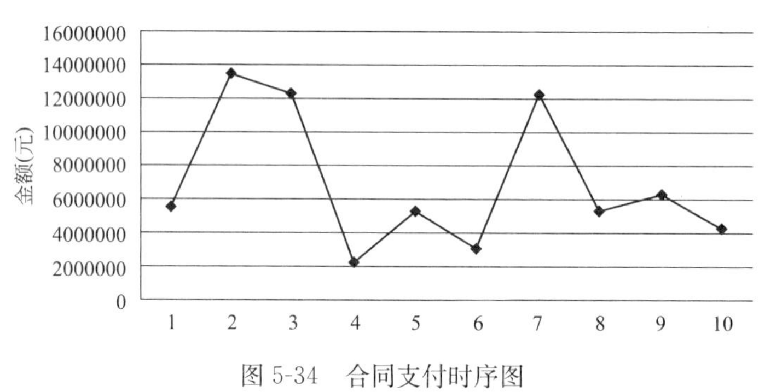

图 5-34　合同支付时序图

(4) 工程投资信息

工程投资信息提供当前年度投资完成情况、累计计划投资/完成/资金计划对比分析图。在线路名称和计划时间内输入查询条件，即可查询到符合条件的列表，包括项目序号、名称、本年度计划、本月计划、月计划占年计划的百分比、本月完成、本月完成百分比、主要形象进度的计划值、完成值和累计完成百分比。同时提供投资计划完成情况分析，可看到当前线路某月份的各个子任务的计划和完成情况的对比分析图。

1）投资完成情况柱状图

该图分析了当前工程当年所有的投资完成金额情况，计划和完成之间的对比分析(图 5-35)。

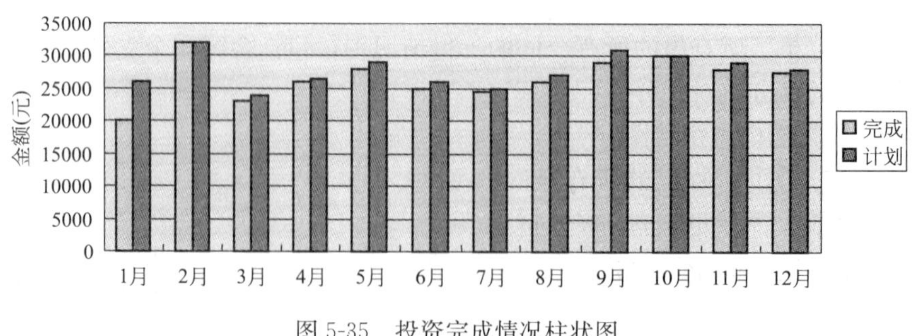

图 5-35　投资完成情况柱状图

2）累计计划投资/完成/资金计划对比分析图

该图汇总了当前工程当年各个月份的累计计划投资金额、完成金额和资金计划金额，并以香蕉曲线的方式对比分析三者之间的关系(图5-36)。

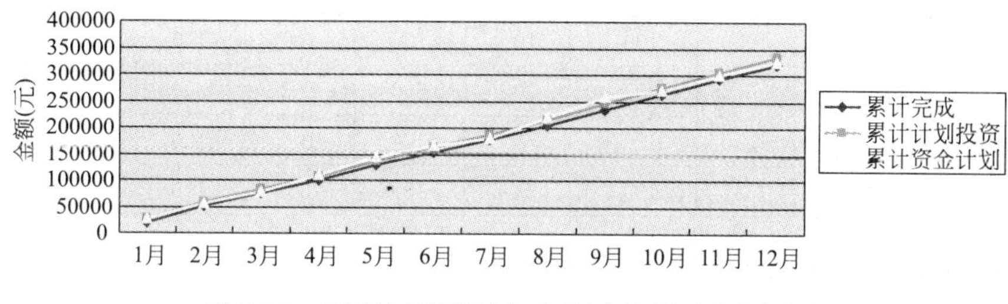

图5-36 累计计划投资/完成/资金计划对比分析图

3）工程投资情况列表(表5-4)

在线路名称和计划时间内输入查询条件，即可查询到符合条件的列表，包括项目序号、名称、本年度计划、本月计划、月计划占年计划的百分比、本月完成、本月完成百分比、主要形象进度的计划值、完成值和累计完成百分比等信息列表。

工程投资情况列表(万元) **表5-4**

项目序号	项目名称	本年度计划	××月完成投资				主要形象进度		
			××月计划	月计划占年计划(%)	本月完成	完成(%)	计划值	完成值	累计完成(%)
	一号线二期工程	122000	12778	10	12778	100	12778	12778	100
一	前期工作	660	60	9	60	100	60	60	100
1	项目前期	220	15	7	15	100	15	15	100
2	勘察	320	30	9	30	100	30	30	100
3	设计	120	15	8	15	100	15	15	100
二	工程施工	4000	390	10	360	92	390	360	92
4	工程施工	4000	390	10	360	92	390	360	92
4-1	Ⅰ标段	2000	180	9	180	100	180	180	100
4-2	Ⅱ标段	2000	210	11	180	86	210	180	86
三	设备系统	2000	220	11	220	100	220	220	100
5	设备系统	2000	140	7	140	100	140	140	100
5-1	车辆	600	50	8	50	100	50	50	100
5-2	通信信号系统	600	50	8	50	100	50	50	100
5-3	供电系统	800	40	5	40	100	40	40	100
四	拆迁	4000	400	10	400	100	400	400	100
6	拆迁	4000	400	10	400	100	400	400	100

续表

项目序号	项目名称	本年度计划	××月完成投资				主要形象进度		
			××月计划	月计划占年计划(%)	本月完成	完成(%)	计划值	完成值	累计完成(%)
6-1	管线拆迁	1000	100	10	100	100	100	100	100
6-2	征地拆迁	3000	300	10	300	100	300	300	100
五	其他	1340	120	9	120	100	120	120	100
7	其他	1340	120	9	100	83	120	100	83

4）投资计划完成情况分析柱状图

该图对所查询出的各项目的某月完成和计划金额的对比分析(图 5-37)。

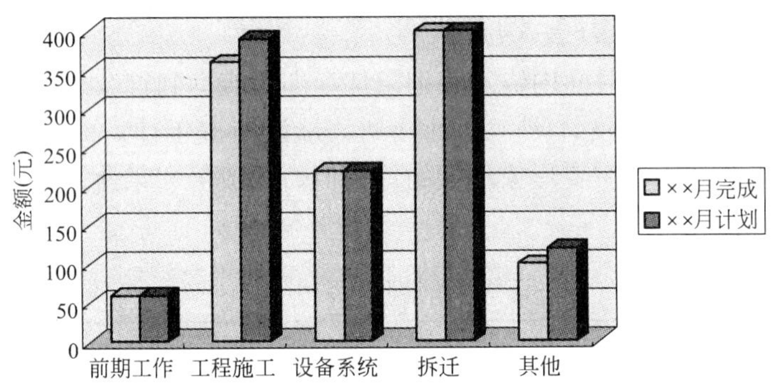

图 5-37　投资计划完成情况分析柱状图

3. GIS 空间决策指挥平台

GIS 空间决策指挥平台是地铁公司领导对地铁整体情况的运筹帷幄。

提供地铁轨道交通网络图，选择网络图上对应的线路、车站即可查看到对应工程的当前工程情况。

选择对应的工程线路，即可看到地铁工程截止到当天的统计情况，包括当前线路的合同份数、合同总金额、累计支付金额，工程费用名称列表包括工程或费用名称、份数、金额、百分比，及相对应的当前线路的分类统计图。

选择具体站点则显示该站点的三维模型及其投资、进度情况。

选择线路之后出现的信息包括：

(1) 工程分类统计类表

该列表是按照工程或费用类表，对合同进行分类汇总，包括合同的份数、金额和每部分金额所占百分比(表 5-5)。

工程分类统计类表　　**表 5-5**

工程或费用名称	份数	金额(万元)	百分比%
车站	10	66700.22	2.71
区间	10	34600.26	1.41
轨道	20	1566700.22	63.65

续表

工程或费用名称	份数	金额(万元)	百分比%
通信	10	85800.34	3.49
信号	10	29400.62	1.20
供电	10	390800.52	15.88
综合监控(主控)	10	49800.10	2.02
防灾报警，环境与设备监控	10	20000.00	0.81
安防及门禁	10	66900.09	2.72
通风空调与供暖	8	24700.59	1.01
给水排水与消防	8	49600.79	2.02
自动售检票	10	15500.79	0.63
车站辅助设备	10	3900.07	0.16
运营控制中心	10	18400.93	0.75
车辆段及综合基地	10	16000.67	0.65
人防	3	2400.26	0.10
工程建设及其他费用	1	9000.00	0.37
预备费	2	8300.22	0.34
专项费用	2	6000.00	0.24

(2) 合同金额分类统计图

根据分类统计列表绘制分类统计饼图，可以直观清晰地看到各个工程合同金额所占的比重(图5-38)。

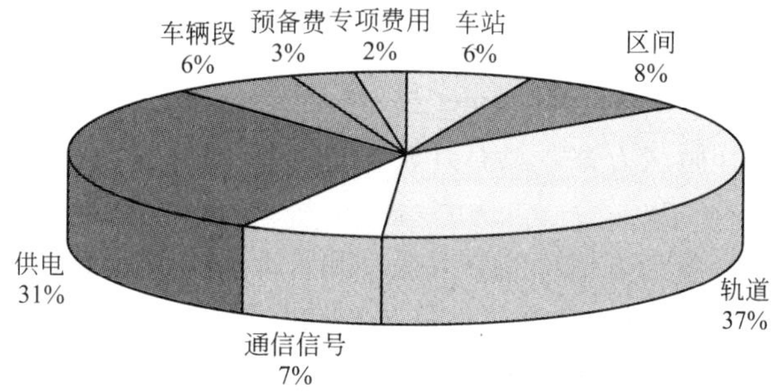

图5-38 某市轨道交通工程合同分类统计表

选择对应的标段或车站工程，即可看到该标段下的工程招投标信息、工程设计进度分析、合同支付信息、工程投资信息等具体情况。

4. 地铁工程三维虚拟平台

地铁工程三维虚拟平台支持地铁公司领导对地铁当前形象进度的了解。

选择对应站点名称，即可查询到对应部分的三维形象，可以在三维虚拟空间内行走，观看具体部位的进度。同时，系统需要提供该站点的合同信息、投资完成信息、形象进度信息等，方便领导直观把握当前工作情况，进行运筹决策(图5-39)。

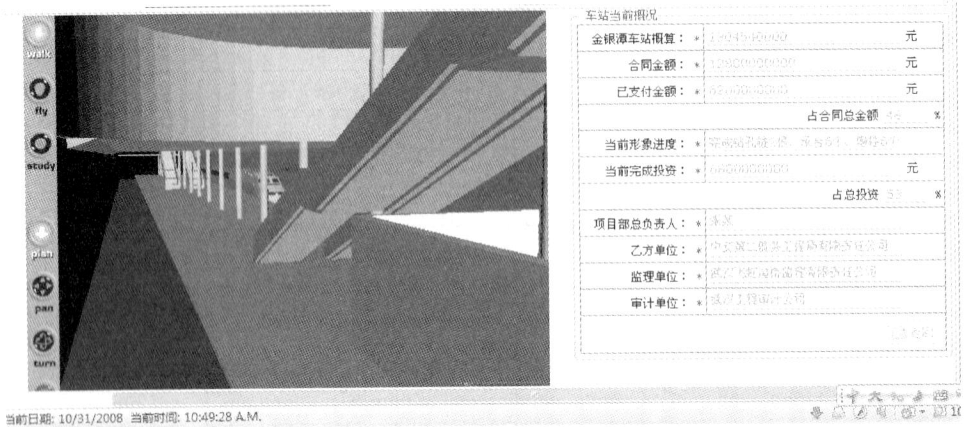

图 5-39 地铁工程三维虚拟系统界面图

5.4 工程项目信息门户

5.4.1 工程项目信息门户及其特征

项目信息门户（Project Information Portal，PIP）是在项目主题网站（Project-Specific Web Sites）和项目外联网（Project Extranet）的基础上发展而来的一种项目信息管理的应用概念。它是在对项目实施全过程中参与各方产生的信息和知识进行集中式管理的基础上，为项目的参与各方在 Internet 平台上提供一个获取个性化项目信息的单一入口，从而为工程项目参与各方提供一个高效率信息沟通和协同工作的环境[55]。PIP 作为一种基于 Internet 技术标准的、以项目组织为中心的工程项目信息管理与协同工作解决方案，具有开放、协作和个性化等特点，具有广泛的应用前景。

与传统工程项目参与方信息的分散保存和管理不同，基于项目信息门户系统的项目管理具有以下特点：(1)加强了信息的存储与沟通 PIP 通过信息进行集中和共享式的存储与管理，提高了信息交流的效率，降低了信息交流的成本，提高了信息交流的稳定性、准确性和及时性。(2)提高了信息的可获取性和重用性。PIP 使项目信息的使用者可以不受时间和空间的限制，并改变了信息的传送媒介。(3)改变了项目信息的获取方式。PIP 通过信息的集中表达和有效管理，信息获取者可以根据业务处理和决策工作的需要来获取信息，缓解了“信息过载”现象，提高信息利用和项目决策的效率。

项目信息门户为跨组织的信息集成、信息共享和协同工作提供了基础，使整个项目管理业务与 Internet 结合，具有跨平台兼容、交互性和实时性等特点，其变传统的参与各方点对点项目信息沟通模式为集中共享式的信息处理交流模式，为工程项目参与各方提供一个数字化项目协作管理平台，不同时空的参与各方能够跨越组织和物理位置的界限，通过统一的网络入口，进行项目数据的交换和共享，在项目实施中有效的信息沟通与组织协调，使得工程建设参与各方可以协同工作，实现在线文档管理、在线讨论、视频会议等，更多地采用主动控制，避免了许多不必要的工期延迟和费用损失，目标控制更为有效[51](图 5-40)。

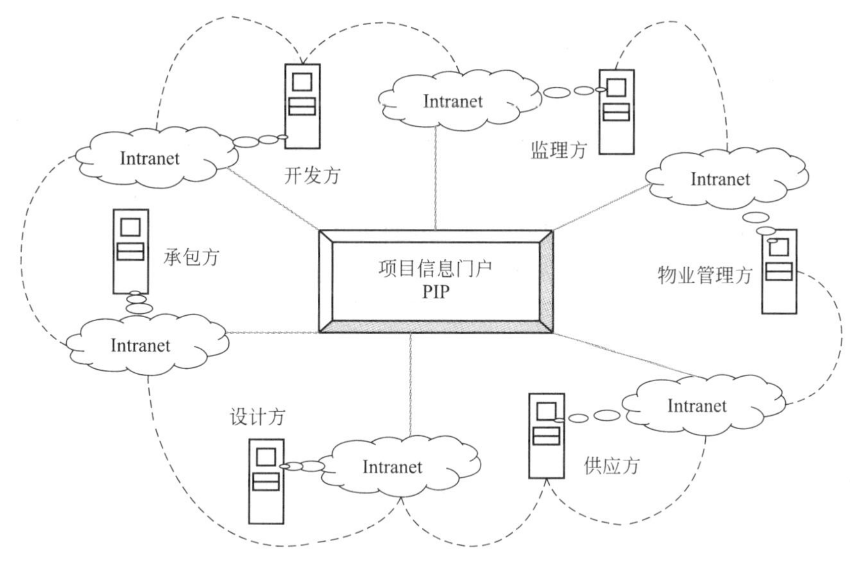

图 5-40 项目信息门户平台[51]

项目信息门户系统具有如下基本特点[56]：

(1) 基于互联网络，并将其作为信息交换的平台。用户只需要在客户端安装一个浏览器就可以访问，浏览器界面是用户通往全部授权信息的唯一入口，项目参与各方可以不受时间和空间的限制，通过定制来获得所需的项目信息，传统的项目管理信息系统的用户只是单一工程参与单位，而基于互联网的协作型工程项目管理平台的用户是所有的参与单位。

(2) 与其他应用系统不同，项目信息门户系统的主要功能是项目信息共享和传递，而不是信息的加工和处理。其发展趋势是与项目信息处理系统(如单业务、综合业务等软件)进行集成。

(3) 基于互联网的协作型工程项目管理平台不是一个简单的文档系统，它通过信息的集中管理和门户设置为项目参与各方提供一个开放、协同、个性化的信息沟通环境，为虚拟项目组织协同工作和知识管理提供有力的支持。

一个完整的项目信息门户系统的体系结构具备以下逻辑结构，其中每一层都可以通过不同的软件和信息技术加以实现(图 5-41)。

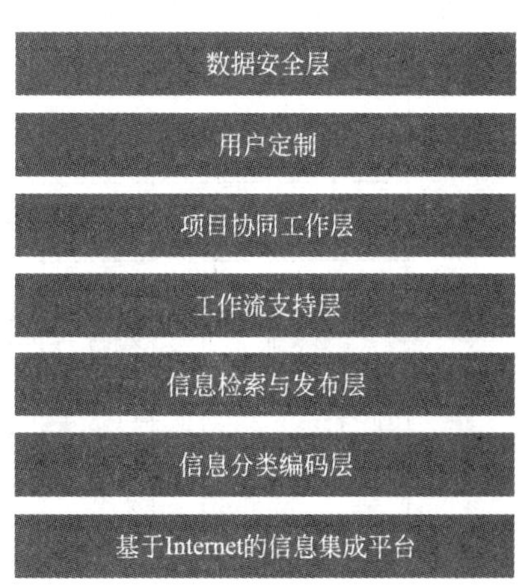

图 5-41 项目信息门户的体系结构

1）基于 Internet 的信息集成平台是其关键，它必须对来自不同信息源的各种异构信息进行有效集成。

2）信息分类编码层，对信息进行有效的分类编目以便于参与各方的信息利用。

3）信息检索和发布层，为项目参与各方提供方便的信息检索服务，并支持信息内容的网上发布。

4）工作流支持层，项目参与各方通过该平台完成一些工程项目管理的日常工作流程，如工程变更等。

5）项目协同工作层，使用同步（如在线交流）和异步（线程化讨论）手段使项目参与各方结合一定的工作流程进行协作和沟通，如设计阶段各专业工程师的共同设计、设计人员和施工人员的沟通以及设施管理人员对建造信息的获取等。

6）个性化设置层，使项目参与各方实现基于角色的个性化界面设置。

7）数据安全层，基于互联网络的工程项目管理平台由严格的项目数据安全保证措施，用户通过一次登录就可以访问所有信息源。

5.4.2 工程项目信息门户系统

项目信息门户系统着眼于项目参与各方的高效沟通与协作，朝着更高的信息集成度、更强大的项目管理功能的方向发展，为项目管理提供更便利的信息交互和沟通环境。对于工程项目参与各方工作效率和管理水平的提高都具有重要意义。国外的研究将项目信息门户系统的应用列为未来几年工程项目的十大趋势之一，目前在欧美国家，基于网络的项目信息门户系统的建设已经成为工程项目管理领域信息技术应用的热点。据统计，在全球范围内，专门为建筑业的企业提供基于互联网的工程项目管理的软件产品和应用服务的厂商就有 200 多家。比较著名的有美国的 bidcom. com、buzzsaw. com、projectgrid. com、projecttalk. com 和欧洲的 build-onlion. com 等网络公司。

这些产品大多支持项目参与各方的信息交流、项目文档管理、项目各参与方的协同工作、工作流管理。通过项目信息门户系统进行项目信息的交流和管理可以大幅度降低搜索信息的时间，提高工作和决策的效率，加快项目实施的速度，降低项目实施的成本，提高项目目标的控制能力，从而使得项目增值（图 5-42）。

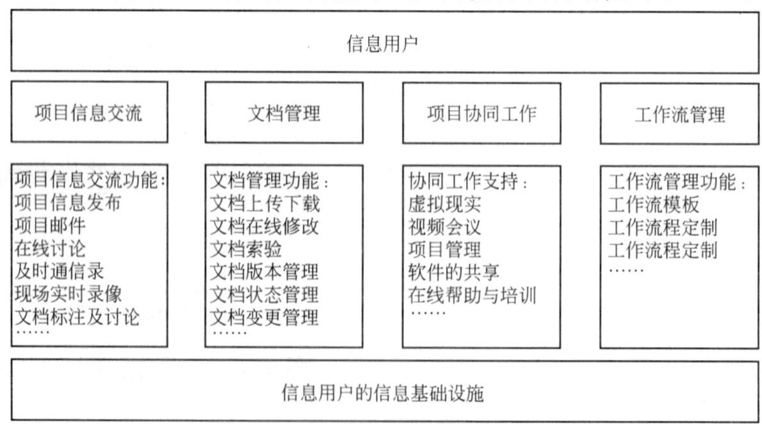

图 5-42　项目信息门户功能框架

(1) 项目信息交流功能。主要是使项目主持方和项目参与方之间以及项目各参与方之间在项目范围内进行信息交流和传递。其中项目信息发布是指在网页上即时发布各种自定义的项目信息；在线提醒包括 E-mail 及手机短信等方式；文档的标注与讨论为项目各参与方提供针对某一具体文档的交互式标注及讨论功能；专题讨论区则是针对项目实施工程中产生的某个具体问题设置的 BBS 形式的讨论区。

(2) 项目文档管理功能。包括文档的查询、文档的上传下载、文档在线修改以及文档版本控制等功能。除了常见的文档上传下载、文档查询等功能之外，文档安全管理主要通过用户身份管理和文档读写权限来施行；文档版本控制指的则是系统自动记录各种文档的不同版本信息以及每一次不同项目参与方对于该文档某一版本的详细访问情况(包括访问者、具体操作、访问时间等)。

(3) 项目协同工作。包括在线提醒、网络会议、远程录像以及虚拟现实等内容。其中虚拟现实一般是简单地将某些 CAD 三维图形转换为虚拟现实建模语言(VRML)并集成在其网页上，以表现建筑物完工后的三维效果。

(4) 工作流管理。主要通过流程定义和建模、流程运行控制以及流程与外部的交互来支持项目的工作流程，最大限度地实现工作流程自动化。

复习思考题

1. 分析哪类信息管理系统比较适合你所在工程项目管理的需求。
2. 谈谈你对综合业务管理信息系统的认识。
3. 分析工程项目总控系统的目的和服务对象。
4. 项目信息门户系统对中小项目管理有哪些好处?
5. 比较本章几类系统的主要差别所在。

第6章 工程项目管理信息系统的行业应用

随着工程项目管理领域管理思想理念的不断更新、工程项目管理需求不断变化，网络技术、数据库技术、通信技术等信息技术的发展及其与工程项目管理思想、方法的不断互动，信息技术对于提高整个工程项目行业的管理水平起到了极大的推动作用。

6.1 工程项目管理信息系统在建筑市场监督管理中的应用

信息系统在工程项目管理领域的行业级应用很广泛，其典型应用之一就是基于互联网络的工程项目管理与监控系统。

住房和城乡建设部根据党中央、国务院关于整顿和规范建筑市场，强化政府监督执法部门监管手段，加强对建筑市场监管的要求，决定建立全国建筑市场监督管理信息系统。建筑市场监管信息系统建设的目标就是利用先进的计算机和信息网络技术，建立部、省、市三级建筑市场监督管理信息系统网络，逐步完善三级数据交换体系，形成实时监管信息系统，实现对全国建筑市场全面、及时、有效的监管。具有如下意义：强化政府监管职能；整顿规范建筑市场；减少和遏止腐败现象的发生；提高政府宏观调控的科学性。

建筑市场监管信息系统[57]通过采集、分析工程项目、建筑市场有关企业和专业技术人员动态信息，实现对建筑市场有关企业及专业技术人员的市场行为、工程项目建设中各环节的监管，提高各级政府制定政策、作出重大决策的科学性和针对性，提高政府的监管水平。通过加强对市场的监管，进一步健全和规范建筑市场。同时通过在住房和城乡建设部公众信息网上对外发布一些必要的信息，增强工程项目交易活动的透明度，提高信息化服务水平。

6.1.1 建筑市场监督信息系统监管的重要内容

建筑市场监管信息系统主要是针对建筑市场管理过程中容易出现的违法违规行为进行监管，如违反法定建设程序、规避招标、招标投标中的弄虚作假、违法分包和无证、越级承包工程等。具体来讲，主要是对工程项目、建筑市场有关企业和专业技术人员等三个方面的监管，包括监管查询、数据上报、数据统计、汇总等功能（图 6-1）。

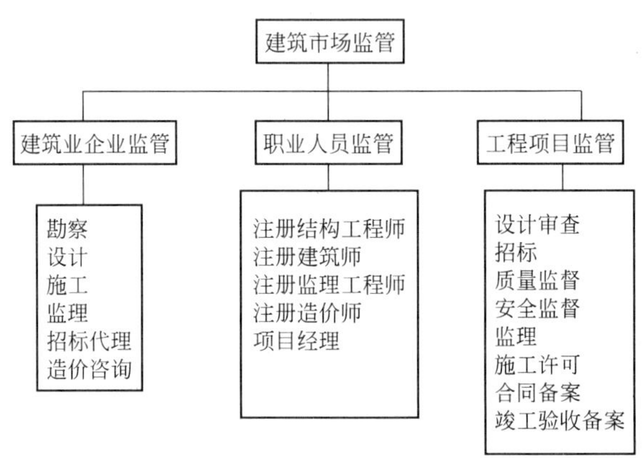

图 6-1 建筑市场监督信息内容

1. 工程项目监管

工程项目监管的主要内容如下：

（1）设计审查监管设计项目的基本情况、施工图审查情况等内容。

（2）招标阶段需监管招标的基本情况（规模、工期、评标专家情况）、招标公告情况、中标情况等。

（3）质量监督监管的内容包括质量监督登记、监督计划、质量保证体系审查、质量监督记录、隐蔽工程验收记录、工程质量事故报告、工程质量监督报告等。

（4）安全监督监管的内容包括安全获奖情况、事故情况、项目安全评价情况、处罚情况等内容。

（5）工程监理的主要监管内容包括监理单位的基本情况、监理合同情况、项目监理的范围及监理过程中的其他信息。

（6）施工许可监管需监管工程项目用地许可、工程项目规划许可、拆迁许可、资金保证、审查意见等内容。

（7）合同备案主要监管合同基本情况、合同备案情况、履约情况等内容。

（8）竣工验收备案监管的内容包括竣工验收的基本情况、项目各方主体的验收意见、质量检测和功能性试验资料、规划、公安消防、环保等部门出具的认可文件、工程质量保修、备案意见及备案的其他基本情况。

2. 建筑市场有关企业监管

建筑市场有关企业监管主要包括对建设单位和工程勘察、设计、施工、监理、招标代理、造价咨询等企业的市场违法违规行为、业绩、基本情况的监管，同时对企业变更及市场行为进行随时跟踪，逐步建立企业信用档案。甲级、一级企业的数据库由住房和城乡建设部管理，甲级、一级以下企业数据库由地方建立并报住房和城乡建设部备案。

3. 专业技术人员监管

专业技术人员的监管主要管理注册建筑师、结构工程师、监理工程师、造价工程师和建筑业企业项目经理等执业人员的基本情况、资格情况、获奖情况及违规违法情况等，同时对变更信息及人员的市场行为进行随时跟踪，并形成执业人员信用档案。具有一级执业资格的专业人员的数据库，由住房和城乡建设部管理，一级以下执业资格人员数据库由地方建立并报住房和城乡建设部备案。

6.1.2 建筑市场监督信息系统的框架

建筑市场监管信息系统整体分为部、省、市三级框架，如图 6-2 所示。

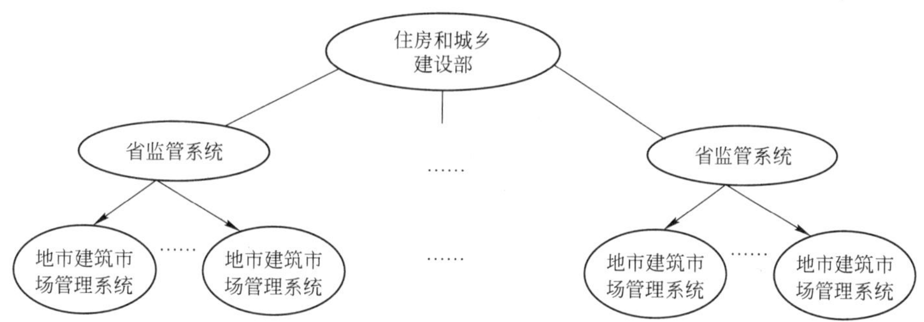

图 6-2 部、省、市三级体系结构

省级建设行政主管部门将省辖各地市的数据进行整合后通过数据传输平台上传到住房和城乡建设部的监管数据库中。

各级监管系统框架图如图 6-3～图 6-5 所示。

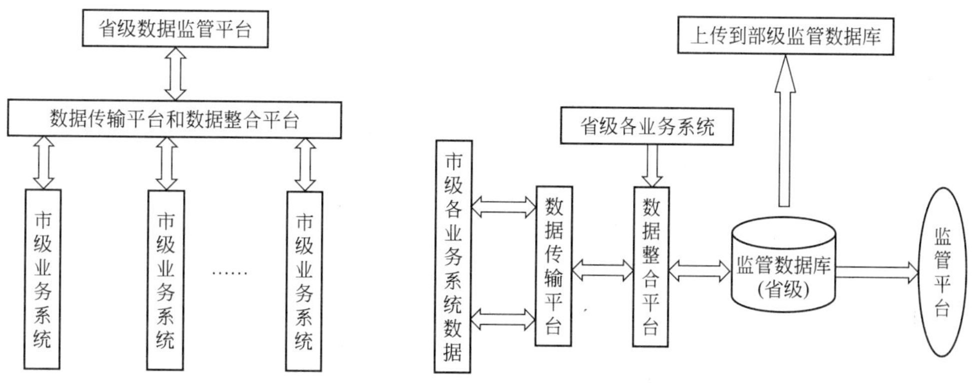

图 6-3 市级监管系统框架图

图 6-4 省级监管系统框架图

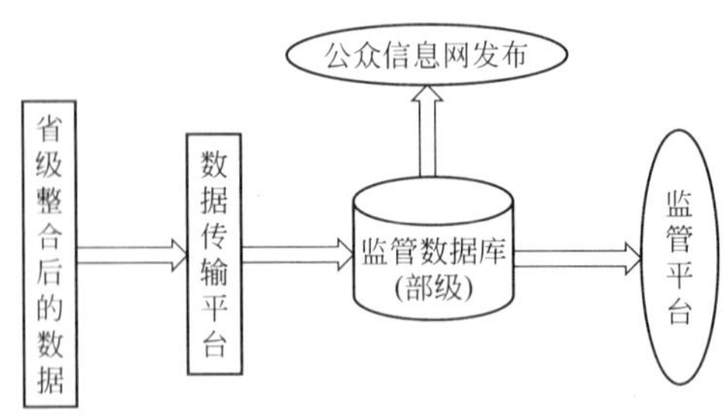

图 6-5 部级监管系统框架图

建筑市场监管系统的整体技术框架如图 6-6 所示。

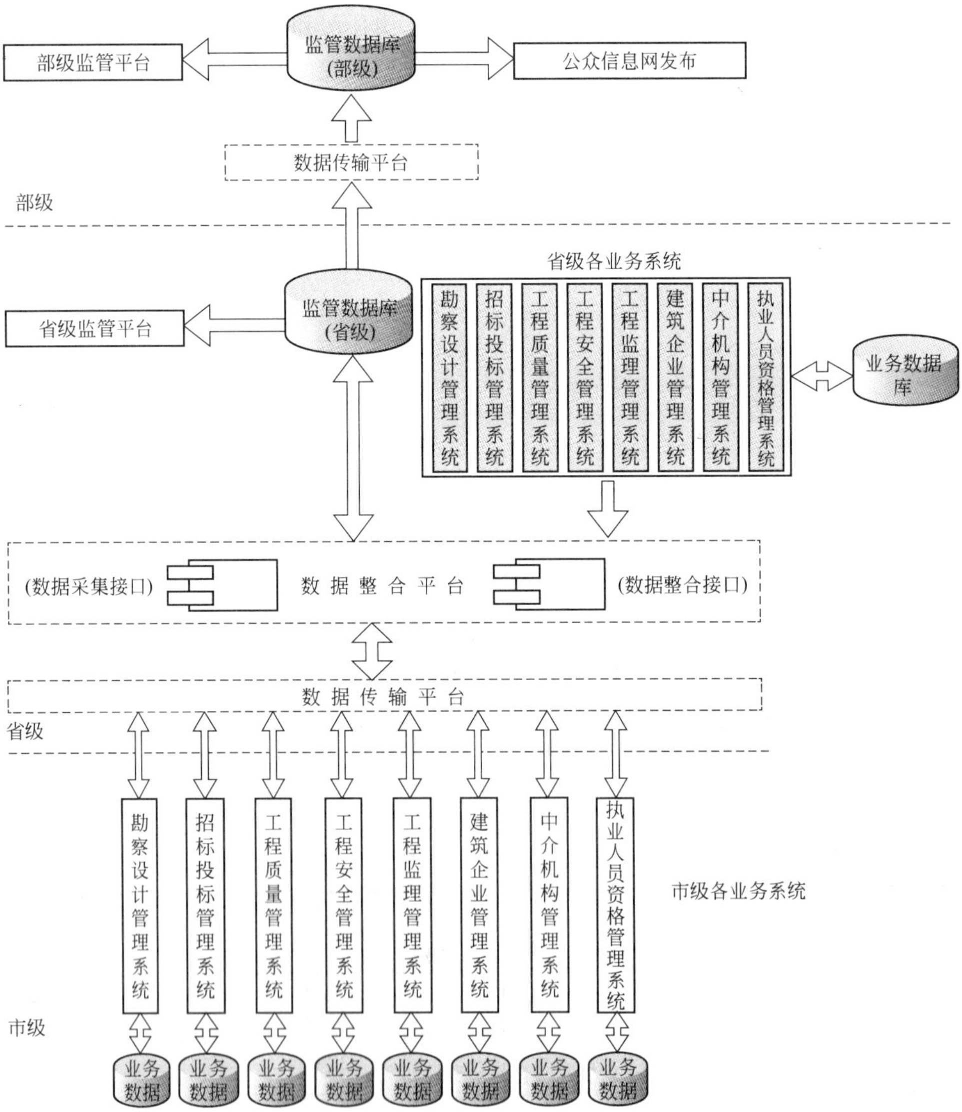

图 6-6 建筑市场监管系统的整体技术框架

6.2 建筑工程质量指数编制与发布系统

2002年2月，当时的建设部副部长郑一军在全国工程质量安全监督工作会议上首先提出应建立一个系统的指标体系，对我国的工程质量状况进行完整的、科学的、全面的评价，在此基础上对我国工程项目质量的形势进行分析和预测，作为各级建设行政主管部门质量管理工作的现实依据和参考。

建筑工程质量指数作为描述衡量建筑工程质量的具体指标，是管理部门在对工程项目的质量进行评价的过程中，为动态分析研究其质量的发展情况，而运用指数对产品和服务的质量进行综合反映的一种工具。

建筑工程质量指数的最直接的作用是反映工程项目质量的评价结果，但鉴于指数本身的特殊性，建筑工程质量指数又有其特有的作用。

(1) 工程项目质量指数反映工程项目质量的状况和整体走势。政府主管部门通过工程项目质量指数系统发布的质量报告了解工程项目质量的整体状况、薄弱环节和未来走势，为调控工程项目质量健康发展制定各项政策。

(2) 对开发商、承包方而言，指数报告可以方便他们及时了解工程项目质量的整体状况、自身制度和管理的缺陷和不足，及时作出调整，适应建设市场的发展。

(3) 对顾客和消费者而言，质量指数报告可以为之提供最佳的工程项目质量参考依据，为其正确消费提供引导。同时为所有的消费者提供一个透明公开的信息窗口，提高建设系统的可信度和开放度。

建筑工程质量指数编制与发布系统是以某城市建筑工程为总体，编制建筑工程质量指数并及时发布，反映该城市建筑工程质量水平的发展变化轨迹和发展态势，说明建筑工程质量水平变动程度的相对数，为城市建设行政主管部门对每个时期制定科学的决策和行之有效的监管提供重要依据，同时也为社会提供统计信息，加强社会对建筑工程质量的监督和引导建筑施工企业的健康发展。

建筑工程质量指数编制与发布系统具体目标体现在如下三个方面：

(1) 建筑工程质量指数以相对数的形式，简单明了地表明建筑工程的数量指标或质量指标的综合变动方向。因此，建筑工程质量指数可有效地用于对本地区建筑工程质量水平和各企业主体的工程质量管理绩效进行科学度量。

(2) 建筑工程质量指数有利于建筑工程质量监管主体和行业企业主体及时发现质量管理工作中存在的问题或薄弱环节，并采取有效的改进方法，提高质量管理水平，进一步增强本地区、本企业的综合竞争力。

(3) 建筑工程质量指数利用连续编制的指数数列，可以对区域性建筑工程质量总体长时间发展趋势进行分析。

6.2.1 建筑工程质量指数的编制

1. 建筑工程质量指数的分类

建筑工程质量指数按照评价样本的数量不同，分为单体指数和综合指数。

单体指数为单个建筑项目的质量指数，它是综合指数形成的基础。在对单体指数进行分类汇总并计算的基础上，形成了综合指数。

综合指数包括：

(1) 市整体质量指数；

(2) 市各类建筑质量指数；

(3) 市各区域建筑质量指数；

(4) 市各施工企业建筑质量指数；

(5) 市一定时期内质量验收评价、质量事故、质量投诉、质量检测指数。

2. 建筑工程质量指数的形成

建筑工程质量指数编制与发布系统建立之后，将实现建筑工程质量信息化，自动化和公开化，建筑工程质量将通过工程项目质量分析报告的形式，按照月、年发布。

建筑工程质量指数的形成过程如图 6-7 所示。

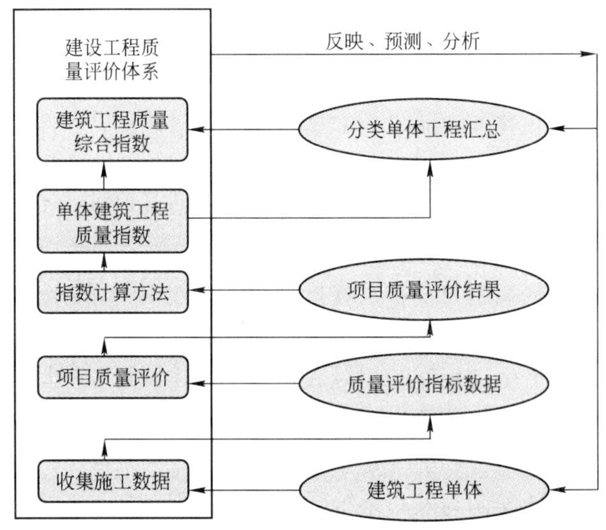

图 6-7　建筑工程质量指数的形成过程

6.2.2　建筑工程质量指数编制与发布系统的结构设计

建筑工程质量指数编制与发布系统采用基于门户的系统总体概念设计方案，如图 6-8 所示。

建筑工程质量指数编制与发布系统总体规划为五个部分：质量指数项管理、区域管理、建筑工程基本信息管理、质量指数评分管理、统计图表。如图 6-9 所示。

1. 指数项管理模块

指数项管理模块包括施工质量验收评分指数、质量检测指数、社会监督指数、质量事故指数、获奖工程指数。

施工质量验收评分指数包括：单位工程质量指数评分得分、省地、环保、节能

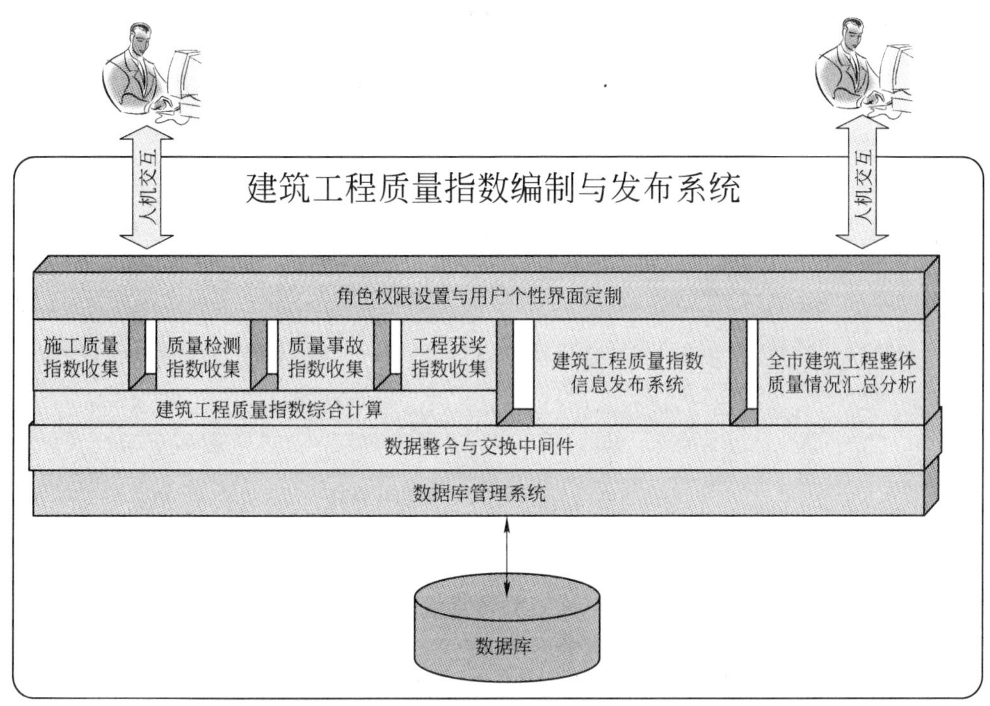

图 6-8　系统总体概念设计方案

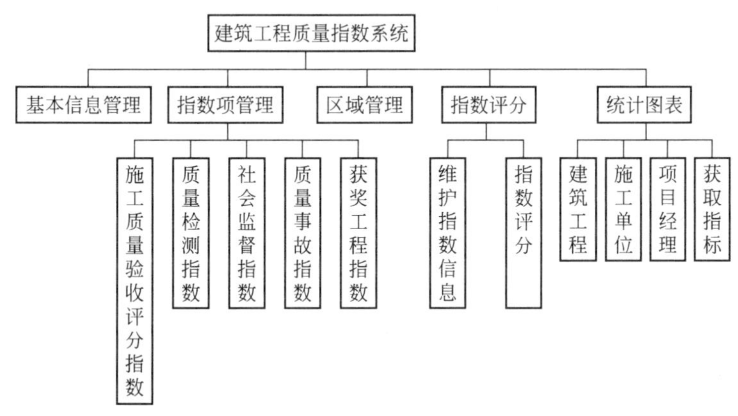

图 6-9　建筑工程质量指数系统功能框架

评分得分。

单位工程质量指数评分得分模块主要是对各单位工程的地基与基础、结构、屋面、装饰装修、安装工程进行评价得分体系的维护；省地、环保、节能评分得分主要是对省地、环保技术、节能技术进行评价得分体系的维护评分得分。如图 6-10 所示。

质量检测指数包括：工程试验检测指数、工程物质检测指数。

工程试验收检测指数主要对最重要检测项目不合格、较重要检测项目不合格、一般重要检测项目不合格项目进行评价得分体系的维护。

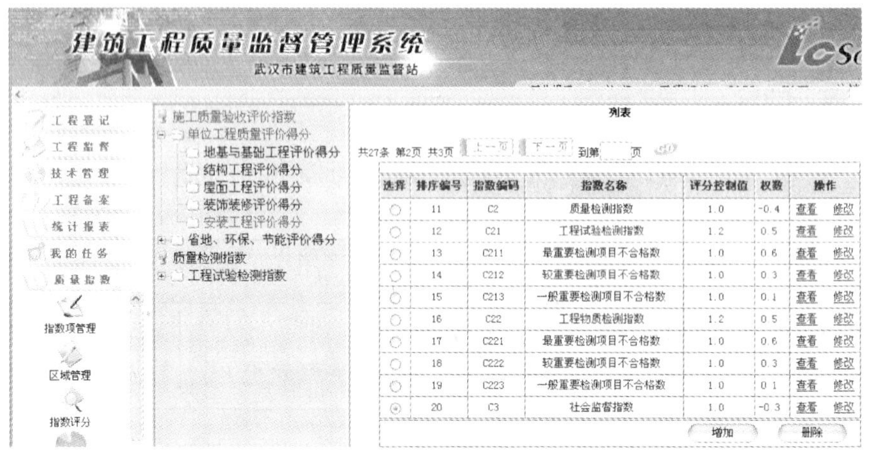

图 6-10　单体工程质量评分体系图

工程物质检测指数主要对最重要检测项目不合格、较重要检测项目不合格、一般重要检测项目不合格项目进行评价得分体系的维护。

社会监督指数包括：质量投诉数。

质量投诉数主要是指对结构安全质量问题投诉数、一般性质量问题投诉数的项目进行评价得分体系的维护。

质量事故指数包括：质量事故扣分。

质量事故扣分主要是对项目质量事故进行评价得分体系的维护。

获奖工程指数包括：工程获奖加分。

工程获奖加分主要对项目获部级以上奖项工程、省级结构优质工程、优质工程、结构样板工程等进行评价得分体系的维护。

2. 区域管理

区域管理主要是对城市的区域进行管理，以便在统计分析中选择区域编号进行对比，下面以某市为例，如图 6-11 所示。

图 6-11　区域管理系统图

3. 指数评分

指数评分模块主要是对建筑工程基本信息进行维护，并针对相应的建筑工程进行指标评分，如图 6-12 所示。

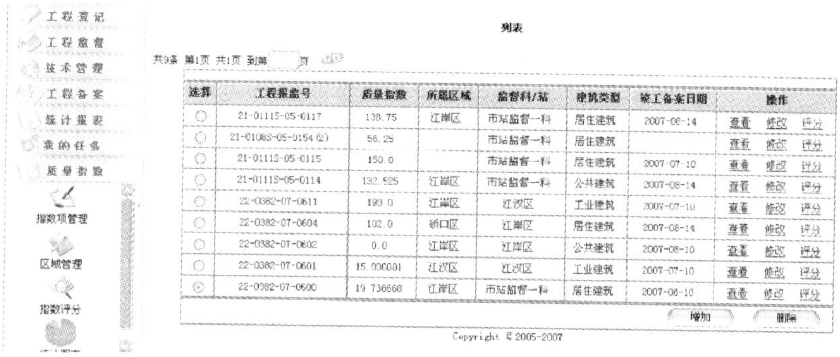

工程登记
工程监督
技术管理
工程备案
统计报表
我的任务
质量指数
指数项管理
区域管理
指数评分

列表

共9条 第1页 共1页 到第 页

选择	工程报监号	质量指数	所属区域	监督科/站	建筑类型	竣工备案日期	操作
○	21-0111S-05-0117	138.75	江岸区	市站监督一科	居住建筑	2007-08-14	查看 修改 评分
○	21-0108S-05-0154(2)	56.25		市站监督一科	居住建筑		查看 修改 评分
○	21-0111S-05-0115	150.0		市站监督一科	居住建筑	2007-07-10	查看 修改 评分
○	21-0111S-05-0114	132.525	江岸区	市站监督一科	公共建筑	2007-08-14	查看 修改 评分
○	22-0382-07-0611	180.0	江岸区	江汉区	工业建筑	2007-07-10	查看 修改 评分
○	22-0382-07-0604	102.0	硚口区	江岸区	居住建筑	2007-08-14	查看 修改 评分
○	22-0382-07-0602	0.0	江岸区	江岸区	公共建筑	2007-08-10	查看 修改 评分
○	22-0382-07-0601	15.000001	江汉区	江汉区	工业建筑	2007-07-10	查看 修改 评分
◉	22-0382-07-0600	19.736668	江岸区	市站监督一科	居住建筑	2007-08-10	查看 修改 评分

增加 删除

Copyright © 2005-2007

图 6-12 指数评分系统图

4. 统计图表

统计图表主要是针对建筑工程、施工单位和项目经理进行统计分析，并能根据城市质量监督系统中已经包含的相关质量指数信息进行获取，并自动计算质量指数得分，查询条件和获取指标功能如图 6-13 所示。

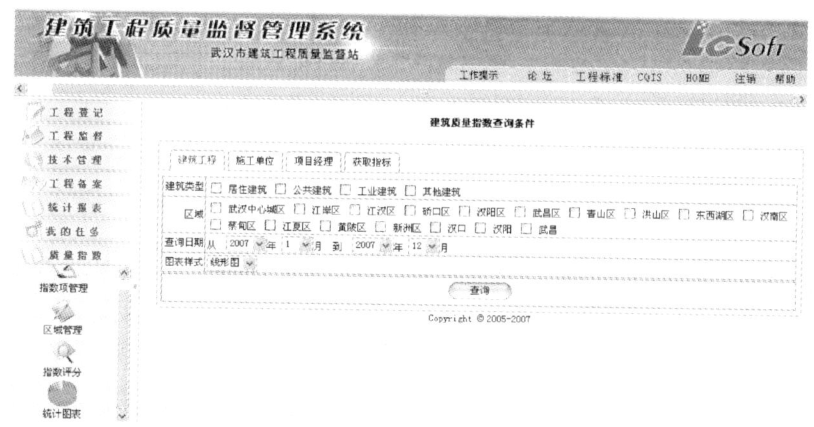

图 6-13 质量指数统计功能系统图

针对建筑工程，可以将不同的条件(建筑类型、区域、查询日期、统计图表样式)进行组合后查询，查询条件如图 6-14 所示。

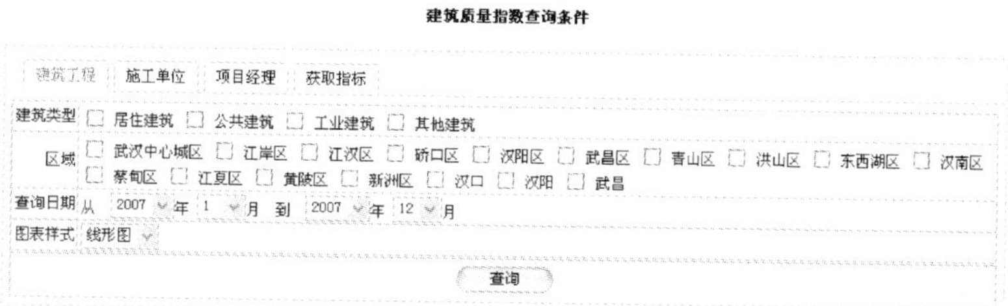

建筑质量指数查询条件

建筑工程 施工单位 项目经理 获取指标

建筑类型 □ 居住建筑 □ 公共建筑 □ 工业建筑 □ 其他建筑

区域 □ 武汉中心城区 □ 江岸区 □ 江汉区 □ 硚口区 □ 汉阳区 □ 武昌区 □ 青山区 □ 洪山区 □ 东西湖区 □ 汉南区 □ 蔡甸区 □ 江夏区 □ 黄陂区 □ 新洲区 □ 汉口 □ 汉阳 □ 武昌

查询日期 从 2007 年 1 月 到 2007 年 12 月

图表样式 线形图

查询

图 6-14 建筑质量指数查询条件设置系统图(1)

针对施工单位，可以将不同的条件(施工单位名称、查询日期、统计图表样式)进行组合后查询，查询条件如图 6-15 所示。

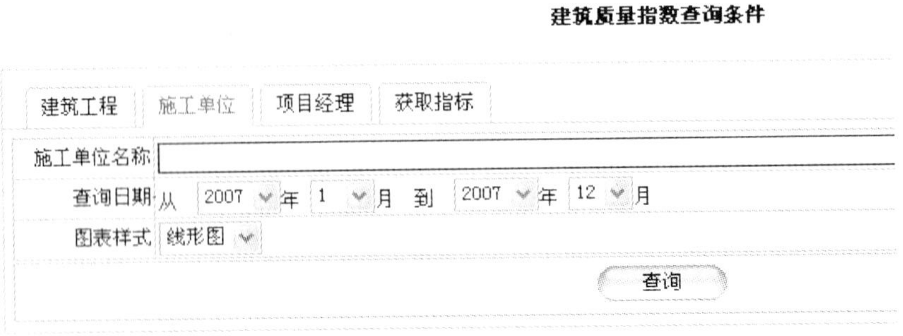

建筑质量指数查询条件

建筑工程 施工单位 项目经理 获取指标

施工单位名称

查询日期 从 2007 年 1 月 到 2007 年 12 月

图表样式 线形图

查询

图 6-15　建筑质量指数查询条件设置系统图(2)

针对项目经理，可以将不同的条件(项目经理姓名、查询日期、统计图表样式)进行组合后查询，查询条件如图 6-16 所示。

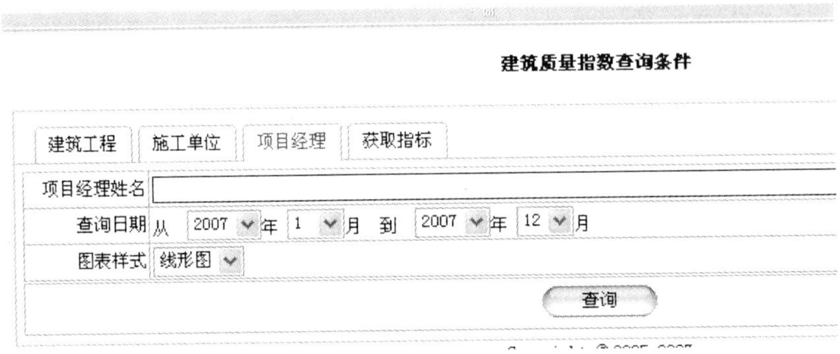

建筑质量指数查询条件

建筑工程 施工单位 项目经理 获取指标

项目经理姓名

查询日期 从 2007 年 1 月 到 2007 年 12 月

图表样式 线形图

查询

图 6-16　建筑质量指数查询条件设置系统图(3)

选择不同年份进行指标获取，系统将自动对该年度相关建筑工程对应的质量情况进行分析并评分，最终形成建筑工程的质量指数，如图 6-17 所示。

图 6-17　建筑质量指数查询条件设置系统图(4)

复习思考题

1. 谈谈工程项目管理信息化在整个行业中有哪些应用?
2. 第 5 章各类信息管理系统同本章的行业级应用的关系是什么?

第7章 工程项目管理信息系统开发与实施管理

7.1 工程项目信息系统需求分析管理

7.1.1 系统需求的概念及层次划分

对系统需求的定义可以从多个角度进行，从用户的角度来看，可以定义为“从系统外部能发现系统所具有的满足于用户的特点、功能及属性等”；而从开发人员的角度，则可定义为“指明系统必须实现什么的规格说明，它描述了系统的行为、特性或属性，是在开发过程中对系统的约束”[61]。

一般来讲，系统需求可以包括三个不同的层次——业务需求(Business Requirement)、用户需求(User Requirement)、功能和非功能需求(Functional and Nonfunctional Requirement)。业务需求反映了组织机构对系统、产品的目标要求，它们在项目视图与范围文档中予以说明；用户需求描述了用户使用系统时必须完成的任务，这在使用实例说明中予以说明；功能需求定义开发人员必须实现的系统软件功能，使得用户能完成他们的任务，非功能需求是作为功能需求的补充，用来描述系统展现给用户的行为和执行的操作等，包括产品必须遵从的标准、规范和合约，外部界面的具体细节，性能要求，设计或实现的约束条件及质量属性等，它们在软件需求规格说明书中进行说明。在项目的开发中，不同层次的需求在不同的时间来自不同的来源，也有着不同的目标和对象，并需以不同的方式编写成文档。业务需求不应包括用户需求，而所有的功能需求都应该源于用户需求，同时开发人员也需要获取非功能需求，如质量属性等。软件需求各层次之间的关系如图7-1所示[61]。

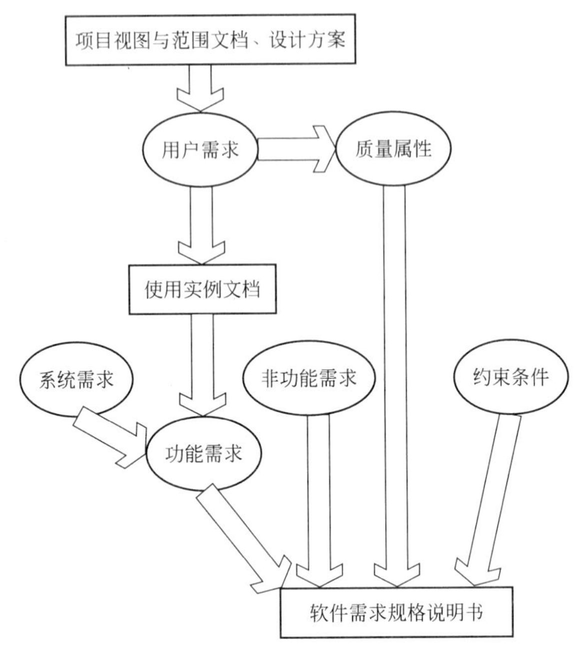

图 7-1　软件各需求层次之间的关系

系统需求分析是工程项目信息系统开发最重要的环节之一，具体可以分为需求调研、编制需求规格说明书、需求变更管理等阶段。

7.1.2　需求调研方法与步骤

一般而言，需求调研方法有以下 6 种方式：

(1) 会谈、询问，这种方式可以围绕系统目标提出具体的问题；

(2) 调查表，根据系统特点来设计调查表，利用调查表向有关组织和用户征求意见和收集数据，采用调查表是因为书面回答一般都会经过仔细考虑，可能会比口头回答的准确性更高，该方法适用于比较复杂的系统；

(3) 收集分析各部门用户日常业务所用的各种计划、原始凭据、单据、报表、有关工作责任、工作流程、工作规范、相关数据标准、业务标准的各种文字资料；

(4) 收集同类相关产品的宣传资料、技术资料、演示程序或软件程序；

(5) 情景分析，这种方式能够诱导用户把他们的需求告知调研人员，例如描述当前一项业务的具体流程；

(6) 可视化方法：结合情景分析，利用画用户界面图、业务流程图、功能结构图、时序图等图形与用户进行讨论分析。

在实际操作中，可根据具体情况采用不同的调研方法。

需求调研的 5 个步骤如下：

(1) 调研用户领域的组织结构、岗位设置和职责定义，从功能上区分子系统的个数，划分子系统的范围，明确各子系统的目标；

（2）调研各子系统的工作流程，收集单据、报表、账本等原始资料，分析物流、资金流、信息流三者之间的关系，并且明确用数据流来表示这三者之间的关系；

（3）调研的内容需要事先准备，根据不同用户所在的不同层次、部门分别列出不同的问题清单，使操作层、管理层和决策层的需求既有联系又有区别，形成一个金字塔；

（4）及时总结归纳调研结果，找出新的结果，初步构成需求基线；

（5）若需求基线符合要求，则需求分析完毕；反之返回到第1步或第2步或第3步。如此循环往复，直到双方满意为止[62]。

7.1.3 需求规格说明书的编制

需求调研工作结束后，应开始编写需求规格说明书，其作用是作为用户与系统开发人员之间的合同，为双方的相互了解提供基础；同时反映出问题的结构，这也是开发人员进行模块设计和编写程序的基础；另外，需求规格说明也是验收的依据。

编制需求规格说明书应遵循以下原则：

（1）句子简短完整，简明易懂，语法、拼写和标点正确；

（2）使用的术语与词汇表中所定义的一致；

（3）需求陈述应有统一样式，例如“用户需……”，并紧跟一个行为动作和可观察的结果；

（4）避免使用比较性词语，如“提高”，应定量说明提高程度，进入讨论组讨论。

文档编制方法有三种，对于文本型文档用结构化和自然语言编写；利用图形化的模型，描绘转换过程、系统状态、数据关系、逻辑流或对象类和他们的关系；编写形式化规格说明，这可以通过使用数学上精确的形式化逻辑语言来定义需求。实际操作时，可根据需要灵活选用多种编写方法，在同一个文档中可使用多种方法，根据需要选择，或互为补充，以能够把需求说明白为目的。

编制文档时，可根据《需求分析说明书》格式参照开发文档模板来整理调研结果；在绘制功能模块分解图与单位组织结构图可用Visio或Word中的画图工具；业务流程图用Visio中的Flowchart模块绘制；系统逻辑模型使用Rose及Visio中的UML模块绘制；物理数据模型用Powerdesiner绘制[23]。

需求规格书通用目录文档结构如下：

1. 引言提出对本说明书的概述

1.1 编写文档的目的；

1.2 文档约定；

1.3 描述文档的排版约定，解释各种符号的意义；

1.4 读者阅读建议对文档的各类读者的阅读建议；

1.5　软件的范围描述软件的范围和目标；

1.6　参考文献编写文档所参考的资料清单。

2. 综合描述——描述系统的运行环境、用户和其他已知的限制、假设和依赖

2.1　产品前景——系统的背景和前景；

2.2　系统的功能和优先级——概要描述系统的主要功能，给出一个功能列表或功能方块图；

2.3　用户类和特征——描述使用系统的不同用户类和相关特征；

2.4　运行环境——描述系统的运行环境，包括硬件平台、操作系统、其他软件组件。如果本系统是一个较大系统的一部分，则需简单描述这个大系统的组成和功能，特别要说明它的接口；

2.5　设计和实现上的限制——概要说明开发系统设计和实现上的各种限制，包括软硬件限制、与其他应用软件的接口、并行操作、审查功能、控制功能、开发语言、通信协议、应用的临界点、安全和保密方面的限制；

2.6　假设和依赖——描述影响系统开发的假设条件和依赖条件，说明系统运行对外部因素的依赖情况。

3. 功能需求

3.1　引言——功能要达到的目标，实现功能所采用的方法和技术引言，功能的由来和背景；

3.2　功能的详细说明——功能需要的输入信息，对输入信息进行的有效性检查，操作的步骤，出现异常的影响，对输出数据的影响等。

4. 数据要求——描述与功能有关的数据定义数据要求和数据关系

4.1　数据实体关系——描述数据实体关系；

4.2　数据字典——定义数据流和数据存储或其他有关的数据项；

4.3　数据库——描述对数据库的要求。

5. 性能需求——产品的性能指标，包括产品响应时间、容量要求、用户数要求等

6. 外部接口——所有与外部接口有关的需求都应该予以说明

6.1　用户界面——描述软件用户界面的标准和风用户界面格式，不包括详细的界面布局设计；

6.2　硬件接口——系统运行环境中各硬件的接口；

6.3　软件接口——描述系统与其他外部组件的连接，包括数据库、软件库、中间件等；

6.4　通信接口——描述系统与通信有关的需求，如信息格式、通信安全、速率、通信协议等。

7. 设计约束——对设计的约束及其原因

7.1　硬件限制——硬件配置的特点；

7.2　软件限制——指定软件运行环境，描述与其他软件的接口；

7.3　其他约束——约束和原因，包括用户要求的报表风格，要求遵循的数据

命名规范等。

8. 质量属性——描述系统要求的质量特性

9. 其他需求——在说明书的其他部分未能体现的需求

9.1 产品操作需求——用户要求的常规操作和特殊操作；

9.2 场合适应性需求——指出在特定场合和操作方式下的特殊需求。

附录1. 词汇表录——定义所有必要的术语，以便读者可以正确理解文档的内容。

附录2. 分析模型——描述文档中所涉及的表达需求的模型，可能是数学模型、功能模型、数据模型或其他模型。

附录3. 待定问题列表——说明书中所有待定问题的清单。

7.1.4 需求评审

系统需求作为系统开发最重要的一个输入，其质量很大程度决定了最终系统的质量，因此需求风险成为工程项目管理信息系统开发过程中最大的风险。为确保系统需求是可取的，应该对需求的正确性、文档的一致性、完整性、准确性和清晰性，以及其他各种各样的需求给予评审，即进行需求验证(Requirement Verification)，以避免需求过多或需求频繁变更(即需求不稳定)等问题的出现。

同行评审(Peer Review)是业界公认的最有效，也是使用最多的排错手段之一。需求评审应以专门指定的人员负责，并严格按规程进行。评审结束应有评审负责人的评语及签字。需求评审的参与者当中，除系统分析员之外，必须要有用户代表参与，同时还要包括项目的管理者、系统工程师和相关开发人员、测试人员、市场人员、维护人员等。这里特别强调，在项目开始之初就应当确定不同级别、不同类型的评审必须有哪些人员参与，否则，评审可能遗漏某些人员的宝贵意见，导致今后不同程度的返工。

7.1.5 需求变更管理

在项目实施过程中，维持需求的动态稳定性和精确性，对项目目标的实现起着非常重要的作用，但是也不可避免地会遇到项目需求变更，这需要积极面对，因此也就需要需求变更管理。

有效的需求变更管理需要对变更带来的潜在影响及可能发生的成本费用进行评估，然后与用户协商哪些需求可以变更，哪些需求不可以变更，并形成相关文档，评估需求变更所涉及的模块是否影响到的目前已实现的功能，需求变更所需的时间，变更所需要的费用，变更所涉及的文档修改等。

为了对系统需求变更更有效地管理，还需要明确需求变更控制过程(小的变更可能影响不大，有较大影响的变更需要通过控制过程来处理)；需求变更影响分析；跟踪受需求变更影响而修改的模块；建立需求基准版本和过程控制版本文档；维护需求分析变更的历史记录，并保存变更过程产生的原始记录。

实际上，需求分析作得好，系统需求规格说明书定义的范围越详细越清晰，用户提出的需求变更的要求就越少。因此，一个规范、明确的需求规格说明书在系统开发过程中显得格外重要。

7.1.6 需求分析实例——某地铁建设控制系统合同管理子系统

结合第5章的业务分析，以其中合同管理子系统为例，详细说明合同管理子系统的需求分析过程。

合同管理子系统是各管理组对该地铁工程中所涉及合同基本信息、合同执行、结算付款进行全过程管理和控制的管理模块。具体包含合同会签、合同信息管理、合同变更管理、合同支付管理、合同信息查询、合同概况、合同报表、工程概算分析以及基础数据维护9个子功能模块。由于篇幅关系，本书详细描述合同会签管理模块需求说明，其他模块类似。

1. 合同会签模块需求获取/分析表格 REA

公司名称					
部　　门		小　　组		工 程 师	
项目名称		项目编号		版　　本	
文　　档		文档编号		版　　本	
表　　格		表格编号	合同管理子系统01	版　　本	
名　　称		来　　源		角　　色	
类　　型					
获取需求					
需求描述 用户能够启动合同会签、审批合同、查看审批情况，修改、删除合同					
需求原理 用户有启动合同会签、审批合同、查看审批情况，修改、删除合同的需要					
需要分析					

系统边界(对应项√)	需求分析(对应项√)	系统相关的优先级(对应项√)
需求过程 （√） 操作过程 （ ） 不相关 （ ）	可行 （√） 不可行 （ ）	基本的 （√） 有用的 （ ） 值得的 （ ）
风险分析 (对应项√)		
有 （ ） 无 （√）		

2. 合同会签模块需求获取情节表

<table>
<tr><td>公司名称</td><td colspan="5"></td></tr>
<tr><td>部　门</td><td></td><td>小组</td><td></td><td>工程师</td><td></td></tr>
<tr><td>产　品</td><td colspan="2"></td><td>产品标识</td><td colspan="2"></td></tr>
<tr><td>文档名称</td><td colspan="2">需求情节获取表</td><td>文档标识</td><td colspan="2">RES 合同管理子系统 01-合同会签</td></tr>
<tr><td>需求编号</td><td colspan="2">合同管理子系统 01</td><td>来源</td><td></td><td>角色</td></tr>
<tr><td>情节说明</td><td colspan="5">合同会签</td></tr>
<tr><td>前提条件</td><td colspan="5">进入合同管理子系统合同会签模块</td></tr>
<tr><td>请求结果</td><td colspan="5">打开合同会签主界面</td></tr>
<tr><td>优先级</td><td colspan="5">高</td></tr>
<tr><td>使用频率</td><td colspan="5">高</td></tr>
<tr><td>普通过程</td><td colspan="2">打开合同会签主界面</td><td>编号</td><td colspan="2">N-1</td></tr>
<tr><td colspan="3">执行者行为</td><td colspan="3">系统响应</td></tr>
<tr><td colspan="3">1 请求打开合同会签主界面</td><td colspan="3">2 显示合同会签主界面(UIR 合同会签 01)</td></tr>
<tr><td>普通过程</td><td colspan="2">查看审核情况</td><td>编号</td><td colspan="2">N-2</td></tr>
<tr><td colspan="3">执行者行为</td><td colspan="3">系统响应</td></tr>
<tr><td colspan="3">1 单击操作栏“审核情况”按钮</td><td colspan="3">2 系统显示合同审核详细界面(UIR 合同会签 02)</td></tr>
<tr><td colspan="3">3 选择“基本信息”选项卡</td><td colspan="3">4 系统显示合同基本信息界面(UIR 合同会签 03)</td></tr>
<tr><td colspan="3">5 选择“附件”选项卡</td><td colspan="3">6 系统显示合同附件列表界面(UIR 合同会签 04)</td></tr>
<tr><td>普通过程</td><td colspan="2">启动会签流程</td><td>编号</td><td colspan="2">N-3</td></tr>
<tr><td colspan="3">执行者行为</td><td colspan="3">系统响应</td></tr>
<tr><td colspan="3">1 单击操作栏“启动会签流程”按钮</td><td colspan="3">2 系统显示启动会签流程界面(UIR 合同会签 05)</td></tr>
<tr><td colspan="3">3 单击“启动会签流程”按钮</td><td colspan="3">4 系统弹出保存成功提示框(UIR 合同会签 06)</td></tr>
<tr><td>普通过程</td><td colspan="2">审核合同信息</td><td>编号</td><td colspan="2">N-4</td></tr>
<tr><td colspan="3">执行者行为</td><td colspan="3">系统响应</td></tr>
<tr><td colspan="3">1 单击操作栏“审核”按钮</td><td colspan="3">2 系统显示合同审核界面(UIR 合同会签 07)</td></tr>
<tr><td colspan="3">3 选择“基本信息”选项卡</td><td colspan="3">4 系统显示合同基本信息界面(UIR 合同会签 08)</td></tr>
<tr><td colspan="3">5 选择“附件”选项卡</td><td colspan="3">6 系统显示合同附件列表界面(UIR 合同会签 09)</td></tr>
<tr><td colspan="3">7 单击确定(取消)按钮</td><td colspan="3">8 返回合同管理主界面(UIR 合同会签 01)</td></tr>
<tr><td>普通过程</td><td colspan="2">修改合同</td><td>编号</td><td colspan="2">N-5</td></tr>
<tr><td colspan="3">执行者行为</td><td colspan="3">系统响应</td></tr>
<tr><td colspan="3">1 单击操作栏“修改”按钮</td><td colspan="3">2 系统显示修改合同界面(UIR 合同会签 10)</td></tr>
<tr><td colspan="3">3 选择“基本信息”选项卡</td><td colspan="3">4 系统显示修改合同基本信息界面(UIR 合同会签 10)</td></tr>
<tr><td colspan="3">5 选择“附件”选项卡</td><td colspan="3">6 系统显示合同附件列表界面(UIR 合同会签 11)</td></tr>
<tr><td colspan="3">7 单击操作栏“新增”按钮</td><td colspan="3">8 系统显示增加合同附件界面(UIR 合同会签 12)</td></tr>
<tr><td colspan="3">9 单击操作栏“修改”按钮</td><td colspan="3">10 系统显示修改合同附件界面(UIR 合同会签 14)</td></tr>
<tr><td colspan="3">11 单击操作栏“删除”按钮</td><td colspan="3">12 系统弹出删除提示框(UIR 合同会签 15)</td></tr>
<tr><td colspan="3">13 单击“确定(返回)”按钮</td><td colspan="3">14 系统返回合同附件列表界面(UIR 合同会签 11)</td></tr>
<tr><td colspan="3">15 单击“确定(取消)”按钮</td><td colspan="3">16 系统返回合同附件列表界面(UIR 合同会签 11)</td></tr>
<tr><td colspan="3">17 选择“基本信息”选项卡</td><td colspan="3">18 系统返回“基本信息”列表(UIR 合同会签 10)</td></tr>
<tr><td colspan="3">19 单击“保存(返回)”按钮</td><td colspan="3">20 系统返回合同会签主界面(UIR 合同会签 01)</td></tr>
</table>

续表

普通过程	删除合同	编号	N-6
执行者行为		系统响应	
1 单击操作栏中“删除”按钮		2 系统弹出删除提示框(UIR 合同会签 16)	
3 单击“返回”按钮		4 返回合同会签主界面(UIR 合同会签 01)	
普通过程	查询合同信息	编号	N-7
执行者行为		系统响应	
1 输入查询条件			
2 单击“查询”按钮		3 系统显示查询结果(UIR 合同会签 01)	

3. 合同会签模块用户交互需求 UIR

公司名称					
部　　门		小　　组		工 程 师	
项目名称		项目编号		版　　本	
文　　档		文档编号		版　　本	
表　　格		表格编号	合同会签 01	版　　本	
需 求 号	合同管理子系统 01	来　　源		角　　色	
窗口名称	合同会签 01				

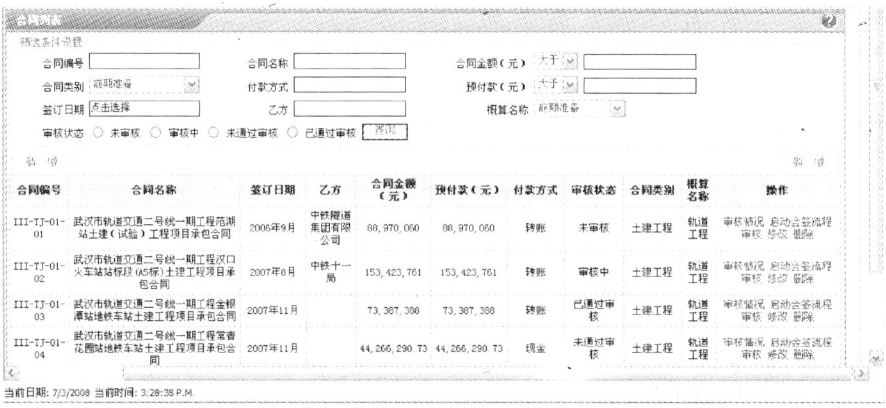

合同列表

筛选条件设置

合同编号 [ ]　合同名称 [ ]　合同金额（元） 大于 [ ]
合同类别 前期准备　付款方式 [ ]　预付款（元） 大于 [ ]
签订日期 点击选择　乙方 [ ]　概算名称 前期准备
审核状态 ○ 未审核 ○ 审核中 ○ 未通过审核 ○ 已通过审核 [查询]

新增　　新增

合同编号	合同名称	签订日期	乙方	合同金额（元）	预付款（元）	付款方式	审核状态	合同类别	概算名称	操作
III-TJ-01-01	武汉市轨道交通二号线一期工程范湖站土建（试验）工程项目承包合同	2006年9月	中铁隧道集团有限公司	88,970,060	88,970,060	转账	未审核	土建工程	轨道工程	审核情况 启动会签流程 审核 修改 删除
III-TJ-01-02	武汉市轨道交通二号线一期工程汉口火车站站标段(A5标)土建工程项目承包合同	2007年8月	中铁十一局	153,423,761	153,423,761	转账	审核中	土建工程	轨道工程	审核情况 启动会签流程 审核 修改 删除
III-TJ-01-03	武汉市轨道交通二号线一期工程金银潭站地铁车站土建工程项目承包合同	2007年11月		73,387,388	73,387,388	转账	已通过审核	土建工程	轨道工程	审核情况 启动会签流程 审核 修改 删除
III-TJ-01-04	武汉市轨道交通二号线一期工程常青花园站地铁车站土建工程项目承包合同	2007年11月		44,266,290.73	44,266,290.73	现金	未通过审核	土建工程	轨道工程	审核情况 启动会签流程 审核 修改 删除

当前日期：7/3/2008 当前时间：3:28:38 P.M.

备　　注	
相关窗口说明	编　　号
单击操作栏“审核情况”按钮，系统显示合同审核详细列表界面	UIR 合同会签 02
单击操作栏“启动会签流程”按钮，系统显示启动会签历程界面	UIR 合同会签 05
单击操作栏“审核”按钮，系统显示合同审核过程详细界面	UIR 合同会签 07
单击操作栏“修改”按钮，系统显示修改合同界面	UIR 合同会签 10
单击操作栏“删除”按钮，系统弹出删除提示框	UIR 合同会签 16
单击“查询”按钮，系统显示查询结果	

4. 合同会签模块用户交互需求 UIR

<table>
<tr><td>公司名称</td><td colspan="5"></td></tr>
<tr><td>部　　门</td><td></td><td>小　　组</td><td></td><td>工 程 师</td><td></td></tr>
<tr><td>项目名称</td><td></td><td>项目编号</td><td></td><td>版　　本</td><td></td></tr>
<tr><td>文　　档</td><td></td><td>文档编号</td><td></td><td>版　　本</td><td></td></tr>
<tr><td>表　　格</td><td></td><td>表格编号</td><td>合同会签 02</td><td>版　　本</td><td></td></tr>
<tr><td>需 求 号</td><td>合同管理子系统 01</td><td>来　　源</td><td></td><td>角　　色</td><td></td></tr>
<tr><td>窗口名称</td><td colspan="5">合同会签 02</td></tr>
</table>

合同审核详细

审核情况　基本信息　附件

序号	办理人	办理意见	时间	审核情况
1	XX	请于2007年06月10日之前办理	2007年06月01日	—
2	XX	可以通过	2007年06月07日	通过
3	XXX	可以通过	2007年06月07日	通过
4	XX	可以通过	2007年06月07日	通过

当前日期: 7/3/2008 当前时间: 3:40:46 P.M.

备　　注	

相关窗口说明	编　　号
单击“基本信息”，系统显示合同基本信息界面	UIR 合同会签 03
单击“附件”，系统显示合同附件界面	UIR 合同会签 04

7.2 工程项目信息系统设计管理

需求规格说明书经评审并得到上级确认后，就可以进行系统设计阶段。系统设计的任务是提出系统模型，详细确定系统结构，也就是设计出系统流程图、子系统流程图，并同系统设计报告与详细数据库结构等一些必要的技术文档资料。

在进行系统设计时，应遵循以下原则：

(1) 表现出清晰的层次组织；

(2) 系统模块化，各模块化的结构实现专门的系统功能和子系统功能；

(3) 应规划出为系统所共用的具有独立功能特征的一些模块；

(4) 高设计，低实现，即设计过程中考虑计算机的不断发展，网络应用，多媒体应用等，但是由于现实条件限制，系统具体实现时，又暴露出目前的水平。

设计阶段包括总体设计和详细设计两个部分，主要任务是指计算机管理信息系统的软件设计，也就是把用户的要求转换成一个具体的设计方案。设计阶段的质量决定了整个系统的质量和特性，因此本阶段的工作由资深软件工程师来执行[21]。

7.2.1 系统总体设计

系统总体设计也称为结构设计或初步设计。根据系统分析阶段确定新系统目标、功能和逻辑模型，并根据功能将系统分为若干个子系统，确定各子系统的目标、功能，然后按层次结构划分功能模块，画出系统结构图。系统总体设计还包括选择系统设备，确定系统设备的配置方案。

把一个系统进一步划分成若干子系统可大大简化设计工作，而且会给系统的实施管理带来方便。划分子系统后，一方面对每个子系统的设计、调试工作都可以互不干扰地各自相对独立进行，即使将来要修改或扩充系统，也可以只在有关的子系统范围内进行，而不至于影响全局；另一方面由于子系统在功能上有相对独立性，在需求上可能有不同的缓急程度，因而在实施过程中可根据不同的需求程度分期实施[66]。

简单地说，任何一个大的应用系统，都可按功能分割，划分成若干子系统。具体划分的原则是：

（1）功能上的独立性：可以按不同的应用类型划分为不同的子系统，被划分后的各子系统的功能尽可能和现行系统各组织机构的功能一致，这样既便于开展组织管理工作，也便于信息系统数据的收集和传送以及各项处理活动的开展。

（2）逻辑上的独立性：尽可能减少各子系统互相之间的联系，不同的子系统在处理过程中最好仅有数据耦合。

（3）数据的整体性：一般一个数据类只能由一个子系统产生。

（4）注意系统的可重构性能与可扩充性能，以提高系统的应变能力[2]。

在具体划分子系统时，一定要按照子系统划分原则，结合应用环境的业务工作特点，按功能分割。

而对每一个应用系统，都可根据系统数据流程图，采用变换中心分解法或事务中心分解法，导出系统结构图，也称系统模块结构图。

在系统结构图设计完毕后，就可进行系统设备选型，设计具体配置方案，包括硬件设备和软件系统。其选择的依据是，首先根据应用环境的特点和性能要求，确定整个系统结构配置方案，然后要考虑到系统将来可能扩充的功能和单位可能的投资费用。

为节省开发经费、降低资源消耗、缩短研制时间，同时提高工作效率、可靠性及可维护性，总体设计之后要进行必要的阶段评审，以及时发现和解决问题，而不至于把问题带到后面的系统实施阶段[66]。

7.2.2 系统总体设计实例——某地铁建设控制系统总体设计

还是以第5章的业务分析为例，根据实际调研，给出某地铁建设控制系统的总体设计说明。

1. 系统功能总体结构(图 7-2)

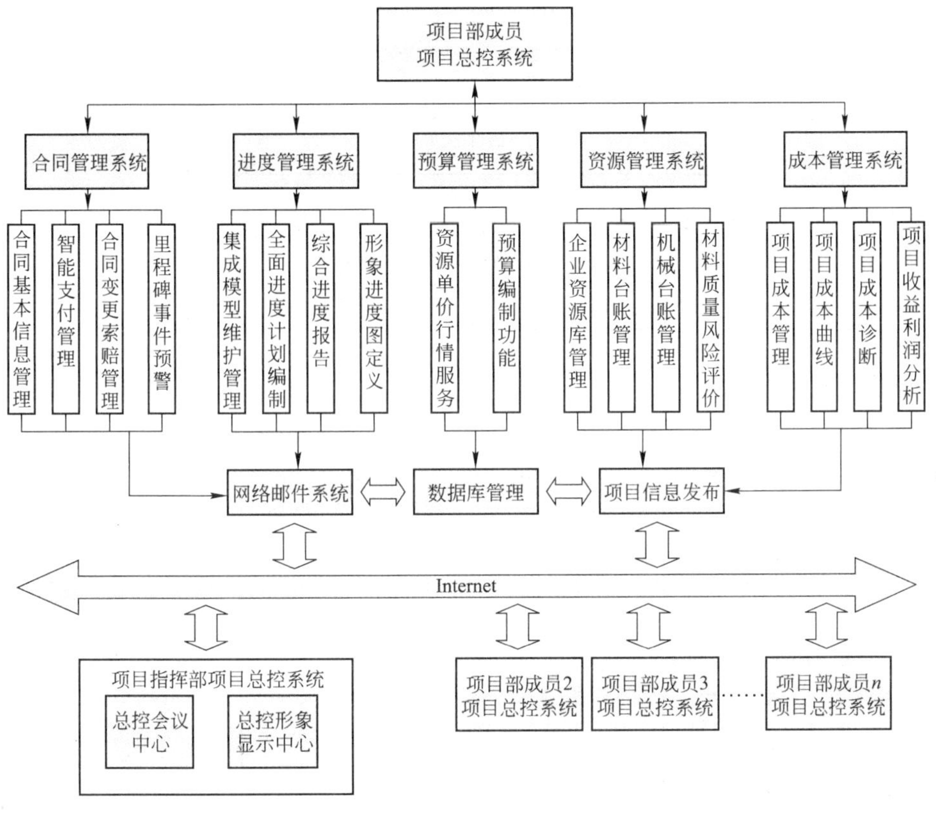

图 7-2 系统总体构架

系统采用的是基于 Internet 的 B/S 模式，分别通过合同管理模块、进度管理模块、成本管理模块、预算管理模块、材料管理模块等功能模块对项目各类信息的归类、交互、集成和挖掘，用经过处理的信息流指导和控制项目建设的物质流，实现对某个具体建设项目持续的监控，达到支持项目最高决策者及时准确地策划、协调和控制的目的，体现"工程项目精准建造"和"项目集成管理控制"的项目管理理念。

在此基础上，管理决策人员通过总控会议中心与总控形象显示中心两个功能模块，从各子系统定制相应数据服务，并进行信息的再组织和加工、分析，供领导者决策。

2. 系统总体结构和运用效果

总体功能设计结合了地铁项目的实际情况，将这个系统可以分为 7 大子系统，包括：合同管理、进度管理、资源管理、预算管理、成本管理、质量与安全管理以及项目总控平台，这 7 大子系统在功能上相互独立、在信息层面上却相互紧密联结，形成一个巨大的工程项目集成数据仓库，使得项目参与各方最大化的项目信息共享以及最快捷的项目信息沟通，从而消除大型工程项目中因为专业、参与方等因素的不同而造成的信息"孤岛"，使得工程建设的工作效率、工作效果大大得到提高(图 7-3)。

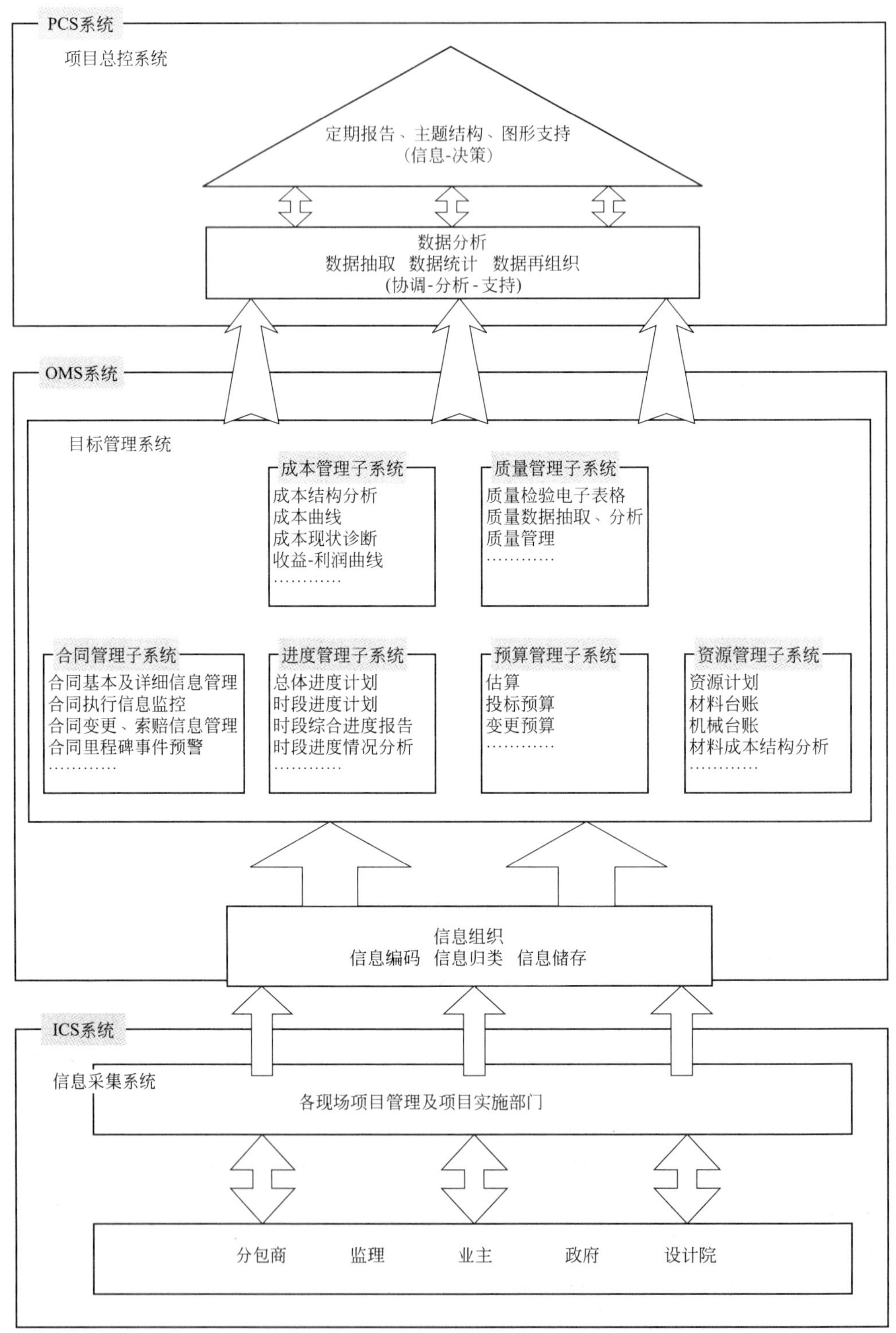

图 7-3　系统总体结构和运用效果

其中：

ICS(Information Collecting System)为信息采集以及初步处理系统，相关部门和组织依据其职能范围将其收集的项目信息输入到系统之中，系统对这些信息自动进行分类、编码以及储存等一些基本处理。从信息源的角度看，信息采集又可以分为承包商组织内部和组织外部的信息采集。组织内部的信息采集主要的信息对象是承包商现场施工组织以及进度信息，它是项目OMS系统的主要处理对象；组织外部的信息采集主要是指与承包商有关单位的相关信息采集，包括对分包商、监理、业主、设计院、市政、环卫等往来单位的相关信息采集，以此为MIS系统的信息处理提供外部约束数据和项目环境数据。

OMS(Object Management System)为项目目标管理系统，是对工程项目中各个目标综合管理的处理系统，其中包括4个职能子系统：合同管理子系统、进度管理子系统、质量管理子系统、成本管理系统，这些是以工程为目标管理对象的子系统和预算管理子系统、物资管理子系统。

7.2.3 系统概要设计

系统总体设计完成后开始进行系统详细设计，包括系统流程图设计、代码设计、用户的界面设计、输入与输出格式设计、数据存储设计、处理流程图设计和程序模块说明书的编写。在这部分工作完成之后，要以系统设计报告书的形式向组织的领导者汇报本阶段的成果，如果报告未被通过，则要重复进行系统设计阶段的工作[67]。

这里的应用系统是一个信息系统的子系统，是开发、运行和维护过程中可规划和管理的单元。应用系统为组织机构和组织活动提供信息处理，组织机构和组织活动是信息系统的目标系统。信息系统总体规划建立了应用系统的目标和界面以及与其他应用系统接口的需求。

应用系统级的需求将确定特定的信息需求以及对设计和实现的要求，并将其归档。这一层次的信息需求分两种基本类型：社会的和技术的。

社会需求又称行为需求，确定如下目标和规定：作业设计目标、工作组织设计目标、个别任务的规定、责任规定、组织策略。

技术需求确定输入、输出、数据存储和处理过程。技术需求的一个重要部分是数据格式。数据用以描述事件，而数据结构将用户和设计者对事件和理解模型化，数据格式则是用户利用数据理解事件的窗口。因此，数据格式受数据结构的限制。但是，数据格式在引起注意，显示相互关系，提供可读性和辅助导出结果和含义等方面非常重要。

7.2.4 系统概要设计实例——某地铁建设控制系统概要设计

1. 概述

软件采用B/S结构方式，采用JAVA作为开发工具，以ORACLE 10i作为数据库服务器。

2. 构架表示方式

从用例视图、逻辑视图、进程视图、部署视图和实施视图中列出必需的那些视图，并分别说明这些视图包含哪些类型的模型元素。

3. 构架目标和约束

项目主要研究内容是地铁工程的项目总控支持系统。软件采用面向对象的模式设计实现系统分析与设计。软件利用计算机网络和数据库技术集成工程项目的合同管理、进度管理、预算管理、成本管理、质量安全管理和资源管理的数据，并进行加工和分析形成工程项目总控支持信息平台。

4. 用例视图

仍然以合同管理为例，具体描述合同管理子系统的用例视图。

(1) 合同管理用例实现

1）系统实现用例图

合同管理用例图根据合同管理的特点可以包括有维护合同基本信息、合同变更管理、录入合同变更批准、录入合同索赔批准四个方面(图 7-4)。

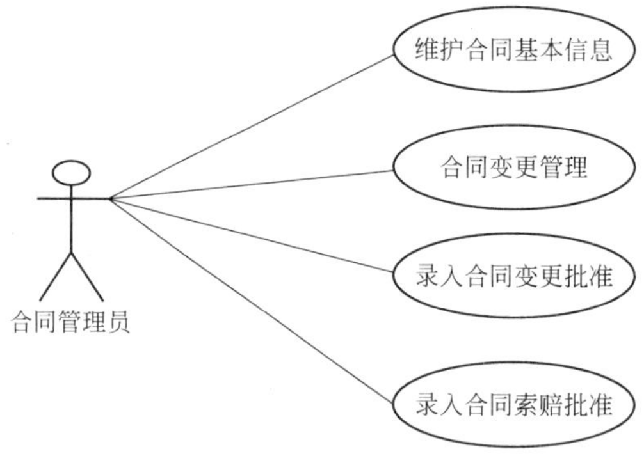

图 7-4 用例实现描述

2）合同变更管理

用 户 操 作	系 统 响 应
1. 用户选择合同信息并选择合同变更用例开始	2. 系统加载该份合同的所有变更信息，在一个页面内显示一份合同变更。系统用数据集记录到航空军指示当前浏览的变更在所有变更信息中所处的位置。用一个单位工程量清单列表显示该变更涉及的工程量清单项目
3. 用户选择增加一份合同变更； 3.2 用户录入合同变更的基本属性数据； 3.3 用户在工程量清单列表中添加一个变更的工程量清单项目； 3.5 用户录入新增的工程量清单项目； 3.7 用户选择一个工程量清单项目，并录入相应的工程量清单信息； 3.9 用户修改现有工程量清单项目的数量和单价； 3.11 用户选择一个工程量清单项目并录入修改后的数量和单价	3.1 系统在合同变更数据集中增加一条新的合同变更记录。系统按照合同变更主键产生一个合同变更主键，并将当前合同主键赋值给该记录； 3.4 系统显示工程量清单修改属性窗口； 3.6 系统载入工程量清单模板供用户选择； 3.8 系统保存录入的工程量清单信息并将原来的工程量项目的数量和单价设为零； 3.10 系统显示合同现有的工程量清单项目供用户选择； 3.12 系统保存录入的工程量清单信息

续表

用户操作	系统响应
4. 用户保存合同变更	5. 系统提交合同变更数据并将该合同变更设置为预算状态
6. 用户修改合同变更状态为申请状态	7. 系统可以生成和打印合同变更申请书
8. 用户修改合同变更状态为确认状态	9. 系统将工程量清单的修改信息写入合同工程量清单列表中
10. 用户关闭合同变更窗口用例结束	

(2) 逻辑视图(图 7-5)

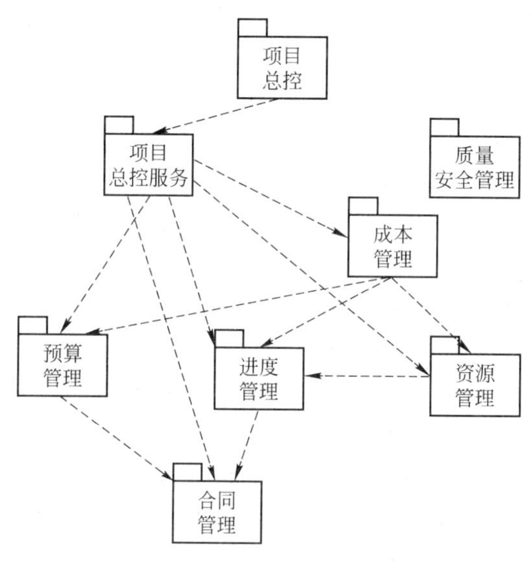

图 7-5　系统顶层视图

合同管理子系统为系统提供底层的数据支持，预算管理子系统、进度管理子系统和项目总控服务子系统的基础数据来源均依赖于合同管理子系统。成本管理子系统需要对项目的综合数据进行分析，其数据依赖于预算管理子系统、进度管理子系统和资源管理子系统，并在上述 3 个子系统中收集实时数据进行加工和分析。

项目总控服务子系统为项目总控子系统在 Internet 上提供数据服务支持，该子系统依赖于各业务子系统的基础数据和分析数据，根据项目总控子系统的信息需求，按照业务逻辑规则加工和分析数据。

1）合同管理

① 数据层静态类图(图 7-6)

ContractData 合同数据，包括合同基本信息和合同工程量清单信息。合同工程量清单信息保持最新执行的合同工程量清单情况，包括合同签订时的原始信息和变更信息。合同工程量清单信息的数据结构分为两个方面，一方面保存合同工程量清单的结构信息，即工程量清单的结构和层次体系以及顺序关系；另一方面保存合同

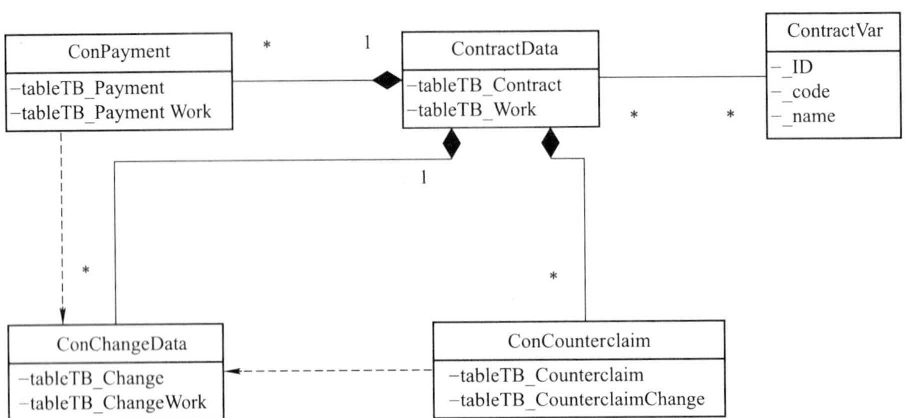

图 7-6 数据层静态类图

工程量清单自身的信息。

ContractVar 合同变量数据，记录当前系统处理的合同的简单信息。

ConChangeData 合同变更数据，一份合同可能具有多份变更信息。合同变更信息包括变更主体信息和变更涉及的工程量清单项目信息，合同变更主体信息包括合同变更的一般结构化的数据和描述性的变更文本。

ConCounterclaim 合同索赔数据，只有当合同发生变更时才会产生合同索赔数据，合同索赔数据的基础来自于合同变更数据，所以合同索赔数据依赖于合同变更数据。合同索赔数据包括合同索赔主体数据和涉及合同变更数据。

ConPayment 合同支付数据，记录每一期的合同款申请和支付数据，包括支付申请和申请的验工计价表格。验工计价数据是合同数据的一部分，同时也依赖合同变更数据以区别合同内支付、合同变更支付和合同外支付项目。

② 维护合同基本数据(图 7-7)

ContractListFrm 合同列表窗口，显示系统中所有存在的合同。利用树形列表方式显示合同类型，通过树形列表的选择事件触发检索该类型下的所有合同列表并在合同列表窗口中显示。合同列表窗口作为合同数据操作的控制平台，在该窗口中提供完成合同操作的所有操作。

Contracts 合同数据存取类，在合同基础信息管理模块中提供获取合同数据方法。根据数据显示的不同要求，该类提供合同列表数据以及完整合同数据方法。

ContractDetail 合同细节窗口，编辑合同细节数据并实现合同基础数据维护用例中合同文本维护的实现。窗口在创建时需要一个合同主键作为参数，在创建过程中窗口通过调用 Contracts 的 GetContractByID 方法获取单份合同的详细信息，如果提供的合同主键不存在则表示新增。

WorkListFrm 合同工程量清单列表窗口，编辑合同工程量清单列表数据。在创建窗口时载入合同工程量清单列表数据并在列表中显示。

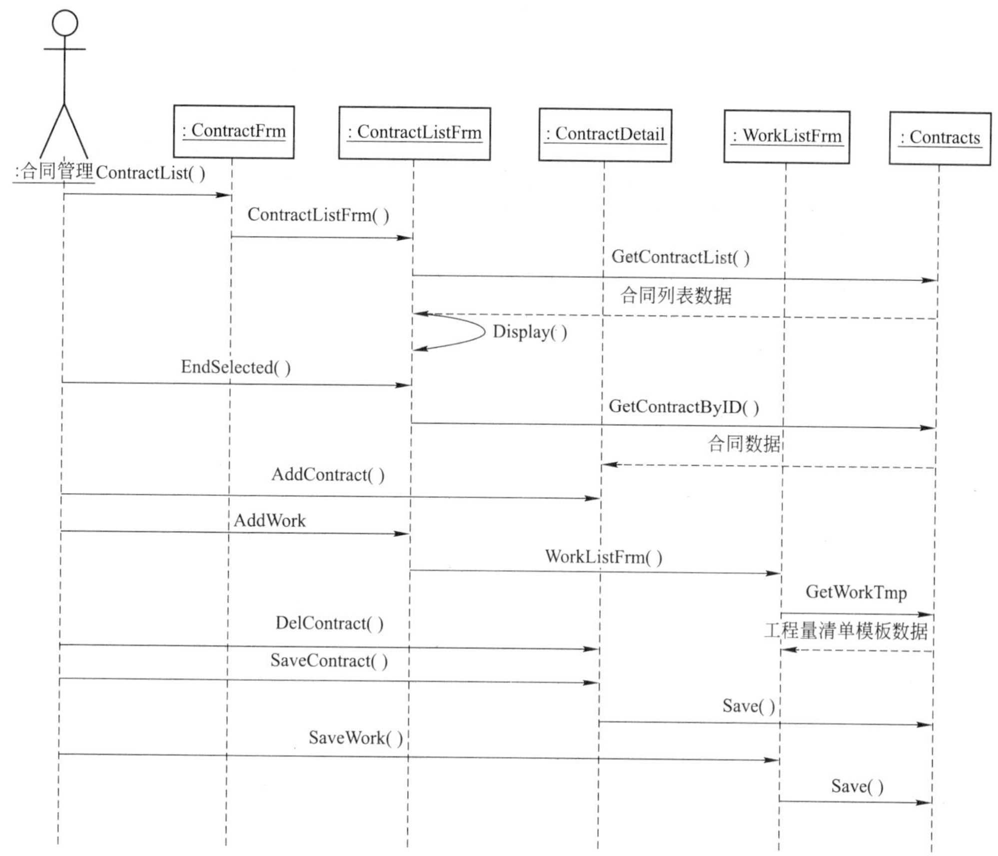

图 7-7 维护合同基本数据图

③ 合同变更管理(图 7-8)

ConChangeFrm 合同变更窗口，显示和编辑合同变更的基本数据，以及合同变更的说明性数据。一个窗口只显示一份合同变更信息，通过合同变更编辑导航工具查询多份变更信息和对变更数据进行编辑。该工具继承系统基础导航工具数据源为合同变更表。用列表方式显示合同变更工程量清单数据。

WorkChangeDetail 合同工程量清单变更明细，显示和编辑合同工程清单的变更明细。GetContractWorkList 通过和主键参数获取合同工程量清单明细数据，GetWorkTmp 工程量清单项目模板数据。触发增加工程量清单项目时合同工程量清单变更明细窗口按照树形结构分层次显示指定项目的工程量清单，清单模板供用户选择；确定选择相应的工程量清单事件，复制工程量清单结构数据项目，在完成信息录入后将修改后的工程量清单数据传递给合同变更窗口(图 7-9)。

合同变更的确认状态事件发生后，通过 Contracts 的方法获取工程量清单数据，将工程量清单变更情况修改到合同工程量清单数据集中并保存。这样各子系统获取的工程量清单项目将是修改后的工程量清单项目。

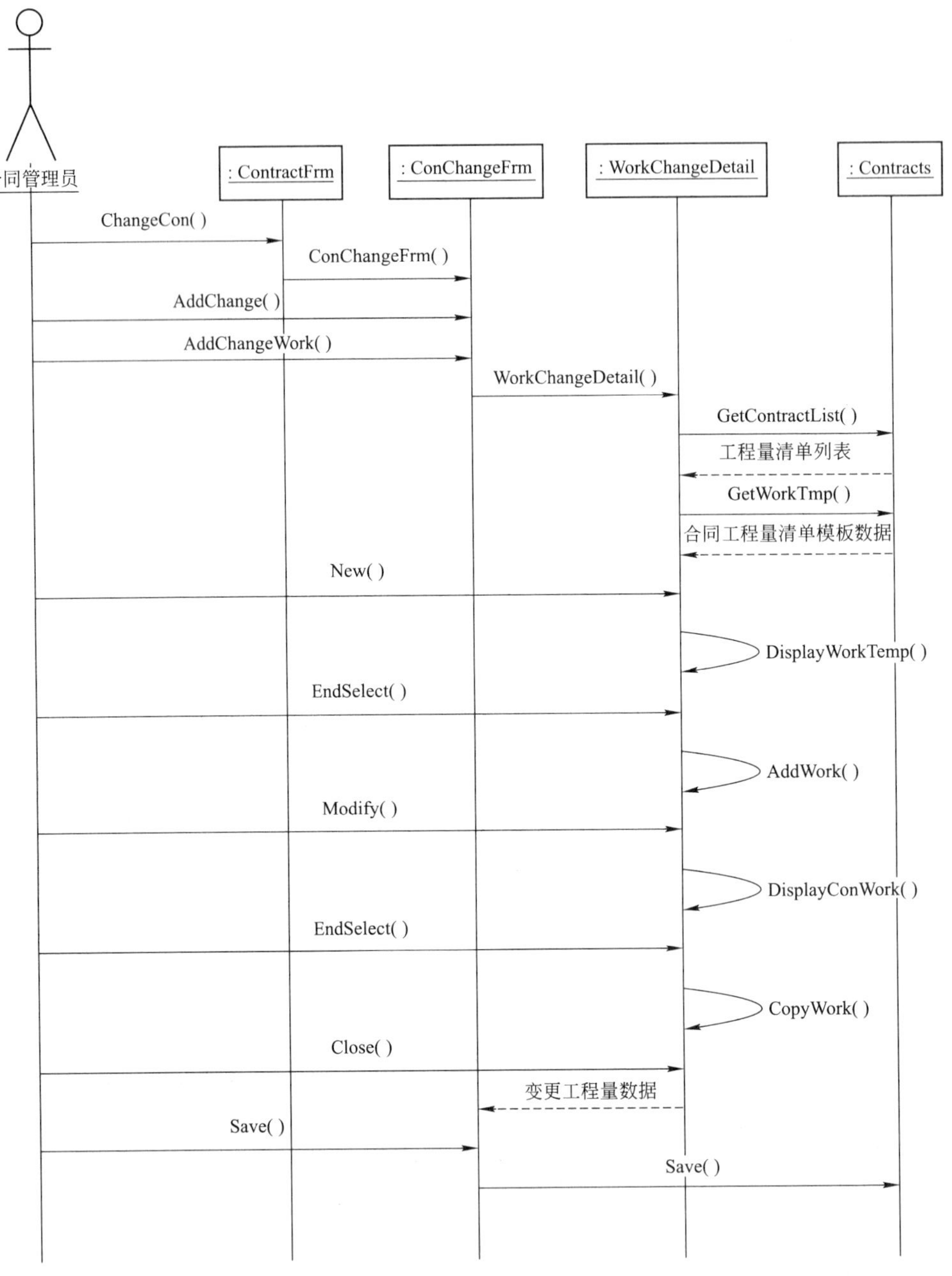

图 7-8　合同变更管理图

合同变更状态的设置是不可逆的过程。

(3) 部署视图

1）项目经理部部署(图 7-10)

项目经理部作为系统部署的最小单位，软件实施分三个层次，业务处理层、数据分析层和管理支持层。

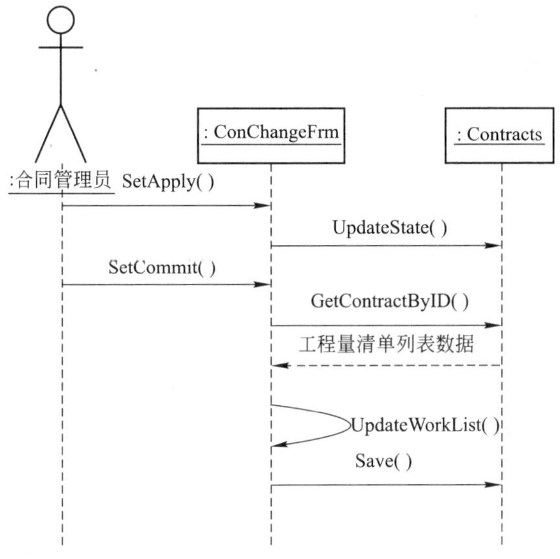

图 7-9 合同工程量清单变更

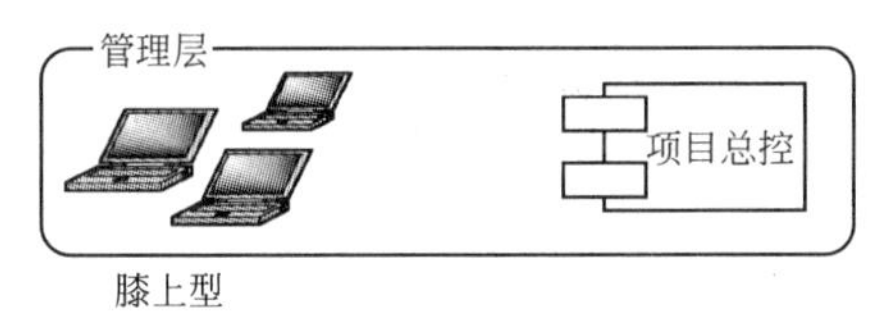

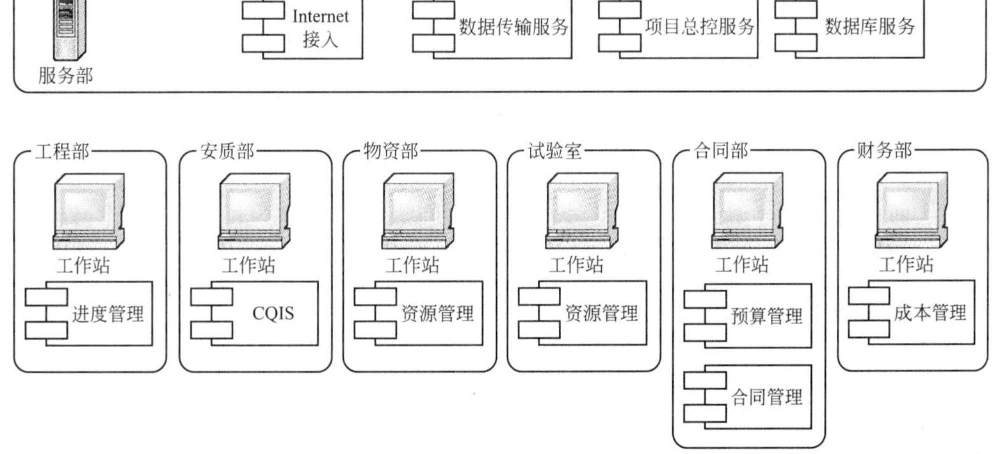

图 7-10 项目经理部部署

工程部部署进度管理子系统；安质部部署安全质量管理子系统；物质部、试验室部署资源管理子系统协同完成材料台账和材料风险数据；合同部部署预算管理子系统和合同管理子系统；财务部部署成本管理子系统。

信息部部署 Internet 接入服务、数据传输服务、项目总控服务和数据库服务。

2）集团部署（图 7-11）

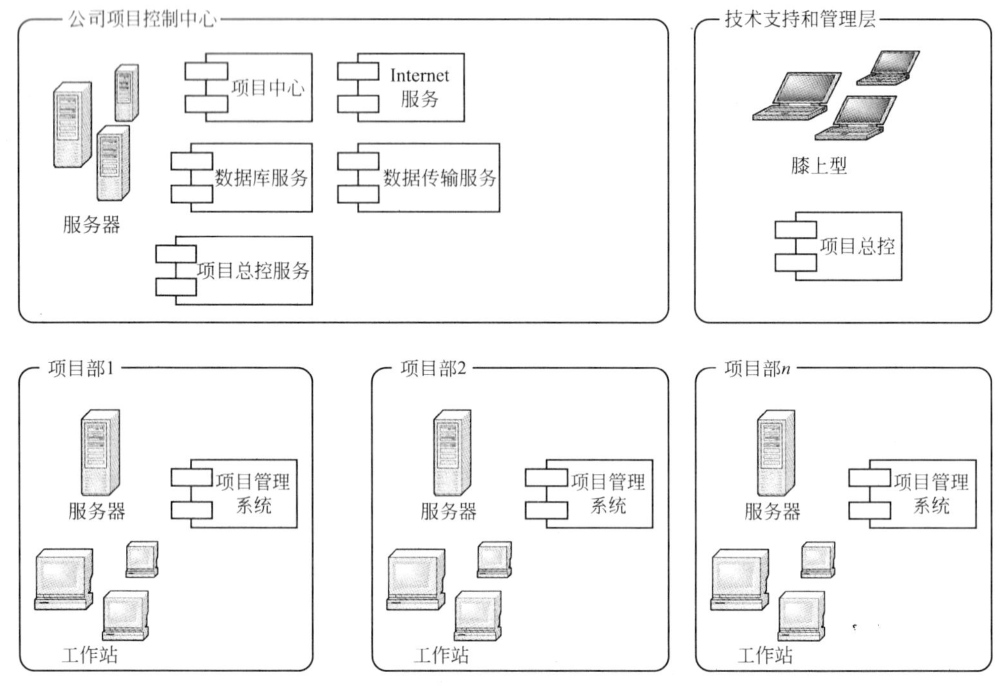

图 7-11　集团部署

项目部部署项目管理系统；公司项目控制中心部署 Internet 服务、数据库服务、数据传输服务、项目总控服务；技术支持管理层部署项目总控软件。

7.2.5　系统数据库设计

信息系统的主要任务是处理大量的数据以获得支持管理决策所需要的信息，这就必然要存储和利用大量的各种类型的数据，因此要进行数据库设计，使之有一个良好的数据库和文件组织形式，而使得处理速度快，占用存储空间少，操作过程简单，查找方便准确，系统费用低。

数据库设计包括数据库的体系结构设计和数据库的逻辑结构设计。数据库的体系结构是指从整体宏观的角度出发，按系统分析的要求（或组织管理的要求），整体地组织数据。它需做两步工作：(1)根据管理目标建立科学的管理指标体系；(2)根据指标体系确定数据库内容及数据库之间的联系（结构关系）。

数据库的逻辑设计是模式的设计，将现实世界的事物按具体的数据模型进行组织[68]。

在开发管理信息系统的全过程中，需要考虑数据和对数据的加工两方面的问题。

数据库的需求是由应用和特定查询两方面决定的。满足这些需求的数据库总体结构，可作为组织机构信息需求的一个部分予以定义。它规定了数据的主要类型以及它们与相应组织处理过程的关系。这个层次的需求是比较笼统的。

详细的数据库需求的获取和组织过程可以分为两个方面，一是定义用户提出的数据需求(程序或特定查询)，二是定义数据库物理设计的需求。用户需求被看成是概念的或逻辑的需求，这是因为用户的数据视图不同于数据的物理存储组织。用户的需求可根据已有的应用或数据模型得到[66]。

在数据库设计中，通常采用E-R图来表示数据模型，并采用如下规则将E-R图转换为物理模型：若实体间联系是1∶1，则在两个实体类型转换成的两个关系模式中，任选一个关系模式，并在其属性中加入另一个关系模式的键和联系类型的属性；若实体间联系是1∶N，则在N端实体类型转换成的关系模式中，加入1端实体类型的键和联系类型的属性；若实体间联系是M∶N，则将联系类型也转换成关系模式，其属性为两端实体类型的键加上联系类型的属性，而键为两端实体键的组合。当然，物理模型设计有也需要遵循以下三原则：尽可能减少数据冗余和重复；结构设计与操作设计相结合；数据结构要具有相对的稳定性。

7.2.6 系统数据库设计实例——某地铁建设控制系统数据库设计

1. 数据库运行环境

Orcacle 10i

2. 术语描述

字段ID：表中相对应的字段名称。

说明：对字段名称的中文描述。

数据类型：字段的数据类型描述，包括大小、长度。如varchar(50)，decimal(18，2)。

约束：指定字段的约束属性。

P：Primary key，即主键。

F：Foreign key，即外键。

I：Identity，即标识自增。

N：Not Null，即不能为空。

U：Unique，即唯一值。

M：Mandatory，即是否强制。

例如：PI，表示该列为自增长主键。

规则：此字段的存在规则。如：2003102400001，即为日期+5位流水号。

外键：罗列外键字段，且以链接方式定位外键所关联的表。

3. 数据库表结构描述

合同管理数据库表主要包括合同主表、合同工程量清单表、合同变更主表、合同变更涉及的工程量清单表、工程量清单明细表、索赔涉及的变更项目表、合同索赔表。

具体表结构略。

7.3 工程项目信息系统运行环境构建

工程项目信息系统在软件部署之前，必须对其软硬件运行环境进行调研，考察现有环境是否满足系统运行要求。

7.3.1 主要硬件设备选型网络环境的构建

工程项目信息系统主服务器是系统正常/安全/稳定运行的核心设备。主服务器上通常部署着数据库，WEB服务器软件，信息系统应用软件，数据安全性要求高，同时承担数据查询，统计分析任务，并发性要求高，因此必须选择目前最先进最合适的服务器产品。

市场上存在着众多服务器产品，如IBM、HP、浪潮等。首先选定一款服务器基本型，然后根据工程项目管理业务要求增配硬件，服务器厂商根据客户订单组织生产。

服务器选型最关键的是CPU，主板是配合CPU选定的。其他配件如内存、硬盘、SCSI卡、RAID卡等扩展性非常好。CPU主要有Xeon(至强)和Xeon MP(至强MP)，选Xeon意味着服务器最多只能配2个CPU，Xeon MP则服务器可以最多配16个CPU，因此扩展性更好，并发处理能力更强，但价格也更贵。

工程项目信息系统的硬件设备除了服务器外还包括通信网络。如果所开发的信息系统是建立在已有的网络系统之上的，则可以直接进行信息系统软件系统的建立过程。如果新开发的信息系统要求建立新的网络或改造原有的旧网络，就必须建立和测试新的网络系统。计算机网络是新的信息系统正常运行的基础。

在建立和测试网络时，首要的工作是确定网络的拓扑结构。网络拓扑是由网络节点设备(包括计算机、集线器、交换机、路由器等)和传输介质构成的网络结构图。网络拓扑结构对网络采用的技术、网络的可靠性、网络的可维护性和网络的实施费用都有很大影响。在选择网络拓扑结构时，一般应考虑实施安装的难易程度、改造升级后重新配置的难易程度、维护的难易程度、传输介质发生故障对其他设备影响的程度等因素。

网络设备选型，不仅要考虑满足当前需要，还要考虑未来企业发展和应用的变化，同时更要考虑自身的实际需求，切不可一味追求产品技术的先进和高档次，以至投入过大又不能充分利用，造成资源浪费。要对整个网络系统进行综合分析，合理配置网络资源，以最小的投入获得最佳的网络性能，同时要注意主干交换、楼层分支和桌面的速度协调，以免形成瓶颈。

7.3.2 主要支撑软件选型

工程项目信息系统的运行和应用还需要支撑系统软件的配合。这些系统软件的配置是否齐全，关系到工程项目信息系统的运行及各项工作的进展。系统软件包括操作系统、数据库管理系统等。操作系统一般随机器配套购入，否则，要了解其兼容性。

数据库管理系统是最重要的支持软件之一，数据库管理系统的选型原则如下：

1. 稳定可靠(high-availability)

数据库保存的是企业最重要的数据，是企业应用的核心，稳定可靠的数据库可以保证企业的应用常年运行，而不会因为数据库的宕机而遭受损失。企业的信息化可以促进生产力，但如果选择了不稳定产品，经常影响业务生产的正常运营，则实际效果很可能是拖了企业的后腿。无论是计划中(数据库维护等正常工作)还是意外的宕机都将给企业带来巨大的损失，这意味着企业要减低收入、要降低生产力、要丢失客户、要在激烈的企业竞争中丢失信心。信息系统的稳定可靠是由多方面的因素构成的，包括网络、主机、操作系统、数据库以及应用软件等几方面，这些因素互相之间又有一定的依赖关系，因此，在企业信息化的选型中要通盘考虑这些问题。在数据库方面主要看数据库要具备灾难恢复、系统错误恢复、人为操作错误恢复等功能，同时要尽量降低数据库的计划内维护宕机时间。

2. 可扩展(high-scalability)

企业的应用是不断深入和扩展的，数据量和单位时间的事务处理量都会逐渐增加。如果要求企业购置一套信息系统足以满足未来若干年发展的需要显然是不恰当的，因为这实际意味着企业要多花很多钱而不能发挥信息设备的最大效能，造成资源的浪费。比较好的解决办法就是企业先购置一套配置较低，功能适用的系统，当未来业务有需要时可以方便地对系统进行扩展，使系统的处理能力逐步增加满足业务处理的需求。落实到数据库就是要选择具有良好的伸缩性及灵活的配置功能的产品，无论是主机系统的内存或硬盘方面的扩展还是集群系统的扩展，都能够被数据库利用，从而提高系统的处理能力。

3. 安全性(security)

数据库的安全性是指保护数据库以防止不合法的使用造成的数据泄露、更改或破坏。安全性问题不是数据库系统独有的，所有计算机系统都有这个问题。只是在数据库系统中保存着大量重要的数据，而且为许多最终用户共享使用，从而安全问题更为突出。系统安全保护措施是否有效是数据库系统的重要指标之一。数据库的安全控制主要通过用户标识与鉴别、存取控制、视图机制、审计、数据加密等机制完成。

4. 丰富的开发工具

无论是优秀的硬件平台还是功能强大的数据库管理系统，都不能直接解决最终用户的应用问题，企业信息化的工作也要落实到开发或购买适合企业自身管理的应用软件。目前流行的数据库管理系统大都遵循统一的接口标准，所以大部分的开发工具都可以面向多种数据库的应用开发。当然，数据库厂商通常都有自己的开发工具，例如 sybase 公司的 powerbuilder，oracle 公司的 developer2000，以及 ms 的 visualstudio。这些开发工具各有利弊，但无疑选择和数据库同一个厂商的产品会更有利于应用软件的开发以及将来得到统一的技术支持。

5. 服务质量

在现今信息高度发达的竞争中，数据库厂商完全靠产品质量打动用户的年代已不复存在，各数据库产品在质量方面的差距逐渐缩小，而用户选择产品的一个重要因素就是定位在厂家的技术服务方面。因为在你购买了数据库系统之后，你面临着复杂的软件开发，数据库的维护，数据库产品的升级等，你需要得到数据库厂商的培训，各种方式的技术支持(电话、用户现场)和咨询。数据库厂家的服务质量的好坏将直接影响到企业信息化建设的工作。

7.3.3 系统安全性保障

当前工程项目信息系统都提供网络办公环境，为保障办公环境的网络安全性，加强病毒的查杀能力和抵御网络攻击能力是非常重要的。通过分析当前网络办公环境和未来五年的发展趋势，在信息化建设初期，依据计算机数量、网络并发连接数，以及网络吞吐量等来部署网络版防病毒软件和服务器端防火墙软件的组合。譬如当计算机数量在 300 台以下，网络并发连接数在 5000 以下(打开一个 IE 页面算一个连接)，网络吞吐量在 10M 以下(吞吐量是指在不丢包的情况下单位时间内通过防火墙的数据包数量)，部署网络版防病毒软件和服务器端防火墙软件是合适的，这种组合投资小、见效快、维护简单、升级快速，能很好地应对新的病毒和新的攻击手段。一两年后随着信息化应用深入，建设方各参与主体集成应用，网络并发连接数增加(达到 10000 以上)，网络吞吐量要求更高(达到 100M)，可考虑升级为 100M 级硬件防火墙。

选择网络版杀毒软件除了关注其查杀病毒能力外，还必须考虑可管理性、安全性、兼容性、易用性。

(1) 可管理性：体现了网络杀毒软件的管理能力，主要包括了集中管理功能、杀毒管理功能、升级维护管理功能、警报和日志管理功能等几个主要部分，是网络杀毒软件杀毒能力在管理层次的体现。

(2) 安全性：主要是对于用户认证，管理数据传输加密等方面的考虑，同时也涉及管理员对于客户端的某些强制手段。

(3) 兼容性：主要是用于管理、服务、杀毒的各个组件对于操作系统的兼容性，直接体现了网络杀毒软件或解决方案的可扩展能力和易用程度。

(4) 易用性：主要是指是否符合用户的使用习惯，比如作为中国境内销售的软件，易用性中最主要的一个因素就是中文本地化的问题，还有就是对用户文档在易理解性和图文并茂等方面要求，可以有效地保证用户在短时间内掌握网络杀毒软件的基本使用方法和技巧。

7.4 工程项目信息系统开发管理

系统开发阶段的任务是对每个程序模块进行设计、编码、测试并且生成相应的文件。也就是将设计说明书中定义的设计内容转换为完整的工作系统，其中包括必须的文件与过程。

本阶段的目标是：设计、编码并测试每个程序；测试系统以确定它的技术能力；确定系统执行所必须的所有过程与手册；准备为下一阶段交付软件包；审查、修改执行与开发计划。

本阶段产生的文档包括：交付的软件包、开发报告、下一阶段的作业计划、下一阶段的预算、更新的总技术计划[69]。

7.4.1 系统开发组的构建与管理

要保证信息系统开发工作的顺利启动，首先要建立项目的组织机构——项目组。项目组可以由负责项目管理和开发的不同方面人员组成，项目组由项目组长或项目经理来领导。一般来说可以根据项目经费的多少和系统的大小来确定相应的项目组。项目组根据工作需要可设若干小组，小组的数目和每个小组的任务可以根据项目规模、复杂程序和周期长短来确定，可以设立的小组有：过程管理小组、项目支持小组、质量保证小组、系统工程小组等。

管理信息系统的开发与运行必须具备合理的专业技术人员队伍。这支专业系统开发组人员组成如下：

(1) 系统分析员。主要进行系统开发的可行性研究，包括对旧系统的调查研究、新系统目标分析、新系统功能分析、新系统的效益预测、资金预算、开发步骤与开发方法等分析。

(2) 系统设计员。他是系统的具体设计者和组织者，既懂得管理知识，计算机硬、软件知识和经济管理知识，又具有系统开发实践经验和组织能力。其主要任务是系统功能设计，数据库设计，系统设备配置安排，系统输入、输出设计，代码设计等。

(3) 程序员。需要了解管理业务，同时具有程序编程设计和维护能力。

(4) 数据员。主要负责与业务人员一起共同收集、整理和输入数据。

(5) 管理信息系统及计算机网络系统操作及维护人员。主要负责管理信息系统的正常操作和硬件、软件、网络通信系统的维护，确保系统的正常运行。

此外，在适当的时候，管理信息系统还需配备一些专门解决复杂管理、建立管理决策模型设计员，甚至可以为其配备专门的数据录入员。

管理信息系统开发的专业技术队伍是随着开发工作的进度而逐步组成和扩大的。在系统分析员进行现行系统的调查研究和系统分析等开发初期的设计和组织工作之后，随着分析与设计工作的深入逐渐补充人员，到系统实施阶段基本配齐。当然，我们可以根据各企业技术力量和新系统功能的不同而对上述各类专业人员作适当的取舍。

7.4.2 系统开发计划编制

系统开发需要首先制订计划，然后执行计划，以实现项目目标。计划过程的第一步是确定项目目标、预期的结果或最终产品。目标要明确、可行、具体、可以度量，并在执行者和客户之间达成一致意见。目标通常根据工作范围、进度计划和成本而定，要求在一定期限和预算内完成任务。

目标确定之后，下一步确定需要执行哪些工作要素或活动来完成。这要求做一份所有活动的一览表。对于大而复杂的项目，制作一份全面活动一览表而不遗漏某些细节是有一定困难的。对于这样的项目，更好的方法是建立一个工作分解结构(Work Breakdown Structure，WBS)。

工作分析结构将一个项目分解成容易管理的几个部分(细目)，有助于找出完成项目所需的所有工作要素而无遗漏。它是项目分解成细目的等级树，所有这些细目构成整个项目的工作范围。分解的详细程度和树的层数取决于为完成工作而分配给每个执行者的责任和可信度，以及在开发期间控制预算、监控和收集成本数据的水平。

第三步，用责任矩阵表示完成工作分析结构中工作细目的个人责任。责任矩阵强调每一项工作细目的具体负责人，并表明每个人的角色在整个项目中的地位[70]。

根据 PMBOK2000，项目计划可以包含如下要素：

(1) 项目范围说明，用于阐述进行这个项目的原因或意义，形成项目的基本框架，使项目所有者或项目管理者能够系统地、逻辑地分析项目关键问题及项目形成中的相互作用要素，使项目干系人在项目开始实施前或项目相关保护文档编写以前，能够就项目的基本内容和结构达成一致；项目范围说明应当形成项目成果核对清单，作为项目评估的依据，在项目终止以后或项目之前进行评估，以此作为评价项目成败的依据；范围说明还可以作为项目整个生命周期监控和考核实施情况的基础，和项目其他相关计划的基础。

(2) 项目进度计划，用于说明各项工作的开展顺序、开始时间、完成时间及相互依赖衔接关系的计划。通过进度计划的编制，使项目实施形成一个有机整体。进度计划是进度控制和管理的依据，可以分为项目进度控制计划和项目状态报告计划。

在进度控制计划中，要确定应该监督哪些工作、何时进行监督、监督负责人是谁，用什么样的方法收集和处理项目进度信息，怎样按时检查工作进展和采取什么调整措施，并把这些控制工作所需的时间和人员、技术、物资资源等列入项目总计划中。

(3) 项目质量计划

质量计划针对具体待定的项目，安排质量监控人员及相关资源、规定使用哪些制度、规范、程序、标准。项目质量计划包括保证与控制项目质量有关的所有活动，质量计划的目的是确保项目的质量目标都能达到。根据 ISO 9001 要求和 PMBOK2000，为实现质量目标，组织应遵循以顾客为中心、领导作用、全员参与、过程方法、管理的系统方法、持续改进、基于事实的决策方法、互利的供方关系这 8 项质量管理原则。

(4) 项目资源计划

有了项目范围计划和进度计划后，资源计划就是决定在项目中的每一项工作中用什么样的资源(人、材料、设备、信息、资金等)，在各个阶段使用多少资源。项目费用计划包括资源计划、费用估算、费用预算。

(5) 项目沟通计划

沟通计划就是制定项目过程中项目干系人之间信息交流的内容、人员范围、沟通方式、沟通时间或频率等沟通要求的约定。

(6) 风险对策计划

风险对策计划是为了降低项目风险的损害而分析风险、制定风险应对策略方案的过程，包括识别风险、量化风险、编制风险应对策略方案等过程。

(7) 项目采购计划

项目采购计划过程就是识别哪些项目需求可应通过从本企业外部采购产品或设备来得到满足。如果是软件开发工作的采购，也就是外包，应当同时制定对外包的进度监控和质量控制的计划。

(8) 变更控制、配置管理计划

由于项目计划无法保证一开始就预测得非常准确，在项目进行过程中也不能保证准确有力的控制，导致项目计划与项目实际情况不符的情况经常发生，所以必须有效处理项目的变更。变更控制计划主要是规定变更的步骤、程序，配置管理计划就是确定项目的配置项和基线，控制配置项的变更，维护基线的完整性，向项目干系人提供配置项的准确状态和当前配置数据。

由于软件开发的手工性、个体性特征，软件开发项目计划不可能是一个静态的计划，一次在项目启动时，可以先制定一个颗粒度相对比较粗的项目计划，先确定项目高层活动和预期里程碑。粗颗粒度的项目计划需要不断地更新迭代，根据项目的大小和性质以及项目的进展情况进行迭代和调整。迭代和调整的周期也是根据项目的情况进行制定的，一般短到一周，长到2个月左右。经过不断的计划制定、调整、修订等工作，项目计划从最初的粗粒度，变得非常详细。这样的计划将一直延续到项目结束，延续到项目的成果出现。制订计划的过程就是一个对项目逐渐了解掌握的过程，通过认真地制订计划，项目经理可以知道哪些要素是明确的，哪些要素是要逐渐明确的，需要不断完善项目计划。阶段计划中包含的工作汇报和下一阶段工作安排是掌握项目进度的依据，从阶段计划对照总体计划，才能一目了然地看出工作的进展情况。制订计划的过程，也是在进度、资源、范围之间寻求一种平衡的过程。制订计划的精髓不在于写出一份好看的文档，而在于运用您的智慧去应对各种问题和面临风险并尽可能做出前瞻性的思考。一旦计划被负责任地完成，他就可以给自己一个和管理层或客户交流与协商的基础，帮助你在项目过程中防范各种问题的出现，帮助你保证项目按时完成。

企业确定要开始某个项目时一般会下达一个立项的文件，暂且叫“项目立项文件”，主要内容是遵照的合同或相关协议，项目的大致范围、项目结束的截止时间和一些关键时间，指定项目经理和部分项目成员等。

接下来的项目计划编写一般要按照以下过程：

(1) 成立项目团队：相关部门收到经过审批后的“项目立项文件”和相关资

料，则正式在“项目立项文件”中指定项目经理组织项目团队，成员可以随着项目的进展在不同时间加入项目团队，也可以随着分配的工作完成而退出项目团队。但最好都能在项目启动时参加项目启动会议，了解总体目标、计划，特别是自己的目标职责，加入时间等。

(2) 项目开发准备：项目经理组织前期加入的项目团队成员准备项目工作所需要的规范、工具、环境。如开发工具、源代码管理工具、配置环境、数据库环境等。前期加入的项目团队成员主要由计划经理、系统分析员等组成，但快要制定好的项目计划一定要尽可能经过所有项目团队成员和项目干系人之间的充分沟通。如果项目中存在一些关键的(指将影响项目成败)技术风险，则在这一阶段项目经理应组织人员进行预研。预研的结果应留下书面结论以备评审。

说明：项目计划书必须在相应阶段对项目目标、阶段目标和各项任务进行精确的定义，就是要在相应阶段进一步进行项目目标的细化工作；特别是在概要设计完成，详细设计或编码实现开始之前应该对下一阶段的目标任务进行细化。应当充分调查并掌握影响项目计划的一切内部和外部影响因素；应当尽可能充分地分析项目工作分解结构，通过分析项目工作分解结构不仅获得项目的静态结构，而且通过逻辑分析，获得项目各工作任务之间动态的工作流程；应当将项目目标、任务进行分解，制定详细的实施方案。

(3) 项目信息收集：项目经理组织项目团队成员通过分析接收的项目相关文档、进一步与用户沟通等途径，在规定的时间内尽可能全面收集项目信息。项目信息收集要讲究充分的、有效率的沟通，并要达成共识。有些成员认为，电子邮件发来的文档(计划、需求、周计划等)是在沟通不够充分的情况下完成的，成员看过后有不了解或与自己的能力或意愿不符的情况，但通过电子邮件等方式沟通的效率不高，这也许是个习惯的问题，也许和某个具体问题本身是否容易通过电子邮件沟通清楚有关。因此重要的内容需要开会进行 Q&A 讨论，确保所有重要问题都得到理解，最终达成共识。讨论会上达成共识的应当记录成文字落实在具体的文档中。

(4) 编写《软件项目计划书》

项目经理负责组织编写《软件项目计划书》。《软件项目计划书》是项目策划活动核心输出文档，它包括计划书主体和以附件形式存在的其他相关计划，如配置管理计划等。《软件项目计划书》的编制参考有关标准中项目开发计划的要求。各企业在建立 ISO 9001 质量管理体系或 CMM 过程中也会建立相应的《软件开发项目计划书规范》。

编制项目计划的过程应当分为以下几个步骤：

1) 确定项目的应交付成果。这里的项目的应交付成果不仅是指项目的最终产品，也包括项目的中间产品。例如通常情况下软件开发项目的项目产品可以是：需求规格说明书、概要设计说明书、详细设计说明书、数据库设计说明书、项目阶段计划、项目阶段报告、程序维护说明书、测试计划、测试报告、程序代码与程序文件、程序安装文件、用户手册、验收报告、项目总结报告等。

2) 任务分解：从项目目标开始，从上到下，层层分解，确定实现项目目标必须要做的各项工作，并画出完整的工作分解结构图。软件开发项目刚开始可能只能从阶段的角度划分，如需求分析工作、架构设计工作、编码工作、测试工作等，当然规模较大时也可把需求、设计拆分成不同的任务。不过特别是在概要设计完成时可以对下一阶段的目标任务进行横向的细化。

3）在资源独立的假设前提下确定各个任务之间的相互依赖关系，以确定各个任务开始和结束时间的先后顺序；获得项目各工作任务之间动态的工作流程。

4）确定每个任务所需的时间，即根据经验或应用相关方法完成任务需要耗费的时间。确定每个任务所需的人力资源要求，如需要什么技术、技能、知识、经验、熟练程度等。

5）确定项目团队成员可以支配的时间，即每个项目成员具体花在项目中的确切时间；确定每个项目团队成员的角色构成、职责、相互关系、沟通方式。

6）确定管理工作，管理工作是贯穿项目生命周期的，如项目管理、项目会议、编写阶段报告等。项目团队成员之间的沟通时间、项目团队成员和其他项目干系人之间的沟通时间也比较容易被忽视，而沟通时间也是比较不容易固定地量化和日程化。这些工作在计划中都应当充分地被考虑进去，才会使项目计划更加合理，更有效地减少因为计划的不合理而导致的项目进度延期。

7）根据以上结果编制项目总体进度计划，总体进度计划应当体现任务名称、责任人、开始时间、结束时间、应提交的可检查的工作成果。

8）考虑项目的费用预算、可能的风险分析及其对策、需要公司内部或客户或其他方面协调或支持的事宜。

（5）软件项目计划书评审、批准

项目计划书评审、批准是为了使相关人员达成共识、减少不必要的错误，使项目计划更合理更有效。

项目经理完成《软件项目计划书》后，首先组织项目团队内部的项目团队负责人、测试负责人、系统分析负责人、设计负责人、质量监督员等对项目计划书进行评审，评审可采取电子或会议方式，并进行阶段成果项目团队内评阅记录。应当要求所有相关人员在收到软件项目计划书后的一个约定时间内反馈对计划书的意见。项目经理确保与所有人员就项目计划书中所列内容达成一致。这种一致性是要求所有项目团队成员对项目计划的内容进行承诺，无法承诺或者说是无法达成一致的，要么修改项目计划去适应某些项目团队成员，要么是由某些项目团队成员采取妥协措施，去适应项目计划的要求。

项目经理将已经达成一致的软件项目计划书提交项目高层分管领导或其授权人员进行审批，审批完成时间不能超过预先约定的时间。对于意义重大的项目，由过程控制部门如质量管理部和项目分管领导同时对《软件项目计划书》进行审批。

批准后的软件项目计划书作为项目活动开展的依据和本企业进行项目控制和检查的依据，并在必要时根据项目进展情况实施计划变更。

项目质量监督员根据《软件项目计划书》和《软件开发项目质量计划书规范》

编制软件开发项目质量计划。大型的项目应当编制单独的《软件开发项目质量计划书》；规模较小的可以在《软件项目计划书》的某个章节说明“软件开发项目质量计划”，也可单独编制类似“软件开发项目质量控制表”的文档。

配置管理员根据计划书编制《项目配置管理计划》。以项目工作计划书中的阶段成果为依据，根据配置管理计划规范编制配置管理计划，项目经理审批配置管理计划，并对配置管理计划的有效性负责。

项目策划工作完毕，软件项目计划书通过评审，一般情况下，对软件开发项目来说，工作转入需求分析阶段。

项目计划内容的确定一般要按照以下过程：

1）确定项目概貌

合同项目以合同和招投标文件为依据，非合同项目以可行性研究报告或项目前期调研成果为依据，明确项目范围和约束条件，并以同样的依据，明确项目的交付成果。进一步明确项目的工作范围和项目参与各方责任。

2）确定项目团队

确定项目团队的组织结构和与项目开发相关的职能机构，包括管理、开发、测试、质量保证、评审、验收等。确定项目团队人员及分工。与相关人员协商，确定项目团队人员构成。如内部不能满足人员需求，则提出人员支援申请。

3）明确项目团队内、外的协作沟通

明确与用户单位的沟通方法。明确最终用户、直接用户及其所在本企业/部门名称和联系电话。客户更多的参与是项目成功的重要推动力量，加强在开发过程中与用户方项目经理或配合人员的主动沟通，将有助加强客户等项目的参与程度。建议采用周报或月报的方式通告项目的进展情况和下一阶段计划，以及需要客户协调或了解的问题。

当项目团队需要与外部单位协作开发时，应明确与协作单位的沟通方式。确定协作单位的名称、负责人姓名、承担的工作内容以及实施人的姓名、联系电话。

明确本企业内部协作开发的部门名称、经理姓名、承担的工作内容以及工作实施责任人的姓名、联系电话。明确项目团队沟通活动。项目团队成员规模在3人以上的项目应该组织项目团队周例会，项目团队采用统一的交流系统建立项目团队的交流空间。

4）规划开发环境和规范

说明系统开发所采用的各种工具，开发环境、测试环境等。列出项目开发要遵守的开发技术规范和行业标准规范。对于本企业还没有规范的开发技术，项目经理应组织人员制定出在本项目中将遵守的规则。

5）编制工作进度计划

根据本企业规定和项目实际情况，确定项目的工作流程。编制项目的工作计划，此计划为高层计划，各阶段的工作时间安排要包括完成阶段文档成果、文档成果提交评审及进行修改的时间，各阶段结束的标志是阶段成果发布。在计划中要求明确以下内容：

① 工作任务划分；

② 显示项目各阶段或迭代的时间分配情况的时间线或甘特图；

③ 确定主要里程碑、阶段成果；

④ 要求用文字对项目工作计划作出解释。最终用一张时间表格来完整说明整个工作计划；对于迭代开发的项目，应编制出第一阶段的阶段计划。阶段内的任务分割以2～5天为合适，特殊任务的时间跨度在两个星期内；在项目进行过程中，项目经理编制双周工作计划，指导成员的具体工作。

6）编制项目的监控计划。其中说明进度控制、质量控制、版本控制、预算控制等。

7）编制项目的风险计划，分析项目过程中可能出现的风险以及相应的风险对策。对于大型项目，建议以附件方式编制，便于不断更新。

8）制定辅助工作计划。根据项目需要，编制如培训计划、招聘计划等。

9）规划开发支持工作，如供方管理计划。

10）规划项目验收：制定项目的验收计划。此项工作可以视需要进行裁减。

11）规划项目收尾与交接活动。制定项目的验收、培训和项目进入维护阶段与技术支持部的交接工作。

7.4.3 系统开发工具选型

首先需要强调的是：开发工具的比较没有绝对标准。评价一种开发工具，不仅要看它对设计模式、对象结构以及管理的支撑情况，更重要的是要针对具体的使用环境、开发方法、结构体系、开发群体以及使用群体来评价一种工具的适宜程序。

现有的开发工具大概分为大而全和小而专两种类型。Microsoft的Visual Studio系列和IBM的Visual Age系列应该属于前者；其他很多工具，像Delphi/C++ Builder/JBuilder/Kylix、PowerBuilder/PowerJ，还有大量的各种SDK等都具有各自的特点，属于小而专的类型。

大而全的工具一般都提供从前端到后台，从设计到编码测试的完整工具，但在一些特定的功能上，它们不如小而专的工具。

Visual Studio.NET的UML开发工具(Visual Modeler/Visio)一般只能和Rational Suite中Rational Rose的Logical View相比，它不可能有完整的Rational Unified Process流程；其可视化的Visual Basic没有办法和Delphi/C++ Builder在速度和功能上相比。

虽然Visual Studio.NET的各个部分都有不足，但其Visio工具能够更快、更方便地和编程语言整合在一起。Visual Basic在和Office等工具整合时遇到的问题(数据类型转化等)比Delphi/C++ Builder要少得多。所以，工具类型和具体的情况决定了特定条件下软件开发工具最优的选择。

开发工具的选择主要决定于两个因素：所开发系统的最终用户和开发人员。最终用户需求是一切软件的来源和归宿，也是影响开发工具的决定性因素；开发人员的爱好、习惯、经验也影响着开发工具的选择。严格的软件工程管理和开发人员的技术水平是软件开发成功的关键。

程序的最终使用群体是软件开发的服务对象，也影响着开发工具的选择。从计算机使用的程度分，最终的使用者可以分为 IT 人员、各行业的专业人员以及普通用户。使用者的不同，对于软件的需求就不会相同。IT 人员自然需要更多的功能、更自由的定制/二次开发空间；行业用户往往需要一个整体的解决方案，从而提升其整体竞争力；普通用户显然要求更方便简单地使用。用户的需求分别在自由度、涵盖度、针对性、方便性等维度展开。

7.4.4 版本管理与控制

版本管理是针对软件开发过程中涉及的各种软件资源进行的管理。有效的版本管理有助于对软件开发过程中产生的各种中间产品进行有效的管理，有助于选择合适版本的构件组成软件的发布版本。能否实现有效的版本管理，是判断企业是否专业化和正规化的重要标准。

版本控制是工作组软件开发中的重要方面，它能防止意外的文件丢失、允许反追踪到早期版本，并能对版本进行分支、合并和管理。在软件开发和您需要比较两种版本的文件或找回早期版本的文件时，源代码的控制是非常有用的。具体作用体现在如下方面：

(1) 作为代码仓库有效的管理软件开发中各个不同版本的源代码和文档，占用空间小并且方便各个版本代码和文档的获取。

(2) 在开发小组中对源代码的访问进行有效的协调(不同的版本控制软件采取不同的协调策略)。

常用的版本控制软件有 Clearcase，CVS，PVCS 和 Microsoft 公司的 Visual SourceSafe (VSS)。Windows 平台开发最常用的是 Visual SourceSafe 6.0。

Visual SourceSafe(VSS)是一种源代码控制系统，它提供了完善的版本和配置管理功能，以及安全保护和跟踪检查功能。VSS 通过将有关项目文档(包括文本文件、图像文件、二进制文件、声音文件、视屏文件)存入数据库进行项目研发管理工作。用户可以根据需要随时快速有效地共享文件。文件一旦被添加进 VSS，它的每次改动都会被记录下来，用户可以恢复文件的早期版本，项目组的其他成员也可以看到有关文档的最新版本，并对它们进行修改，VSS 也同样会将新的改动记录下来。用 VSS 来组织管理项目，使得项目组间的沟通与合作更简易而且直观。

VSS 可以同 Visual Basic、Visual C ++、Visual J ++、Visual InterDev、Visual FoxPro 开发环境以及 Microsoft Office 应用程序集成在一起，提供了方便易用、面向项目的版本控制功能。Visual SourceSafe 可以处理由各种开发语言、创作工具或应用程序所创建的任何文件类型。在提倡文件再使用的今天，用户可以同时在文件和项目级进行工作。Visual SourceSafe 面向项目的特性能更有效地管理工作组应用程序开发工作中的日常任务。

7.4.5 系统开发管理制度实例——某地铁建设控制系统开发管理制度

第一章 总 则

为了以认真严谨的科学态度开展工作，明确各人员工作职责，规范项目管理流程，提高工作效率和效能，遵照相关规定，特制定本制度。

工作时间：每周五天 8：30～12：00、14：00～18：00；

人员组织与工作职责：略。

第二章 内 部 管 理

第一条 内部管理流程。内部管理流程如图1所示(箭头表示信息传递方向)。

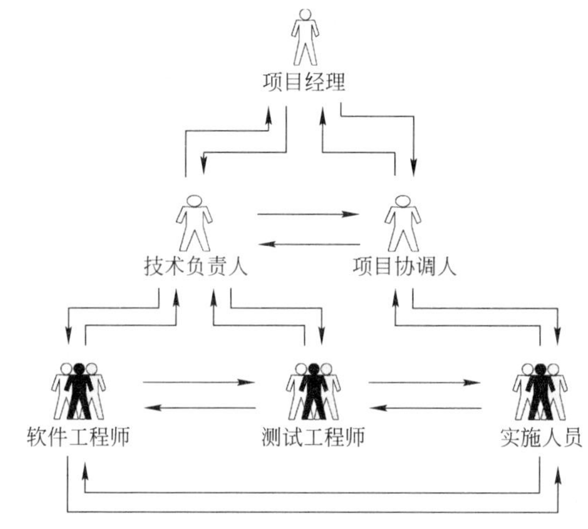

图1 内部管理流程

第二条 内部会议管理

每周工作例会。每周一下午项目组召开工作例会，全体成员参加。会议由项目协调人向项目经理汇报本周工作内容，并讨论安排下周工作计划。

技术会议。根据需要召开技术会议，讨论技术方案、设计方案等技术性问题。

紧急会议。项目组可针对紧急或特殊事宜召开紧急会议。

第三条 内部文档管理

内部文档主要包括工作周报、内部会议纪要、开发文档、测试文档等。

项目组成员每周须撰写工作周报，并由项目协调人汇总。内部会议纪要由项目协调人撰写并备案。需求文档、开发文档、测试文档管理要求详见第四章。

内部文档中要包含编写日期、编写人、审核人、归档人等信息。

正式的内部文档必须打印成纸质文档存档，同时上传一份相同内容的电子档至VSS内。

第四条 交流沟通方式。除会议外，项目组采用QQ、Email、电话、传真等方式进行交流沟通。

第三章　外　部　管　理

第五条　外部管理流程。外部管理流程如图 2 所示(箭头表示信息传递方向)。

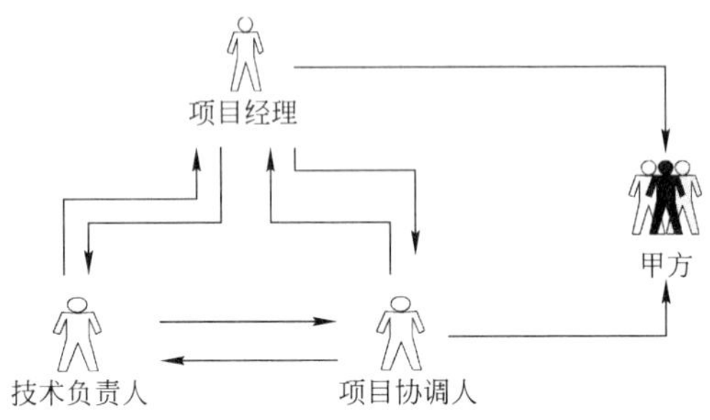

图 2　外部管理流程

第六条　外部会议管理。外部会议由甲乙双方协调确定后召开，参加人员由项目经理统一安排。

第七条　外部文档管理

外部文档主要包括工作周报、月工作小结、会议纪要、技术问题清单表、工作联系单等须向甲方汇报的以及合同规定需提交的文档等。

月工作小结、工作周报、会议纪要、技术问题清单表由项目协调人主笔或统稿，按统一的格式进行标识，经项目经理审阅后方能提交给甲方。

月工作小结、工作周报、会议纪要、技术问题清单表须以提交工作联系单的方式提交给甲方，工作联系单经甲方签字确认后复印归档。

外部文档中要包含编写日期、编写人、审核人、归档人等信息。

正式的外部文档必须打印成纸质文档存档，同时上传一份相同内容的电子档至 VSS 内。

第四章　项目生命周期管理

第八条　本项目需求调研由软件工程师带队，分为 4 组分别进行调研。

第九条　本项目对地铁集团各部门进行需求调研前，需要各部门确定项目协调人员，配合支持需求调研工作。

第十条　信息中心全程参与本项目需求调研的过程，积极配合项目组对各部门的调研。

第十一条　需求调研过程分为以下三个阶段：

需求建模阶段。采用会议方式、访谈方式以及其他方式对被调研部门进行需求调查，采集被调研部门的 UIP，并形成初步的 REA、RES 以及 UIR。

需求模型初审阶段。采用会议方式、访谈方式以及其他方式对被调研部门需求模型进行意见征集，配合演示相关的系统原型，根据建议意见调整 REA、RES 以及 UIR。

需求模型会签阶段。采用会议方式对被调研部门需求模型进行确定，配合演示相关的系统原型，最终形成 SRS。

上述三个阶段的输入输出信息如表 1 所示。

需求调研阶段输入输出信息 **表 1**

需求调研阶段	输入	输出	备　注
需求建模	UIP	REA RES UIR	UIP：用户调查计划表； REA：需求获取/分析表； RES：需求获取情节表； UIR：用户交互需求表； SRS：需求规格说明书
需求模型初审	REA RES UIR	REA RES UIR	
需求模型会签	REA RES UIR	SRS	

第十二条　需求规格说明书最终必须由被调研部门负责人、协调人或主管部门负责人会签确认。

第十三条　需求调研必须在合同签订之日起 1 个月内完成，甲方有义务配合乙方在此期间内完成需求调研。

第十四条　本项目根据需求规格说明书进行软件开发，需求确认后发生变更，以不影响项目进度的方式进行处理。原则上在试运行阶段进行集中处理。

第十五条　遵守相关软件开发规范，按照技术经理指定的技术路线，严格执行技术负责人拟订的各项(开发、测试)进度计划。

第十六条　开发与测试文档管理(文档命名和管理制度拟订中，现不做要求)。项目组成员应团结协作，共同解决难题，做好各种技术文档的编写、归档工作。

第十七条　数据保密与备份

17.1　根据数据的保密规定和用途，确定使用人员的存取权限、存取方式和审批手续。

17.2　禁止泄露、外借和转移专业数据信息。

17.3　制定业务数据的更改审批制度，未经批准不得随意更改业务数据。

每周五当班人员制作数据的备份并异地存放，确保系统一旦发生故障时能够快速恢复，备份数据不得更改。

业务数据必须定期、完整、真实、准确地转储到不可更改的介质上，并要求集中和异地保存，保存期限至少 2 年。

备份的数据由项目负责人和技术经理负责保管，由项目经理按规定的方法同办公室保管员进行数据的交接。交接后的备份数据应在指定的数据保管室或指定的场所保管。

第十八条　软件测试管理

测试工程师完成模块测试之后，提交正式测试报告至技术经理，双方签字。

对于测试过程中发现的问题由技术经理下达给各责任工程师完成修改与完善工作。原则上，该部分工作在一周内解决，并再次提交测试工程师进行测试。

测试工程师有责任督促开发工程师及时修改程序错误。

第五章　其　　他

第十九条　工作时间内不做与工作无关的事情，如：游戏、聊天等。

第二十条　保持工作环境和生活环境的整洁，爱护办公设备。

第二十一条　按时保质完成项目经理/技术经理安排的工作任务，若任务可能延期须先行通报，分析原因提出补救措施。

第二十二条　因病/因事请假需提取通报项目经理批准。

第二十三条　因工作任务紧需安排加班，在后续工作中可安排补休。

第二十四条　本制度自颁布之日起生效。

7.5 工程项目信息系统测试管理

7.5.1 系统测试

完成程序设计阶段工作后，建立的新系统经程序编码员调试，已初步奠定了基础，但是我们需要了解将要新投入运行的系统是否正确无误，所以在系统实施之前要施行系统测试，未经周密测试的系统贸然投入运行，将会造成难以想象的后果。

系统测试又称为系统调试。系统调试的目的在于发现程序中的错误并及时予以纠正。原则上来讲，有两种方法可用于验证程序是否正确，即理论法和实验法。理论法是属于程序正确性证明问题，它是利用数学方法证明程序的正确性。程序证明这种方法仍处在研究之中，估计近期内还达不到实用的地步。实验法是目前普遍使用的程序调试方法，而且卓有成效。人们编写的所有程序都必须经过调试才能证明其正确性，事实上只能说基本正确，要证明完全正确，尚需经过一段试用，只有到那个时候才能验证出是否真正正确。

所谓程序调试，就是在计算机上用各种可能的数据和操作条件反复地对程序进行试验，发现错误越多，说明调试的收效越大、越成功。程序调试工作量约占系统实施工作量的40%～60%。因此，认真做好应用程序调试工作是很重要的。

程序调试分为程序分调和联调两大步。程序分调包括单个程序(如输入程序、查询程序等)的调试和模块调试。

1. 程序单调(基本类型模块调试)

程序单调对单个程序进行语法检查和逻辑检查。这项工作应由程序编写者自己完成。

2. 模块分调

模块分调的目的是保证模块内部控制关系的正确和数据处理内容的正确，同时测试其运行效率。

联调包括分系统调试和系统总调试。只有全部分系统都调试通过之后，方可再转入系统总调试。联调的目的是发现系统中属于相互关系方面的错误和缺陷。因此，分系统调试和系统总调试的主要目标已不是查找程序内部逻辑错误[5]。

系统测试阶段主要完成以下任务：

(1) 制定测试大纲。作为测试工作的依据，主要有：检查每个模块在程序设计中是否已测试过，测试的数据和输出结果是否正确；检查每个子系统和功能在程序设计中是否已测试过，测试的数据和输出结果是否正确；检查上一阶段交来的工作文档是否齐全；确定本阶段测试目标；制定本阶段测试内容；编写向下阶段工作提交的文档资料。

(2) 制作测试数据。由于数据制作的好坏，直接影响系统测试结果，因此应由用户和程序管理组的人员制作，程序编码人员不应介入，此外，尽可能多地提供数据供检测用。

(3) 程序测试。程序测试集中力量来检验软件设计的最小单位——模块。程序调试是对每个程序的单体调试，主要有语法检查和逻辑检查。在程序的逻辑检查之前，首先需要制作测试数据，即假设一些输入数据和文件数据。测试数据直接影响了程序的调试工作，所以制作的数据应该满足以下几个条件：满足设计上要求的上下限及循环次数；满足程序中的各种检验要求的错误数据；适宜于人工对程序的检查工作。

测试数据的内容包含4个方面：正常数据、不同数据、错误数据、大量数据。通过以上不同角度的数据检验，证明程序逻辑是对的，程序的调试也就结束了。

在程序测试期，评价模块的5个主要特性是：模块接口、局部数据结构、重要执行路径、错误处理路径，影响上述几点的界限条件。在其他任何测试开始之前，需要测试横穿模块接口的数据流。若数据不能正确进入和退出，就谈不上其他的测试了。

程序测试之后，还需要对每个程序做一份程序测试说明书，以备系统今后修改维护。程序测试说明书的主要内容是：说明程序测试数据制作的方法，测试方法，测试过程中所产生的问题。

(4) 功能测试。在单个程序测试成功的基础上，进行功能测试。由于若干个程序组成一个功能，所以功能测试是综合测试，需要将功能内所有程序按处理流程图的次序串联起来进行综合测试。功能测试工作由程序员来进行，测试的结果交系统设计人员审核通过。

(5) 子系统测试。子系统测试建立在各个功能测试成功的基础上，每个子系统是由若干个功能组成的。子系统设计成功与否，不仅取决于每个功能测试成功与否，还决定了按信息传递先后次序串联起来的功能测试成功与否。因此，子系统的测试是一种连接的测试。对测试中发现的问题要及时进行修改，边测边改，直至测试成功。程序修改后，应在测试说明书中说明测试中发现的问题，修改原因和修改内容，作为程序测试的补充说明。

子系统测试过程中，必须要合理地组织人员。将系统设计人员和程序设计人员统一调度使用，分成三部分。一部分上机测试人员，一部分下机核查人员，还有一部分是程序修改人员。这三方面人员应该紧密配合，互相协调，保证子系统测试工作的顺利进行。

(6) 系统测试。在子系统测试成功的基础上，可以进行系统整体测试，即各子系统按信息传递次序进行调试。由于系统测试规模更大，信息更多，联系更强，所以测试前应做好充分准备工作。系统测试分为两个过程：成批处理各子系统间的测试，联机处理各任务间的测试。在成批处理与联机处理分别测试的基础上，还需要进行成批处理与联机处理的联合测试。

联合测试成功则整个系统测试工作宣告完成。

(7) 系统接口测试。

(8) 写出测试报告书。系统测试阶段产生的文档资料就是系统测试报告书。其书写格式如下：

系统测试报告书

1. 测试大纲

(1) 测试目标

(2) 测试内容

2. 程序测试(对每个程序)

(1) 程序测试的内容

(2) 程序测试的结果

3. 功能测试(对每个功能)

(1) 功能测试的内容

(2) 功能测试的结果

4. 子系统功能测试(对每个子系统)

(1) 子系统测试的内容

(2) 子系统测试的结果

5. 系统测试

(1) 系统测试的内容

(2) 系统测试的结果

6. 测试结果的评价

(1) 对程序的测试评价

(2) 对功能的测试评价

(3) 对子系统的测试评价

(4) 对系统的测试评价

7. 结论

8. 测试人员名单

9. 附录

(1) 系统使用说明书草案

(2) 系统维护手册草案

7.5.2 某地铁控制系统测试报告

测试时间：2008 年 10 月 20 日

功能模块 1：《支付管理》

1. 非基建合同支付

（1）点击“上报”，无法执行操作。

（2）在操作栏中，点击查看，页面没有“附件信息”模块。

（3）上传附件，上传人为空。而且没有是否删除提示框。

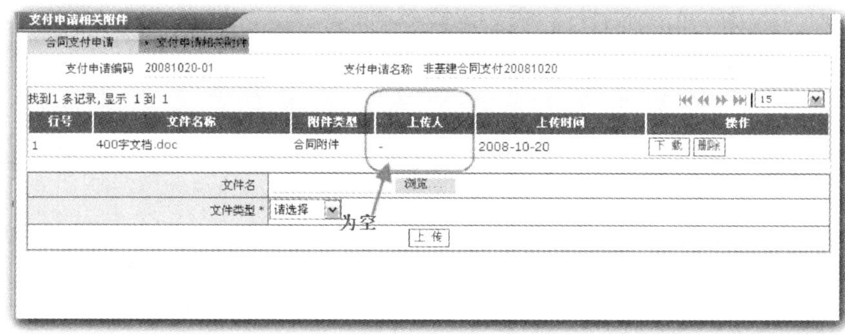

（4）上报后，选择第二审批人后，点击“保存”，报错。

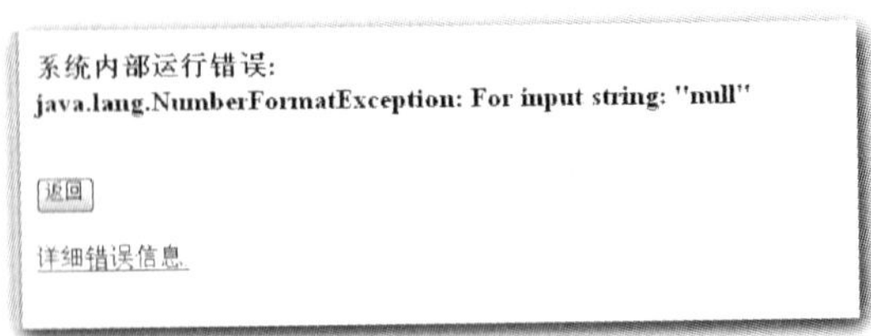

（5）审批页面，点击“详细”，如下图所示，没有附件。

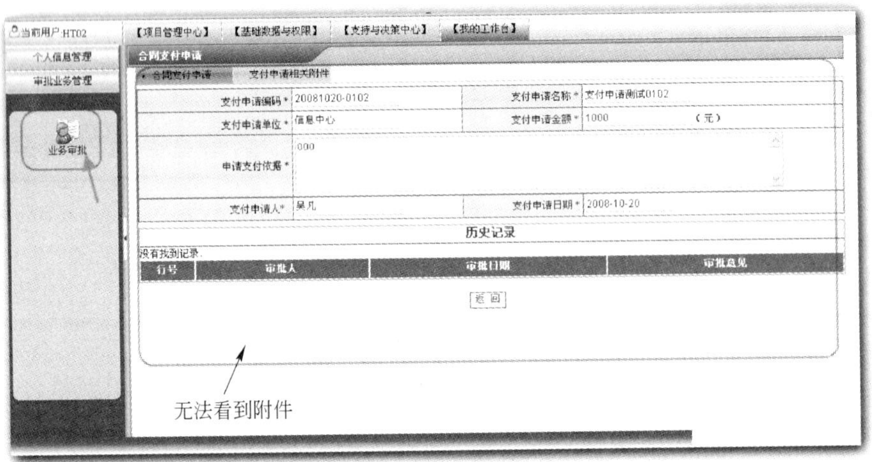

（6）非基建合同支付，上报后第一个人审批，填写意见后，点击“确定”，出现如下图所示的页面。

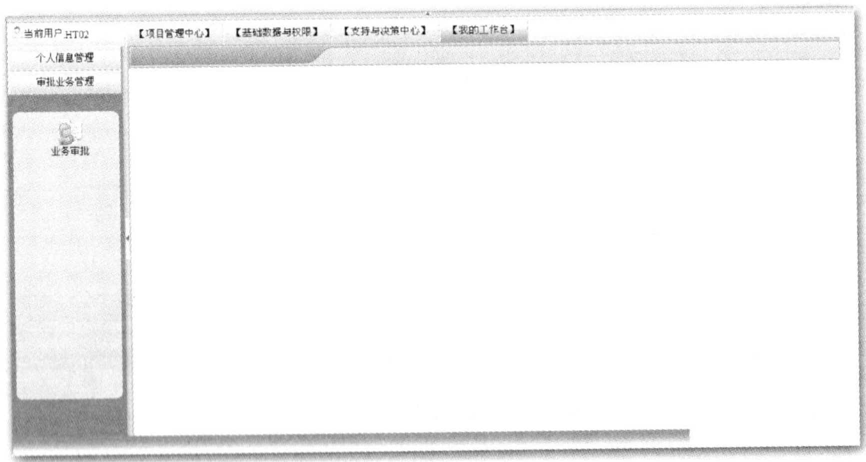

审批没完成。

2. 合同计量支付

（1）操作栏中，添加“删除”，并添加是否删除按钮的提示框。

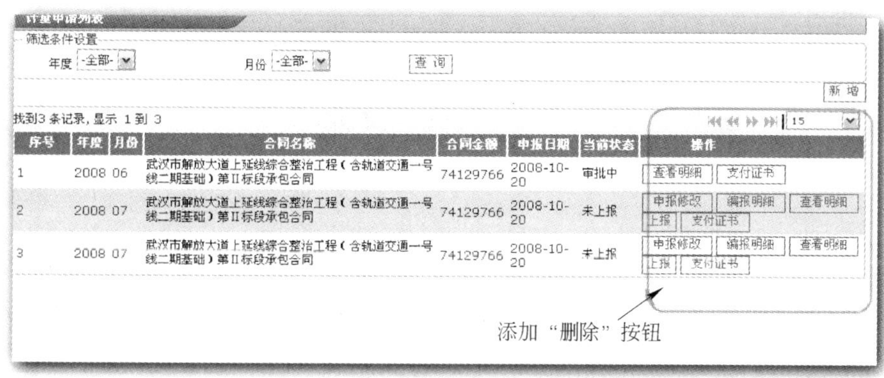

(2) 新增页面，申请日期需要可以修改的。

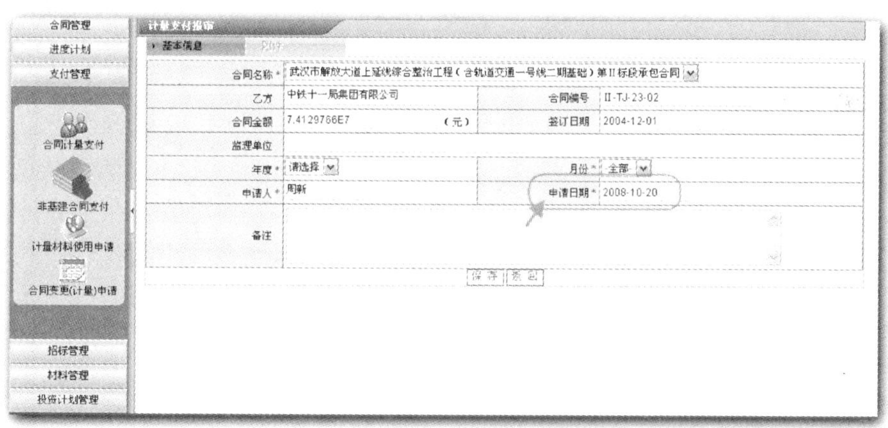

(3) 点击“编辑清单”

1)“清单项来源”为空。

2) 合同工程量清单页面，没有“规格和总价”，如下图所示。

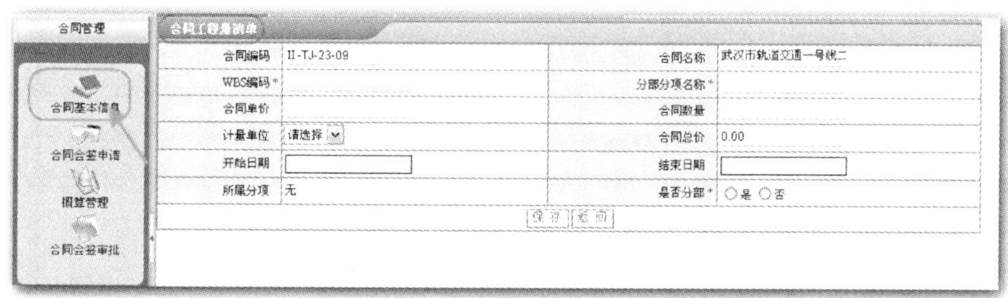

但是合同计量支付的编辑清单中，如下图所示，规格和合价都为空，这里需要调整。将两处对应起来。

工程量完成清单

合同清单信息

项目编码	0101	项目名称	0101
清单项来源		计量单位	
数量	100.0	单价	10.0 （元）
规格		合价	（元）

期前累计

期前累计完成量	0.0	期前累计完成金额	0.0 （元）

本期

数量 *	100.0	金额 *	1000.0 （元）
计算公式			
计算依据			

保存 返回

3）“编辑清单”页面，合同清单信息区域中，都没有“ * ”如下图所示。

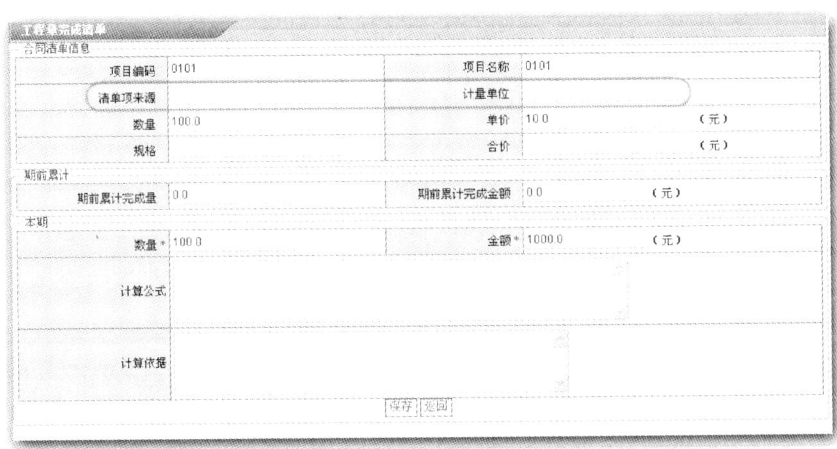

工程量完成清单

合同清单信息

项目编码	0101	项目名称	0101
清单项来源		计量单位	
数量	100.0	单价	10.0 （元）
规格		合价	（元）

期前累计

期前累计完成量	0.0	期前累计完成金额	0.0 （元）

本期

数量 *	100.0	金额 *	1000.0 （元）
计算公式			
计算依据			

保存 返回

点击“现场签证单”进入，如下图所示，合同清单区域，都有“ * ”。

现场签证单

合同清单信息

项目编码 *	0101	项目名称 *	0101
清单项来源 *		计量单位 *	
数量 *	100.0	单价 *	10.0 （元）
规格 *		合价 *	（元）

签证信息

施工单位 *	中铁十一局集团有限公司		
签证事由 *			
签证时间 *	2008-10-20	地点 *	
计算公式 *			
签证数量计算草图 *		签证数量计算草图地址 *	
建设事业部			
总监理工程师		承包商项目经理	

(4) 合同计量支付，上报后，审批页面，没有“详细”按钮。

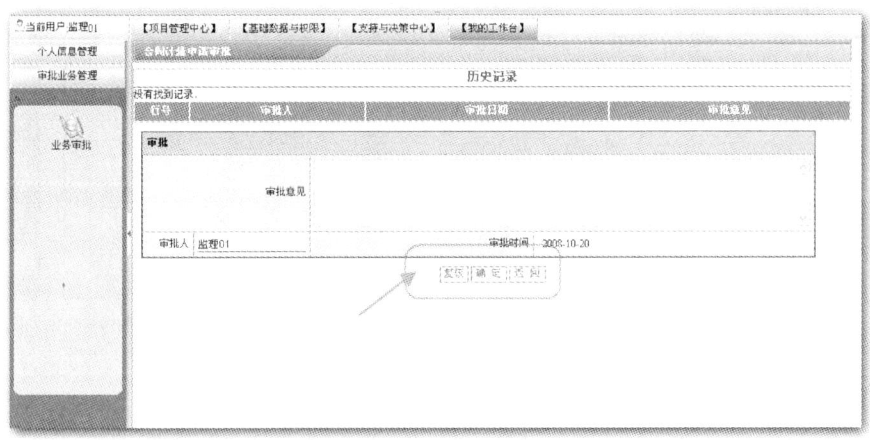

点击“复核”，进入复核页面，无法修改金额。

计量支付审核

找到1条记录，显示 1到 1

序号	项目名称	规格	数量	单价	合价	本期数量	本期金额	前期数量	前期金额
1	0101		100.0	10.0		100.0	1000.0	0.0	0.0

返回

功能模块 2：《合同信息管理》

1. 合同基本信息

(1) 由“招投标”带入的合同信息中的“合同金额”与原招投标信息中的合同金额，没换算过来。如下图所示：合同金额单位为“元”。

如下图所示，中标金额为“万元”。

中标管理

中标信息查看

基本信息			
项目名称：	20081020招标文件		
线路：	武汉轨道交通一号线二期工程		
招标类型：	公开招标	类型：	土建工程
中标单位：	中铁十一局集团有限公司		
中标金额(万元)：	100	中标时间：	2008-10-20
概算金额(万元)：	80	预付款(万元)：	10
付款方式：	00	支付方式：	现金
备注：			

（2）合同来源为“招投标”的，所属线路/工程和乙方，没带入。

（3）合同来源为“合同会签”的，所属线路/工程和乙方，没带入。
而且，点击“选择合同来源”弹出来的合同会签列表中，有没审批通过的会签。

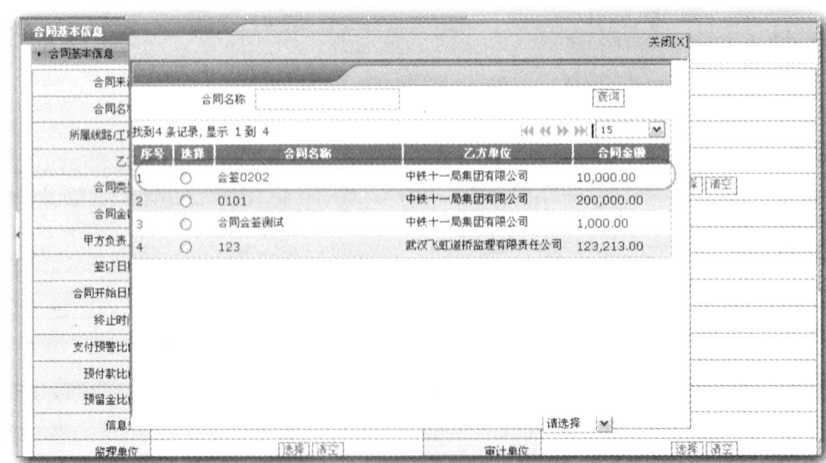

1	会签0202	中铁十一局集团有限公司	10000.0	2008-10-20	未上报	查看 删除 启动会签

功能模块3：《招标管理》

中标单位是固定的，需要有所有的参建单位。

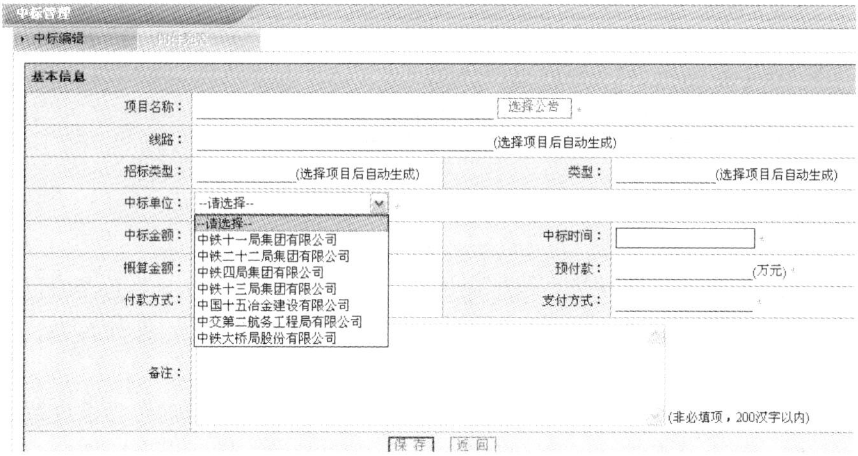

中标管理

中标编辑 附件列表

基本信息

项目名称：　选择公告

线路：　(选择项目后自动生成)

招标类型：　(选择项目后自动生成)　类型：　(选择项目后自动生成)

中标单位：--请选择--

--请选择--
中铁十一局集团有限公司
中铁二十二局集团有限公司
中铁四局集团有限公司
中铁十三局集团有限公司
中国十五冶金建设有限公司
中交第二航务工程局有限公司
中铁大桥局股份有限公司

中标金额：　中标时间：

概算金额：　预付款：　(万元)

付款方式：　支付方式：

备注：　(非必填项，200汉字以内)

保存　返回

7.6 工程项目信息系统实施管理

系统实施是新系统付诸实现的实践阶段，该阶段是系统开发的重要阶段，需要投入大量的人力、物力、时间，且使用部门将发生组织机构、人员、设备、工作方法和工作流程的重大变革。

系统实施阶段的工作内容主要包括程序的编制与调试、人员的培训、系统的调试与转换三个方面。在这些工作中，需要注意计算机系统硬、软件的准备和消化，以及有关数据的收集工作。这些工作的提前或平行进行，将大大缩短周期。为了保证程序调试和系统调试工作的顺利进行，在系统实施阶段初期就应由计算机机房人员做好硬、软件的配置和消化工作。数据的收集和准备是一项琐碎的任务。一般来说，当文件的逻辑结构或数据库模式确定后就应进行数据的输入，如果条件允许，在计算机系统调试阶段就可以用真实数据建立文件或数据库。

根据系统实施的目标，将不同部门的人员组织起来，进行有条不紊的工作，安排各项任务并按其不同特点进行协调与配合是极为重要的。新系统的实施领导工作应由新系统开发领导小组承担，也可由专门成立的实施领导小组来承担，但组长必须由用户单位的最高层领导担任[26]。

新系统实施领导小组组织各专业组长和有关部门的领导共同编制系统实施计划。新系统实施如同新产品试制一样，影响因素多，且变化频繁，因此使用计划评审技术(PERT)方法较为合适。同时，在系统实施计划的基础上，必须制定各专业组计划以保证实施计划的完成；实施计划要经常检查，不断调整。

新系统实施领导小组必须做好新系统实施计划的编制工作，布置和协调各参与方的关系，检查工作进度和质量，作必要的调整和修改，处理和解决实施过程中发生和发现的一切重大问题。此外，领导小组还要验收各部分工作，组织新系统的调试，负责现行系统向新系统转换的一切组织工作和管理工作。

在系统实施阶段应该继续发挥系统分析员和设计员的作用。系统分析员和设计员要成为系统实施的具体组织者和管理者，进行协调、督促、检查工作，保证新系统交付使用。

7.7 工程项目信息系统维护管理

7.7.1 系统维护概述

系统的维护与评价阶段是系统生命周期的最后一个阶段。由于工程项目信息系统庞大且复杂，并且需要适应系统内部及外部各种环境的变化，各种人为、机器的因素影响，系统需要进行维护。

系统维护是在新系统交接、正式运行后开始的。这方面的工作要求规范化、制度化，有专人负责。当正常维护工作进行不下去的时候，按照生命周期的观点，系统就应该开始新一轮的循环了。

新系统正式投入运行后，为了让系统长期高效地工作，必须加强日常运行管理。日常运行管理工作不仅包括机房环境和设施的管理，更主要的是对系统每天运行状况、数据输入和输出情况以及系统的安全性与完备性及时如实记录和处置。这些工作主要由系统运行值班人员来完成。

系统维护包括以下几个方面的工作：

(1) 程序的维护。在系统维护阶段，会有一部分程序需要改动。根据运行记录，发现程序的错误，这时需要改正。或者是随着用户对系统的熟悉，用户有更高的要求，部分程序需要改进。或者是环境的变化，部分程序需要修改。

(2) 文件的维护。业务发生了变化，需要建立新文件或者对现有文件的结构进行修改。

(3) 代码的维护。随环境的变化，旧的代码不能适应新的要求，必须进行改造，制定新的代码或修改旧的代码体系。代码维护的困难主要是新代码的贯彻，因此各个部门要有专人负责代码管理。

(4) 设备的维护。包括机器、设备的日常维护与管理。一旦发生小故障，要有专人进行修理，保证系统的正常运行。

系统的修改，往往会“牵一发而动全身”，不论是程序、文件还是代码的局部修改，都可能影响系统的其他部分。因此，系统的修改必须通过一定的批准手续。通常对系统的修改应执行以下步骤。

1) 修改要求。操作人员或业务领导用书面形式向主管人员提出对某项工作的修改要求。这种修改要求不能直接向程序员提出。

2) 批准。系统主管人员进行一定调查后，根据系统的情况和工作人员的情况，考虑这种修改是否必要、是否可行，作出是否修改、何时修改的答复。

3）任务。系统主管人员若认为要进行修改，则向有关的维护人员下达任务，说明修改的内容、要求、期限。

4）验收成果。系统主管人员对修改部分进行验收。验收通过后，将修改的部分嵌入系统，取代旧的部分。

5）登录修改情况。登记所作的修改，作为新的版本通报用户和操作人员，指明新的功能和修改的地方。某些重大的修改，可以看做一个小系统的开发项目，因此，要求按系统开发的步骤进行[31]。

系统的日常维护包括数据收集、数据整理、数据录入及处理结果的整理与分发。此外，还包括硬件的简单维护及设施管理。

另外，需要及时、准确、完整地记录系统运行情况，除了记录正常情况（如处理效率、文件存取率、更新率），还要记录意外情况发生的时间、原因与处理结果。整个系统运行情况的记录能够反映出系统在大多数情况下的状态和工作效率，对于系统的评价与改进具有重要的参考价值。记录系统运行情况是一件细致而琐碎的工作，从系统开始投入运行就要抓好。

有人做过估计，世界上90%的软件人员从事系统的修改和维护工作，系统的运行和维护费用占全部开发费用的80%。这些数字充分说明了系统维护工作的重要性，同时也说明系统维护工作量是很大的。系统维护工作的内容如下：硬件的维护与维修；对应用程序纠错、改进和扩充功能；数据库的转贮、恢复和再组织[72]。

7.7.2 系统维护文档——某地铁建设控制系统维护文档实例

在系统维护测试中会发现系统的某些功能模块存在问题，此时我们就需要将这些问题以维护文档的方式通知系统开发人员加以改进。维护文档必须能够比较清晰而准确的反应所对应的问题，这样开发人员方可对这些问题进行准确调整。

一份好的测试维护文档必须包括有：文档编号、提交日期、提交人、问题模块及问题详细描述，并应该配有适当的图表加以描述。下面就是一份比较好的维护文档（表7-1）。

测试维护反馈表 **表7-1**

提交日期	2009-02-12	提交人	×××
文档编号	20090212whmetro01	登陆身份	
涉及功能模块			

问题描述：
一、合同管理
增加＋修改
对于涉及外币的合同，合同金额等于外币＋人民币的情况，如下：

签订日期	乙　方	合同金额（元）
2008.6.10	××现代智能系统股份有限公司/××通信科技股份有限公司联合体	776061美元+36724102人民币

续表

在我们的系统中只能输入一种金额，直接兑换成人民币是不行的，因为每个时间段的兑换率都不一样，所以请改进此处。建议在后台设置一个可以进行兑换率维护的平台，以便合同金额和支付金额可以动态显示。兑换率维护的平台可以设置为如下：

日元兑换率：________

美元兑换率：________

注：1. 此处兑换率的维护是为了：

(1) 便于在进行统计涉及合同金额图形的时候，把外币部分实时换算成人民币便于图形显示；

(2) 便于在进行合同支付时，通过兑换率自动换算成人民币进行合同支付百分比的显示。

2. 此处兑换率可以由合约法规部合同管理人员随时进行动态维护。

合同金额处建议如下显示：

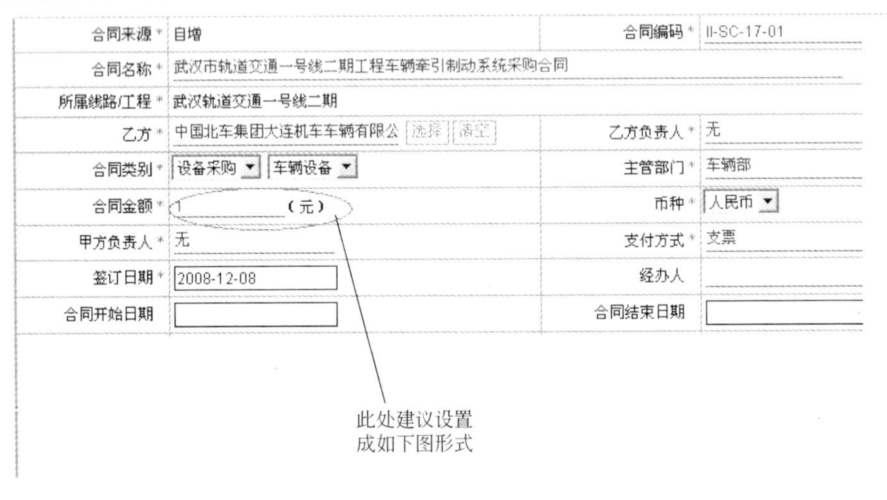

合同来源 *	自增	合同编码 *	II-SC-17-01
合同名称 *	武汉市轨道交通一号线二期工程车辆牵引制动系统采购合同		
所属线路/工程 *	武汉轨道交通一号线二期		
乙方 *	中国北车集团大连机车车辆有限公 选择 清空	乙方负责人 *	无
合同类别 *	设备采购 车辆设备	主管部门 *	车辆部
合同金额 *	1 (元)	币种 *	人民币
甲方负责人 *	无	支付方式 *	支票
签订日期 *	2008-12-08	经办人	
合同开始日期		合同结束日期	

此处建议设置
成如下图形式

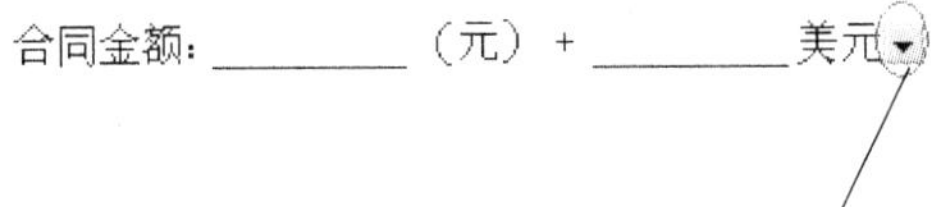
合同金额：________（元）+ ________美元
点击此下拉扭可以进行币种选择

此处的合同金额可以采取这样两种币种相加的方式显示，而不是以兑换成人民币的形式显示出来。支付时，统一以人民币方式支付。

复习思考题

1. 工程项目管理信息系统的开发与实施大致经历哪些步骤？
2. 需求分析的主要目的是什么？
3. 系统总体设计和概要设计的区别在哪里？
4. 调查你所在工程项目的信息系统运行环境如何？

第8章 工程项目管理信息系统评价

一个信息系统投入运行以后如何分析其工作质量？如何对其所带来的效益和所花费成本的投入产出进行分析？如何分析一个信息系统对信息资源的充分利用程度？如何分析一个信息系统对组织内各部分的影响？这是工程项目信息系统评价需要解决的问题。

8.1 信息系统评价的概念

信息系统评价是指对信息系统的性能进行全面估计、检查、测试、分析和评审，包括对实际指标和计划指标进行比较，以确定系统目标的实现程度，并对系统建成后产生的经济效益和社会效益进行全面的评价。对于工程项目信息系统的评价主要应考虑以下几方面的内容[73]：

（1）系统对用户和业务需求的相对满意程度。系统是否满足了用户和管理业务对信息系统的需求，用户对系统的操作过程和运行结果是否满意。

（2）系统的开发过程是否规范。它包括系统开发各个阶段的工作过程以及文档资料是否规范等。

（3）系统工程的先进性、有效性和完备性。

（4）系统的性能、成本、效益综合比。它是综合衡量系统质量的首选指标。它集中地反映了一个信息系统质量的好坏。

（5）系统运行结果的有效性或可行性。即考查系统运行结果对于解决预定的管理问题是否有效或是否可行。

（6）结果是否完整。处理结果是否全面地满足各级管理者的需求。

（7）信息资源的利用率。即考查系统是否最大限度地利用了现有的信息资源并充分发挥了他们在管理决策中的作用。

（8）提供信息的质量如何。即考查系统所提供信息的准确程度、精确程度、响应速度及其推理、推断、分析、结论的有效性、实用性和准确性。

（9）系统的实用性。即考查系统对实际管理工作是否实用。

8.2 工程项目信息系统评价的特殊性及对策

信息系统项目与其他建设项目相比有很大的差异，国内外学者普遍认为信息系统的评价是一项困难的工作。第一，信息系统的建设属于高新技术领域范畴，具有较强的科研色彩，存在较大的风险性。第二，建设信息系统与普通的建设项目工程不同，投资不可能一次完成，不可能只是看得见摸得着的硬件投资，在建设和运行中必然伴随着占全部投资比重很大却不明显的投资费用(如开发费、软件费、维护费、运行费等)。第三，信息系统的效益有着较强的滞后性和隐性，一般要在系统建成投入使用相当一段时间之后才能体现出来。第四，信息系统的作用与管理基础、管理体制乃至用户水平及积极性都有直接的相关性。因此，评价信息系统的优劣、项目的成败因素很多，且错综交织。这些因素包括定性的、定量的、直接的、间接的、经济的、社会的、环境的、观念的等。于是，如何评价一个信息系统项目就成了非常复杂的课题。不论是评价指标体系、评价理论还是评价方法，目前国内外都很不成熟。为了解决这些问题，我们以顾基发教授提出的物理—事理—人理系统方法论[74]为指导进行了探索尝试。

在物理阶段：理解评价对象——信息系统项目的最基本的属性和特征，按照特定的评价目标建立最能表征评价对象属性的评价指标体系，尽可能详尽、全面地收集有关的信息和原始数据，从而确定指标值，这是整个评价过程的基础。

在事理阶段：选择或创造合适的方法，将方法的功能互补性有机地结合起来，确定指标体系和指标的权值；将模型和算法创造性地移植和开拓，用以创建评价理论和方法，并按其所提供的过程和准则进行评价。

在人理阶段：协调领导者、评价者和评价对象之间的关系，经过多方面权衡之后，给出最终的评价结果。在具体的信息系统项目评价过程中，为了得到满意的、合理的评价结果，应尽可能地将物理、事理、人理联系起来。当评价本身涉及被评价群体、执行评价的群体以及上层领导者的切身利益时，更应充分考虑到“人理”的作用。利用物理来保持自然科学的基本准则，利用事理来尽可能科学地管理所有的事情，利用人理处理好人们之间的关系。知物理、明事理、通人理，圆满完成评价工作。

8.3 工程项目信息系统评价指标体系

从工程项目信息系统的客观性出发，通过协调投资方、承建方、用户、领导等各方面的关系，综合考虑信息系统的经济效益、社会效益，提出了由5个二级指标构成的比较全面的信息系统项目评价指标体系。在确定指标集的基础上，针对具体或归类的信息系统项目运用 AHP 法确定评价指标和权重，形成最终的评价结论[75]。

8.3.1 工程项目信息系统的系统建设评价指标

工程项目信息系统的系统评价主要从以下 9 个方面进行[76]：

(1) 规划目标实现度；

(2) 系统整体先进性；

(3) 技术首创程度；

(4) 企业再造程度；

(5) 系统实惠性；

(6) 资源利用率；

(7) 开发效率；

(8) 系统建设规范性；

(9) 管理科学性。

8.3.2 工程项目信息系统经济效益评价指标

工程项目信息系统经济评价主要从直接经济效益、间接经济效益两个方面进行[76]。

1. 直接经济效益

(1) 一次性投资包括系统硬件、软件的购置、安装，信息系统的开发费用及企业内部投入的人力和材料费。其中硬件费用包括机房建设、计算机及外部设备、通信设备等的费用。软件费用包括系统软件、应用软件等费用。信息系统的开发费用包括系统规划、系统分析和系统设计及系统实施等阶段的费用。

(2) 系统运行费用包括消耗性材料费用(打印纸、磁盘等)、系统投资折旧费、硬件日常维护费、人工费用等保证使新的信息系统得到正常运行的费用。

(3) 系统运行新增加的效益由于信息系统能及时、准确地提供对决策有重要影响的信息，从而提高了决策的科学性，避免不必要的开支。主要反映在人工费的减少，库存量得到压缩，减少流动资金的占用，使流动资金周转加快。提高劳动生产率，缩短了供货时间，使销售收入和利润增加。由于影响企业效益增加和减少的因素很多，因此，准确的计算信息系统带来的新增加效益有一定的困难。

(4) 投资回收期是指通过信息系统运行新增加的效益，逐步收回投入的资金所需的时间，该指标反映了应用信息系统经济效益的好坏程度。

2. 间接经济效益

信息系统的应用必然会给企业带来一系列新的变化，从而促进管理工作的进一步科学化。间接经济效益主要表现在企业管理水平和管理效益的提高等方面，这种效益很难用具体的统计数字进行计算，只能作定性分析。尽管间接效益难以计算，但其对企业的生存和发展所起的作用往往要超过直接经济效益。应用信息系统的间接经济效益指标主要体现在以下几个方面：

（1）管理体制进一步合理化。新的管理信息系统的应用克服了企业传统的管理体制和组织机构中存在的诸多弊端，加强了企业纵向和横向的业务联系，使各职能部门在分工的基础上相互协调一致，使企业的管理体制进一步合理化。

（2）管理方法科学化。管理信息系统的建立，使企业信息处理的效率提高，从而使企业由静态事后管理变为实时动态管理。信息系统的应用使管理工作逐步走向定量化，从而使管理方法更加科学化。

（3）管理基础数据规范化。和手工信息处理系统不同，新的管理信息系统需要规范和及时的基础数据。对企业工作规范、有关标准计量和代码等基础管理有很大的促进作用，使企业管理基础数据向规范化发展。

（4）提高管理效率。信息系统代替人工处理信息，使管理人员从繁杂的数据处理中解脱出来，使他们有更多的时间从事调查研究等更有创造意义的分析和决策工作。系统信息的共享使各部门之间及管理人员之间的联系更加紧密，可加强他们的协作精神，提高了管理效率。

（5）改善企业形象信息系统的建立。对外可提高客户对企业的信任程度，对内可提高全体员工的自信心与自豪感，加强了管理人员之间的协作精神，能显著地改善企业形象。

8.3.3 工程项目信息系统的社会效益评价指标

工程项目信息系统的评价，同样涉及社会效益评价，主要从以下几个方面进行：

（1）社会总效益；

（2）改善周边关系提高应变能力；

（3）减少决策失误和事故；

（4）提高劳动者素质；

（5）提高社会信息化水平；

（6）促进生产自动化；

（7）减少重复开发。

8.3.4 工程项目信息系统的性能评价指标

工程项目信息系统的性能评价主要是从技术的角度评价系统性能，主要包括以下几个指标：

（1）系统可靠性；

（2）系统效率，包括周转时间、响应时间、吞吐量三个方面；

（3）系统可维护性；

（4）系统可扩充性；

（5）系统可移植性；

（6）系统适应性；

（7）系统安全保密性。

8.3.5 工程项目信息系统的用户评价指标

工程项目信息系统的用户评价主要是从系统使用者的角度出发，评价此系统的可操作性。从以下两个方面进行评价：

1. 单位整体评价

（1）体制合理性；

（2）方法更有效；

（3）工作标准化；

（4）效果最优化；

（5）管理工作上档次。

2. 操作人员评价

（1）用户友好性；

（2）及时性；

（3）操作容错性；

（4）界面设计合理。

8.4 信息系统评价指标选取的原则

对复杂系统进行分析与评价通常是依靠系统的一些指标进行的，但指标的选取在复杂系统的研究中是一个关键但不好解决的问题：指标太少会使信息量不足而影响分析与评价结果，指标太多则会出现大量的冗余信息，增加了分析、计算的难度。因此，需要探求一种找到关键参量的方法。

指标体系的设计是为了正确地对信息系统进行综合评价，为企业或有关部门提供数据支持，使信息系统更加完善，产生更大的经济效益。为此，一般信息系统指标体系设计应遵循以下原则：

（1）指标体系科学性和先进性原则。它应有效地反映信息系统的基本特征。

（2）系统性原则。指标体系应能全面地反映信息系统的综合情况，从中抓住主要因素，既能反映直接效果，又能反映间接效果，以保证综合评价的全面性和可信度。

（3）可测性原则。指标含义明确，数据资料收集方便，计算简单，易于掌握。

（4）定性分析与定量分析结合原则。为了进行综合评价，必须将部分反映信息系统基本特点的定性指标定量化、规范化，为采用定量评价方法打下基础。

（5）指标要有层次性。这为衡量信息系统的效果和确定指标权重提供方便。

（6）指标之间应尽可能避免显见的包含关系。对隐含的相关关系，要在模型中以适当的方法消除。

8.5 轨道交通建设管理控制系统评价实例

轨道交通建设属于综合性复杂系统工程，具有建设规模大、技术要求高、项目投资大、建设周期长、参与单位多、信息海量、系统复杂等特点，因此轨道交通工程项目管理涉及的管理要素繁杂，管理难度大。而轨道交通工程管理控制系统可以服务于业主、承包商、监理单位及其他利益相关者，通过构建项目信息门户(PIP)平台，立足于现场层、管理层和操作层等多层次管理，能够全面纳入地铁工程建设所涉及的各种管理对象和实体，以最小的代价在异构数据库环境中进行无缝迁移，从而可以管理更多的结构化数据和非结构化工程数据，满足其海量异构数据的管理需要，以提供对轨道交通工程较为全面精准的集成化管理。

由于轨道交通工程具有建设周期长、分阶段建设的特点，需要对其管理控制系统进行评价。科学地对其管理控制系统进行评价和改进，将能对投资价值进行正确的评估，有助于发现该系统中成功或不成功的潜在要素，改善系统管理的方法和过程，从而促进系统产生更好的效果。这种效果包括两种，一是在持续的项目中使用，由于评价后的系统持续改进，使项目的管理更加精细；二是通过对系统的评价和改进，促进系统具有更好的生命力。轨道交通工程管理系统的评价尤其体现前一种效果，能够促进系统在轨道交通工程未来的建设周期内，通过持续改进，提供更好的控制和管理。

8.5.1 轨道交通建设管理控制系统评价指标体系

轨道交通建设管理控制系统依据轨道交通建设活动的管理模式，构建系统的信息传递机制，系统的实施给项目管理带来的效应主要体现在业务层、支持层、决策层三个层次上。

在业务层上，系统主要被用于处理例行性的日常业务活动，提高日常工作效率和效益，如实时上报工程建设情况、日常跟踪、现场管控等。在支持层上，系统以其庞大的数据库和数据分析系统辅助管理人员优化管理流程，如查询、分析、汇总各类信息、跟踪工作动态报告、资源管理优化等。在决策层上，系统为项目领导提供良好的决策支持，如总控平台、项目库总览、批示回复等。

在指标体系选取的过程中，我们通过咨询专家意见，充分考虑轨道交通管理系统的特点，分别针对决策层、支持层、业务层提出评价指标(图 8-1)。

1. 决策层(B_1)

(1) 形象性(C_{11})：开发完成的系统是否能形象显示宏观数据，辅助决策。

(2) 时效性(C_{12})：开发完成的系统是否能及时显示最新数据以及完成信息的送达。

(3) 规划目标实现度(C_{13})：开发完成的系统在多大程度上实现了业主对信息系统的规划及设想的目标。

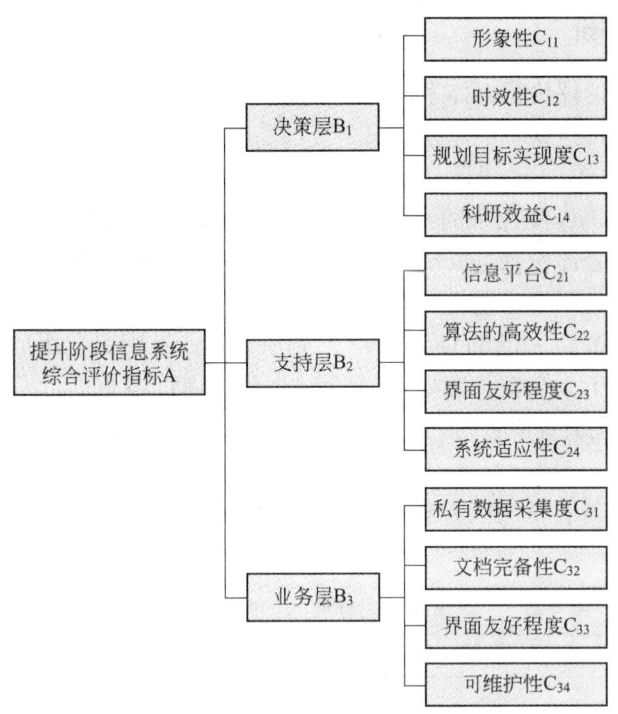

图 8-1 轨道交通建设管理控制系统的评价指标体系

(4) 科研效益(C_{14})：研究该系统所创造的经济、社会效益，以及多大程度上推动了轨道交通工程项目的管理效力。

2. 支持层(B_2)

(1) 信息平台(C_{21})：考虑到轨道交通需要多方参与的特点，这一指标考察系统能否实现良好的信息共享和信息传播功能。

(2) 算法的高效性(C_{22})：研究系统的健壮性以及在多方式查询下分析数据的能力。

(3) 界面友好程度(C_{23})：人—机界面是否友好，操作设计是否方便数据查询等。

(4) 系统适应性(C_{24})：研究该系统功能的可扩展性、可移植性和兼容性。

3. 业务层(B_3)

(1) 私有数据采集度(C_{31})：轨道交通的多方参与决定了必须评价其管理系统能在多大程度上采集施工或监理单位的真实数据。

(2) 文档完备性(C_{32})：系统有关文档资料是否齐全完备而且规范。

(3) 界面友好程度(C_{33})：人—机界面是否友好，操作设计是否方便数据录入等。

(4) 可维护性(C_{34})：确定系统中的错误，并修正错误所需做出努力的大小。由系统自身的模块化程度、健壮性、简明性及一致性等因素所决定。

8.5.2 系统评价

基于已建立的评价指标体系，综合运用层次分析法和模糊综合评价法的数学评价模型，选取某市地铁工程建设与安全管理系统为研究对象进行实例演算。

层次分析法(Analytic Hierarchy Process，AHP)是20世纪70年代初由美国运筹学家T·L·Saaty提出来的一种定量分析与定性分析相结合的多目标决策分析方法。而模糊综合评价则是以模糊数学为基础，应用模糊合成的原理，将一些边界不清，不易定量的因素定量化，进行综合评价的一种方法。

如图8-1确立了一个由目标层A、准则层B和子准则层C组成的评价指标体系结构，其中准则为3个，子准则为11个，运用该评价体系进行本实例演算时，先采用AHP法来完成各因素对总目标权重的计算，然后通过模糊综合评价方法进行综合评价。

首先构建准则层B的因素对目标A的判断矩阵(表8-1)，判断矩阵由轨道建设专家给出。

B层对目标层A的判断矩阵 **表8-1**

A	B_1	B_2	B_3
B_1	1	2	3
B_2	0.5	1	2
B_3	0.33	0.5	1

进而由根法可得B层各要素对目标层A的权重向量$W=\{0.538, 0.297, 0.163\}$。最大特征根$\lambda_{max}=3.009$，一致性比例$C.R.=0.007<0.1$，满足一致性要求。

同理得到C层各元素对B层相应准则的权重，如表8-2所示。

轨道工程管理控制系统单一准则下元素相对权重 **表8-2**

决策层(B_1)	0.538	形象性(C_{11})	0.33
		时效性(C_{12})	0.17
		规划目标实现度(C_{13})	0.17
		科研效益(C_{14})	0.33
支持层(B_2)	0.297	信息平台(C_{21})	0.12
		算法的高效性(C_{22})	0.28
		界面友好程度(C_{23})	0.33
		系统适应性(C_{24})	0.27
业务层(B_3)	0.163	私有数据采集度(C_{31})	0.10
		文档完备性(C_{32})	0.40
		界面友好程度(C_{33})	0.20
		可维护性(C_{34})	0.30

通过表8-2中单准则权重的合成，可以得到C层中各元素对于目标的总排序权重：

$$W=\{0.178, 0.091, 0.091, 0.178, 0.036, 0.083, 0.098, 0.082, 0.016, 0.065, 0.033, 0.049\}$$

把信息系统评价体系中子准则层的12个因素作为模糊综合评价的因素集，权重向量 W 作为模糊综合评价中各因素的权重集。评价集由4个评价结果组成的 $V=\{$优秀，良好，一般，差$\}$，聘请10位专家组成评价小组，对轨道工程建设控制系统进行评价得到模糊评价矩阵 R。

$$R=\begin{bmatrix} 0.4 & 0.3 & 0.3 & 0.0 \\ 0.2 & 0.4 & 0.3 & 0.1 \\ 0.5 & 0.3 & 0.2 & 0.0 \\ 0.4 & 0.4 & 0.2 & 0.0 \\ 0.3 & 0.5 & 0.2 & 0.0 \\ 0.2 & 0.4 & 0.3 & 0.1 \\ 0.5 & 0.4 & 0.1 & 0.0 \\ 0.3 & 0.2 & 0.5 & 0.0 \\ 0.3 & 0.4 & 0.3 & 0.0 \\ 0.5 & 0.3 & 0.2 & 0.0 \\ 0.4 & 0.4 & 0.2 & 0.0 \\ 0.4 & 0.3 & 0.3 & 0.0 \end{bmatrix}$$

则模糊综合评价集为 $B=A\cdot R=W\cdot R=\{0.3772, 0.3489, 0.2565, 0.0174\}$。

通过上述计算，模糊综合评判法得出的结论是：该管理系统评价37.72%为优秀，34.89%为良好，25.65%为一般，1.74%为差，根据最大隶属度的原则，该管理系统评价为优秀。

复习思考题

1. 工程项目管理信息系统评价主要从哪些方面展开？
2. 你所在工程项目的信息系统的效益体现在哪几个方面？

参考文献

[1] 丁士昭. 工程项目管理. 北京：中国建筑工业出版社，2006，3.

[2] 丁士昭，马继伟，陈建国. 工程项目信息化导论——工程项目信息化 BLM 理论与实践丛书 [M]. 北京：中国建筑工业出版社，2005.

[3] 刘国靖，邓韬. 21 世纪新项目管理——理念、体系、流程、方法、实践. 北京：清华大学出版社，2003：7-8.

[4] 国家电力公司. 工程项目管理模式. 北京：中国电力出版社，2002：2-3.

[5] 周三多. 管理学. 北京：高等教育出版社，2000，4.

[6] Sanvido，V. E. Conceptual construction process model. Journal of Construction Engineering and Management，1988，114(2)：294-311.

[7] Oglesby，C. H.，Parker，H. W.，Howell，G. A. Productivity Improvement in Construction. McGraw-Hill Series in Construction Engineering and Project Management，1989.

[8] Proverbs，D. G.，Holt，G. D.，Olomolaiye，P. O. The management of labor on high rise construction projects：An international investigation. International Journal of Project Management，1999，17(3)：195-204.

[9] Hussain. A Construction productivity factors. Issues in Engineering，1979，105(4)：188-196.

[10] 彭若愚. 工程项目的信息生命周期管理 [硕士学位论文]. 天津：天津大学出版社，2005.

[11] PMI. A Guild to the Project Management Body of Knowledge. Pennsylvania：Project Management Inst.，Inc，2000.

[12] Daniel W Halpin，Ronald W Woodhead. Construction Management. New York：John Wiley &Sons Inc，1998.

[13] 胡迪，丁烈云. 计算机集成建造的集成框架研究. 华中科技大学学报(城市科学版)，2005，增刊：5-9.

[14] 刘荔娟. 现代项目管理学. 上海：上海财经大学出版社，2003：122-124.

[15] 黄金枝. 工程项目管理——理论与应用. 上海：上海交通大学出版社，1995：122.

[16] Becker，F. The Total Workplace-Facilities Management and the Elastic Organisation. New York：Van Norstrand Reinhold，1990：6-7.

[17] David Kincaid. Integrated Facility Management. Facilties，1994，12(8)：20-23.

[18] Sarich Chotipanich. Positioning facility management. Facilties，2004，22(13/14)：364-372.

[19] R. W. Grimshaw. FM：the professional interface. Facilties，2003，21(3/4)：50-57.

[20] John Hinks，Peter Mcnay. The creation of a management-byvariance tool for facilities management performance assessment. Facilties，1999，17(1/2)：31-53.

[21] Quah，L. K. Maintenance and Modernisation of Building Facilities——The Way Ahead into the Millennium. Proceedings of CIB W70 Symposium on Management，Singapore，McGraw

Hill，1998：18-20.
[22] 王兆红，邱菀华，詹伟. 设施管理研究的进展. 建筑管理现代化，2006，3：5-8.
[23] 邹祖绪，李惠强. 对工程项目管理模式的探讨. 建材技术与应用，2003，5：60-62.
[24] 姜早龙，季同月，邓锦丽. 常用工程项目管理模式分类探讨. 建筑技术开发，2005，32(1)：85-87.
[25] Mohsini，R. A.，Davidson，C. H. Determinants of performance in the traditional building process. Construction Management and Economics，1992，10(4)：343-359.
[26] 唐建华. 工程项目管理模式浅析. 科学与管理，2006，4：76-78.
[27] 丁玉君，汪霄. 项目伙伴关系模式及其在我国的应用研究. 经济师，2006，1：50-51.
[28] 黄紫电. 建筑工程项目管理模式探讨. 四川建材，2006，4：122-124.
[29] 马世骁，刘丽丽，牟瑞等. 工程项目管理模式分析与创新实践. 项目管理，2007，4：9-11.
[30] 胡文亮，霍卫世. 建设工程项目管理模式的比较和选择. 西部探矿工程，2007，8：230-233.
[31] 何琪，陈李斌. 国内外工程项目管理现状比较与探讨. 石油化工技术经济，2004，5(10)：39-44.
[32] Ayed Muhammad Algarni，David Arditi，Gul Polat. Build-Operate-Transfer in Infrastructure Projects in the United States. Journal Of Construction Engineering And Management，2007，10：728-735.
[33] 熊忠武. 国际工程项目管理模式的比较分析. 科技论坛，2007，6：50-51.
[34] Kahkonen，K. Understanding and facilitating investment project definition process，14th World Congress on Project Management，Slovenia，Finland：362-368.
[35] Cleland，I. D. Project Management，Strategic Design and Implementation. New York：McGraw-Hill International Editions，1999.
[36] Jaafari. A.，Manivong. k. Synthesis of a Model for Life-Cycle Project Management. Computer-Aided Civil and Infrastructure Engineering，2000，15：26-68.
[37] 陆惠民，苏振民，王延树. 工程项目管理. 南京：东南大学，2002：70.
[38] 刘尔烈. 国际工程管理概论. 天津：天津大学出版社，2003：224.
[39] 展磊. 日本建设领域信息化标准的发展及其启示 [J]. 中国标准化，2007.
[40] 建设部. 建设领域信息化工作的基本要点 [J]. 中国建设报，2001.
[41] 金和平. 三峡工程在信息化建设中的经验 [J]. 赛迪网，2005.
[42] Nam C. H，TaTum C. B. Noncontractual method of integrationon construction project. Journal of Construction Engineering and Management. ASCE，1992，118：385-398.
[43] Egan. Rethinking Construction. UK：Ministry of Construction Publishing House，1998.
[44] 庄霁芳. Computer Integrated Construction 的概念及其系统的研究：[硕士学位论文]. 上海：同济大学硕士学位论文，2001.
[45] Howard H. C. Computer integration：reducing fragmentation in the AEC Industry. Journal of Computing in Civil Engineering，ASCE，1989，3：18-32.
[46] Anumba C. J. Integrated System for Construction：Challenges For the Millenium. International Conference on Construction Information Technology，HongKong，2000.
[47] Evbuomwan N. F. O，Anumba C. J. An integrated framework for concurrent lifecycle design and construction. Advances in Engineering Software，1998，29：587-597.
[48] 赖明. 建筑行业信息化标准的发展对策与应用 [M]. 北京：中国建筑工业出版社，2002.
[49] 中国建筑标准设计研究院. 论建筑行业信息化及其相关标准发展 [R]. 2006.

[50] 建筑信息模型 BIM 网，http：//www.chinabim.com/.
[51] 丁士昭，马继伟，陈建国. 工程项目信息化导论. 北京：中国建筑工业出版社，2005.
[52] 王要武，李晓东，孙立新. 工程项目信息化管理－Autodesk Buzzsaw. 北京：中国建筑工业出版社，2005.
[53] 刘玉华. 轨道交通工程建设项目总控研究. 硕士学位论文，2005.
[54] 成如刚. 工程项目总控方法研究. 硕士学位论文，2006.
[55] 叶国晖. PIP(Project Information Portal)在工程建设项目中应用的研究 [D]. 上海：同济大学经济与管理学院，2000.
[56] 贾广社. 项目总控(Project Controlling)——工程项目的新型管理模式. 上海：同济大学出版社，2003，1.
[57] 建设部信息中心. 全国建筑市场监督管理信息系统技术实施方案(简本). 2002.
[58] 刘伊生. 建设项目信息管理 [M]. 北京：中国计量出版社，1999.
[59] 赵艳华. 信息分类编码标准化 [M]. 北京：中国标准出版社，1996.
[60] 丁烈云，祁神军. 大型复杂工程智能进度计划管理系统设计与实现 [J]. 施工技术，2006，35(12).
[61] 钟波涛，丁烈云. 基于知识支持的建筑施工质量控制系统研究 [J]. 计算机工程与应用，2006(33).
[62] 史永辉，刘曲明，宋艳芳. 软件需求分析的进一步研究. 情报指挥控制系统与仿真技术 [J]，2003(4)：40-43.
[63] 管理信息系统需求调研分析指南.
[64] 邱树伟. 关于软件需求分析的探究. 福建电脑 [J]，2008，7：48～50.
[65] 姚辉文. 国土信息系统需求分析. 地矿测绘 [J]，2004，20(1)：28～29.
[66] 孙凌. 计算机信息系统分析与设计 [M]. 武汉：武汉大学出版社，1994.
[67] 宋远方，成栋. 管理信息系统 [M]. 北京：中国人民大学出版社，1999.
[68] 徐绪松. 管理信息系统 [M]. 武汉：武汉大学出版社，1998.
[69] 中国东方航空公司电脑中心，管理信息系统指南编写组. 管理信息系统开发指南 [M]. 上海：上海科学普及出版社，1992.
[70] 左美云. 信息系统开发与管理教程(第二版) [M]. 北京：清华大学出版社，2006.
[71] 邝孔武. 管理信息系统分析与设计 [M]. 西安：西安电子科技大学出版社，1995.
[72] 李明星，黄梯云. 管理信息系统 [M]. 哈尔滨：哈尔滨工业大学出版社，1998.
[73] 薛华成. 管理信息系统(第四版). 北京：清华大学出版社，2003：412～414.
[74] 顾基发. 物理-事理-人理(WSR)系统方法论 [J]. 交通运输系统工程与信息，1995，(3)：25-28.
[75] 徐维祥，张全孝. 从定性到定量信息系统项目评价方法研究. 系统工程理论与实践，2001(3).
[76] 李晓东，张德群，孙立新. 工程管理信息系统 [M]. 北京：机械工业出版社，2004.
[77] 张静，骆汉宾. 基于知识库的建筑工程施工质量控制平台研究 [D]. 硕士学位论文，2005.
[78] 刘轶佳，丁烈云. 建筑工程施工过程质量评价研究 [D]. 硕士学位论文，2008.
[79] 全国工程项目质量监督工程师培训教材编写委员会. 工程质量管理与控制 [M]. 北京：中国建筑工业出版社，2001.
[80] 建设部. 2003—2008 年全国建筑业信息化发展规划纲要 [M]. 2003，11.

尊敬的读者：

感谢您选购我社图书！建工版图书按图书销售分类在卖场上架，共设22个一级分类及43个二级分类，根据图书销售分类选购建筑类图书会节省您的大量时间。现将建工版图书销售分类及与我社联系方式介绍给您，欢迎随时与我们联系。

★建工版图书销售分类表（详见下表）。

★欢迎登陆中国建筑工业出版社网站www.cabp.com.cn，本网站为您提供建工版图书信息查询，网上留言、购书服务，并邀请您加入网上读者俱乐部。

★中国建筑工业出版社总编室　电　话：010—58337016

传　真：010—68321361

★中国建筑工业出版社发行部　电　话：010—58337346

传　真：010—68325420

E-mail：hbw@cabp.com.cn

建工版图书销售分类表

一级分类名称（代码）	二级分类名称（代码）	一级分类名称（代码）	二级分类名称（代码）
建筑学（A）	建筑历史与理论（A10）	园林景观（G）	园林史与园林景观理论（G10）
	建筑设计（A20）		园林景观规划与设计（G20）
	建筑技术（A30）		环境艺术设计（G30）
	建筑表现·建筑制图（A40）		园林景观施工（G40）
	建筑艺术（A50）		园林植物与应用（G50）
建筑设备·建筑材料（F）	暖通空调（F10）	城乡建设·市政工程·环境工程（B）	城镇与乡（村）建设（B10）
	建筑给水排水（F20）		道路桥梁工程（B20）
	建筑电气与建筑智能化技术（F30）		市政给水排水工程（B30）
	建筑节能·建筑防火（F40）		市政供热、供燃气工程（B40）
	建筑材料（F50）		环境工程（B50）
城市规划·城市设计（P）	城市史与城市规划理论（P10）	建筑结构与岩土工程（S）	建筑结构（S10）
	城市规划与城市设计（P20）		岩土工程（S20）
室内设计·装饰装修（D）	室内设计与表现（D10）	建筑施工·设备安装技术（C）	施工技术（C10）
	家具与装饰（D20）		设备安装技术（C20）
	装修材料与施工（D30）		工程质量与安全（C30）
建筑工程经济与管理（M）	施工管理（M10）	房地产开发管理（E）	房地产开发与经营（E10）
	工程管理（M20）		物业管理（E20）
	工程监理（M30）	辞典·连续出版物（Z）	辞典（Z10）
	工程经济与造价（M40）		连续出版物（Z20）
艺术·设计（K）	艺术（K10）	旅游·其他（Q）	旅游（Q10）
	工业设计（K20）		其他（Q20）
	平面设计（K30）	土木建筑计算机应用系列（J）	
执业资格考试用书（R）		法律法规与标准规范单行本（T）	
高校教材（V）		法律法规与标准规范汇编/大全（U）	
高职高专教材（X）		培训教材（Y）	
中职中专教材（W）		电子出版物（H）	

注：建工版图书销售分类已标注于图书封底。